高等职业技术院校汽车类专业教材

二手车鉴定与评估

（第二版）

人力资源社会保障部教材办公室　组织编写

主　编　王　宇

中国劳动社会保障出版社

简介

本书主要内容包括二手车鉴定评估基本认知、二手车合法性审验、二手车技术状况鉴定、事故车判别与评估、二手车价值评估、二手车鉴定评估报告的撰写、二手车交易等。

本书由王宇任主编。

图书在版编目(CIP)数据

二手车鉴定与评估 / 人力资源社会保障部教材办公室组织编写; 王宇主编. --2版. --北京：中国劳动社会保障出版社，2022

高等职业技术院校汽车类专业教材

ISBN 978-7-5167-5315-6

Ⅰ.①二… Ⅱ.①人… ②王… Ⅲ.①汽车－鉴定－高等职业教育－教材②汽车－价格评估－高等职业教育－教材 Ⅳ.①U472.9 ②F766

中国版本图书馆 CIP 数据核字（2022）第 048983 号

中国劳动社会保障出版社出版发行

（北京市惠新东街 1 号 邮政编码：100029）

*

三河市华骏印务包装有限公司印刷装订 新华书店经销

787 毫米 ×1092 毫米 16 开本 16.75 印张 291 千字

2022 年 7 月第 2 版 2025 年 6 月第 6 次印刷

定价：37.00 元

营销中心电话：400-606-6496

出版社网址：http://www.class.com.cn

http://jg.class.com.cn

前 言

为了更好地适应全国高等职业技术院校汽车类专业的教学要求，全面提升教学质量，人力资源社会保障部教材办公室组织有关学校的骨干教师和行业、企业专家，在充分调研企业生产和学校教学情况、广泛听取教师对现有教材反馈意见的基础上，吸收和借鉴各地高等职业技术院校教学改革的成功经验，对现有全国高等职业技术院校汽车类专业教材进行了修订（新编）。

本次教材修订（新编）工作的重点主要体现在以下几个方面：

第一，合理更新教材内容。

根据企业岗位和教学实践的需求变化，确定学生应具备的能力与知识结构，调整部分教材内容，使知识点与技能点的深度、难度、广度与实际需求相匹配；根据相关专业领域的最新发展，淘汰陈旧过时的内容，补充新知识、新技术、新设备、新材料方面的内容；根据最新的国家技术标准编写教材内容，保证教材的科学性和规范性。

第二，加强实践技能的培养。

根据就业岗位对技能型人才所需能力的要求，进一步加强实践性教学内容，采用理论知识与技能训练一体化的编写模式，以体现“做中学”“学中做”的教学理念。

第三，精心设计教材形式。

在教材的呈现形式上，尽可能使用图片、实物照片和表格等将知识点生动地展示出来，力求让学生更直观地理解和掌握所学内容。

第四，提供全方位的教学服务。

本套教材配有习题册、电子课件、习题册答案和二维码微视频，电子课件和习题册答案可通过技工教育网（http://jg.class.com.cn）下载。

本次教材的修订（新编）工作得到了辽宁、吉林、江苏、山东、河南、广东等省人力资源社会保障厅及有关学校的大力支持，在此我们表示诚挚的谢意。

人力资源社会保障部教材办公室

2021 年 3 月

目　录

CONTENTS

模块五｜二手车价值评估

模块六｜二手车鉴定评估报告的撰写

模块七｜二手车交易

附　录

模块一

二手车鉴定评估基本认知

任务1 二手车鉴定评估常用术语的认知

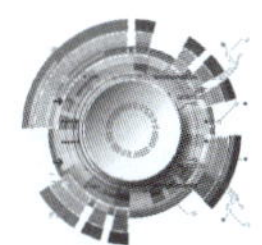

学习目标

- 熟悉二手车鉴定评估常用术语。
- 了解二手车鉴定评估基本要素。

任务引入

作为二手车鉴定评估工作人员，在实际工作中承担着保证二手车鉴定与评估质量的重任，这就要求二手车鉴定评估从业人员具备二手车鉴定评估专业知识和二手车鉴定评估实践经验，熟悉和掌握国家有关政策和法规、行业管理制度及相关技术标准，以便为二手车消费者提供完善的二手车鉴定评估服务。

任务分析

二手车鉴定评估是二手车流通的重要环节，直接关系到能否营造公平、公正的二手车消费环境，保护消费者合法权益，防止税收和国有资产流失，促进汽车市场健康发展。

要做好二手车鉴定评估工作，应熟悉、掌握二手车鉴定评估工作中的常用术语，为后续的学习与工作奠定基础。

相关知识

一、二手车鉴定评估常用术语

1. 二手车

由《二手车流通管理办法》(2017 修正)可知，二手车是指从办理完注册登记手续到达到国家强制报废标准之前进行交易并转移所有权的汽车(包括三轮汽车、低速载货汽车，即原农用运输车)、挂车和摩托车。

2. 二手车鉴定评估

二手车鉴定评估是指二手车鉴定评估机构对二手车技术状况及其价值进行鉴定评估的经营活动。

因此，二手车鉴定评估是由二手车鉴定评估专业人员，按照特定的目的，遵循国家法律法规或行业公允的标准和程序，运用科学的分析计算方法，在充分掌握市场行情和价格走势的情况下，对二手车进行相关证件手续查验、技术状况鉴定和价格估算，并以自身的商业信誉和专业知识对拟评估车辆进行合理价格估算的过程。其目的是正确反映二手车价格，并以此作为买卖双方成交的参考底价，使二手车重新进入流通领域。

二手车鉴定评估应当本着买卖双方自愿的原则，不得强制进行；属于国有资产的二手车应当按国家有关规定进行鉴定评估。

3. 二手车鉴定评估机构

二手车鉴定评估机构是指从事二手车鉴定评估经营活动的第三方服务机构。

在开展二手车鉴定评估经营活动时，二手车鉴定评估机构的设立条件、程序和经营的行为规范应符合《二手车流通管理办法》（2017 修正）相关规定。

4. 二手车交易价格

二手车交易价格是二手车的最终成交现时价格。

5. 二手车评估价格

二手车评估价格是指二手车鉴定评估人员按照一定的计价标准和评估方法，依据当地的现时市场计价要素估算的二手车现值。

6. 账面原值

账面原值即二手车原值，是指车主在购买或以其他方式取得全新状态的车辆时，所发生的全部货币支出，包括新车购买价格、运输费、车辆购置税、消费税、新车登记注册费用等。为简化计算，二手车原值除了购买车辆的货币成本外，通常只考虑车辆购置税和消费税，其他税费略去不计。

7. 汽车残值

汽车残值又称二手车净值或车辆残值，是指二手车在评估基准日所具有的价值，即二手车的现时市场价值，或指在更新二手车时二手车能卖出的价格。

影响汽车残值的因素很多，包括使用时间、行驶里程、驾驶习惯、保养水平以及车辆是否发生过重大事故等。决定汽车残值的决定性因素有两个：一是技术质量是否成熟；二是市场的认可程度，即品牌。

国内的日、韩车系汽车的特点为经济实惠、质量一般，购买及使用成本均较低，汽车残值较低；美系汽车的车身尺寸大、油耗大、性能较优，购买及使用成本均较高，汽车残值居中；欧系汽车以设计领先而著称，购买成本相对较高，使用成本居中，但质量过硬，汽车残值最高。

8. 二手车残值

二手车残值又称报废汽车残值，是指二手车报废清理时回收的材料和废料的价值，它反映二手车报废后的残体价值。

9. 汽车保值率

汽车保值率是指某品牌的某种车型在使用一段时间后，易手时的售价与原始购买价格的比率。

二、二手车鉴定评估基本要素

根据二手车鉴定评估的定义可知，二手车鉴定评估有六大要素，分别是鉴定评估的主体、客体、目的、标准、方法和程序。

1. 鉴定评估的主体

二手车鉴定评估的主体是二手车价格评估业务的承担者，即二手车鉴定评估机构及专业鉴定评估人员。

由于二手车鉴定评估直接涉及交易双方的权益，因此，二手车鉴定评估机构及专业鉴定评估人员应当遵循客观、真实、公正和公开原则，依据国家法律法规开展二手车鉴定评估业务，出具车辆鉴定评估报告，并对鉴定评估报告中的车辆技术状况，包括是否属于事故车辆等评估内容负法律责任。

2. 鉴定评估的客体

二手车鉴定评估的客体是指鉴定评估的对象，即被评估的机动车辆。被评估车辆应该是符合国家相关法律法规规定的合法车辆。

二手车的交易原则是先检验后交易，未经检验或检验不合格的二手车严禁交易。对交易违法车辆的，二手车交易市场经营者和二手车经营主体应当承担连带赔偿责任和其他相应的法律责任。根据《二手车流通管理办法》（2017 修正）规定，下列 9 类车辆禁止经销、买卖、拍卖和经纪。

（1）已报废或者达到国家强制报废标准的车辆。

（2）在抵押期间或者未经海关批准交易的海关监管车辆。

（3）在人民法院、人民检察院、行政执法部门依法查封、扣押期间的车辆。

（4）通过盗窃、抢劫、诈骗等违法犯罪手段获得的车辆。

（5）发动机号码、车辆识别代号或者车架号码与登记号码不相符，或者有凿改迹象的车辆。

（6）走私、非法拼（组）装的车辆。

（7）不具有法定完整车辆证明、凭证的车辆。

（8）在本行政辖区以外的公安机关交通管理部门注册登记的车辆。

（9）国家法律、行政法规禁止经营的车辆。

3. 鉴定评估的目的

二手车鉴定评估以技术鉴定为基础，其目的主要是正确反映二手车的价值及变动，为被评估车辆即将发生的经济行为，如交易、置换、抵押贷款、所有权转让、拍卖、资产评估、法律诉讼、车辆担保、司法鉴定、价格咨询等业务提供公平的价格尺度。在二手车交易过程中，二手车鉴定评估的具体目的如下：

（1）为变动二手车产权提供价格依据

变动二手车产权是指二手车所有权发生转移的经济行为，包括二手车的交易、置换、转让、拍卖，企业资产变更、投资、抵债、捐赠等业务。企业资产变更主要包括企业联营、兼并、出售、股份经营、破产清算等。

二手车作为企业或个人的资产或财产，当二手车产权发生变动时，必须对车辆财产价值进行评估。这时，企业或个人向二手车鉴定评估机构咨询或申请，委托二手车鉴定评估机构对其所有车辆的现时价值进行鉴定评估，并将其评估价格作为二手车所有权变动的参考价格依据。

（2）为不变动二手车产权提供价格依据

不变动二手车产权是指二手车所有权未发生转移的经济行为，包括二手车的纳税、保险、抵押贷款、担保、典当、法律诉讼、司法鉴定、价格咨询等业务。

二手车鉴定评估业务按照鉴定评估服务对象的不同，分为交易类业务和咨询服务类业务两种。交易类业务主要是指服务于二手车交易市场内部的业务，是按照国家有关规定，根据二手车成交额收取一定交易管理费用的有偿服务；咨询服务类业务是指服务于二手车交易市场外部的非交易类业务，是按照各地方政府物价管理部门对二手车鉴定评估制定的有关规定实行的有偿咨询服务，如当事人遇到机动车辆诉讼时，委托二手车鉴定评估机构对其车辆进行鉴定评估，使诉讼各方正确地了解车辆的现时交易市场价值，为法院等司法部门公平、公正地裁定提供车辆参考价格依据，以保护债权人的权利，维护其他行为人的合法权益等。

（3）识别非法二手车

走私车、盗抢车、非法拼（组）装车、报废车、手续不全的车辆等非法二手车禁止在二手车交易市场进行交易。通过二手车鉴定评估，可识别并阻止非法二手车流入二手车市场，为二手车交易健康发展提供保障。

4. 鉴定评估的标准

二手车鉴定评估标准是指对二手车鉴定评估采用的计价标准。二手车鉴定评估的计价标准是二手车鉴定评估所适用的价格准则。根据我国资产评估管理要求，二手车鉴定评估遵守重置成本标准、现行市场价格标准、收益现值标准和清算价格标准。对于同一辆二手车，采用不同的鉴定评估标准会产生不同的评估价格。这些价格从不同的角度反映了二手车的价值特征。

5. 鉴定评估的方法

二手车鉴定评估方法是指用来确定二手车鉴定评估价值的手段和途径。按照《国有资产评估管理办法》规定，二手车鉴定评估主要采用重置成本法、收益现值法、现行市价法和清算价格法四种方法。

6. 鉴定评估的程序

依据《二手车鉴定评估技术规范》（GB/T 30323—2013），二手车鉴定评估机构，二手车经销、拍卖、经纪等企业开展业务涉及二手车鉴定评估业务时，应按照图 1-1-1 所示的二手车鉴定评估作业流程进行。

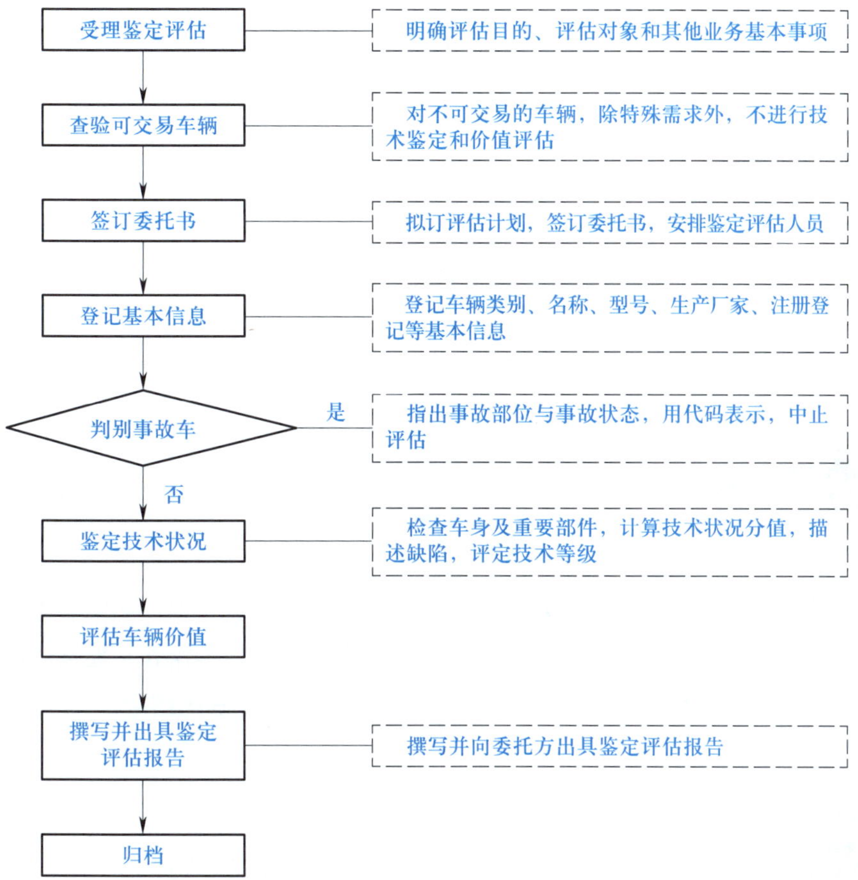

图 1-1-1　二手车鉴定评估作业流程

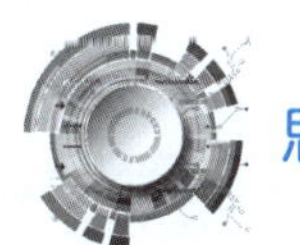

思考与练习

1. 什么是二手车和二手车鉴定评估?

2. 简述二手车鉴定评估机构的定义。

3. 简述二手车鉴定评估六大基本要素。

任务2　二手车鉴定评估依据和原则的认知

学习目标

- 了解二手车鉴定评估的依据。
- 熟悉二手车鉴定评估的原则。
- 了解二手车鉴定评估的特点。

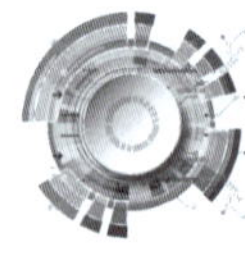

任务引入

二手车鉴定评估行为是要营造公平、公正的二手车交易环境，保障二手车交易双方的合法权益，促进二手车流通健康发展。二手车鉴定评估工作和其他资产评估工作一样，必须有正确、科学的依据和原则，这样才能得出较正确的结论。

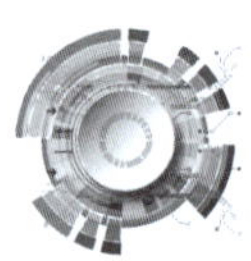

任务分析

作为二手车鉴定评估人员，必须熟知鉴定评估工作所遵循和依据的国家相关法律法规、经济行为文件以及其他参考资料，为后续工作顺利开展奠定基础。

相关知识

一、二手车鉴定评估的依据

二手车鉴定评估的依据是指二手车鉴定评估工作所遵循的国家相关法律法规、经济行为文件以及其他参考资料，一般包括行为依据、法律依据、产权依据和取价依据四个部分。

1. 行为依据

行为依据是指实施二手车鉴定评估作业的依据，一般包括经济行为成立的有关决议文件、鉴定评估当事方的评估业务委托书，人民法院出具的具有法律效力的判决书、裁定书、调解书等。

2. 法律依据

法律依据是指二手车鉴定评估所遵循的法律法规，主要包括以下内容：

（1）《国有资产评估管理办法》。

（2）《国有资产评估管理办法施行细则》。

（3）《机动车强制报废标准规定》。

（4）《二手车流通管理办法》（2017 修正）。

（5）《中华人民共和国道路交通安全法》。

（6）《机动车运行安全技术条件》（GB 7258—2017）。

（7）《机动车登记规定》。

（8）《二手车鉴定评估技术规范》（GB/T 30323—2013）。

（9）《中华人民共和国车辆购置税法》。

（10）各地政府为加强管理而制定的相关政策规定。

3. 产权依据

产权依据是指委托鉴定评估车辆的权属证明的文件，主要包括机动车来历证明、机动车登记证书、机动车行驶证、有效的机动车安全技术检验合格标志、车辆保险单、交纳税费凭证、出租车运营证、道路运输经营许可证等。在二手车交易过程中，二手车卖方应当拥有车辆的所有权或者处置权。

4. 取价依据

取价依据是指实施二手车鉴定评估的机构或人员，在评估工作中直接或间接取得或使用对二手车鉴定评估有借鉴或佐证作用的资料，主要包括价格资料和技术资料。

（1）价格资料

价格资料包括历史价格和现时价格。历史价格是指二手车的账面原值、净值等资料，它具有一定的参考价值；现时价格是指以评估基准日现时条件为准，车辆的现时价格、现时的车辆功能状态等。

（2）技术资料

技术资料包括机动车的技术参数，新产品、新技术、新结构的变化，车辆维修保养记录，车辆维修工艺及国家有关技术标准等资料。

二、二手车鉴定评估的原则

二手车鉴定评估的原则是对二手车鉴定评估机构及其工作人员鉴定评估行为的规范。为保证鉴定评估结果真实、客观、准确、公平、合理，能被买卖交易双方认可，二手车鉴定评估机构及其工作人员必须遵循以下原则。

1. 公平性原则

公平性原则是二手车鉴定评估人员应该遵守的一项最基本的道德规范。二手车鉴定评估人员的思想、工作态度应当公正无私，对评估工作应持公平、公正的态度。

2. 独立性原则

独立性原则是指二手车鉴定评估人员依据国家有关法律法规和规章制度及可靠的数据资料，严格遵守职业道德、职业操守和执业规范，对拟评估车辆的价格独立地做出鉴定评估。坚持独立性原则是保证评估结果具有客观性的基础。二手车鉴定评估人员的工作应按照关联回避原则，回避与本机构、评估人有关的当事人委托的鉴定评估业务，不应受到外界因素的干扰或委托人意图的影响，应公正、客观地进行鉴定评估工作。

3. 客观性原则

客观性原则是指二手车鉴定评估人员通过认真、充分的市场调研，去伪存真，使评估结果具有充分的事实依据。要求评估所依据的数据、资料真实可靠，对二手车技术状况的鉴定分析实事求是。

4. 科学性原则

科学性原则是指在二手车鉴定评估过程中，必须根据评估的目的选择适用的评估标准和方法，使评估结果准确、合理。

5. 专业性原则

专业性原则要求二手车鉴定评估人员接受过专门的职业培训，经职业技能鉴定合格后取得职业资格证书，持证上岗。

6. 可行性原则

可行性原则又称有效原则，是指二手车鉴定评估要反映真实的市场行情，充分考虑各方面的影响因素，鉴定评估过程合法、科学、简单易行，评估结果真实可靠，能够被交易双方接受并认可。

三、二手车鉴定评估的特点

汽车本身单位价值大、技术含量高、税费附加值高，且使用管理严格，其使用强度、条件、时间长短、维修维护水平等存在差异，因此决定了二手车鉴定评估具有以下特点：

1. 二手车鉴定评估以技术鉴定为基础

机动车在使用过程中，由于运动零部件的相互摩擦和自然力的作用，使其处于不断地磨损和变形过程中；随着机动车行驶里程和使用年数的增加，车辆本身的有形损失和无形损失不断加剧，使机动车不断贬值，其损耗贬值的程度因其使用强度、使用条件、维修维护等水平不同而差异很大。这些差异只有通过专业的技术鉴定才能确定。

2. 二手车鉴定评估以单台车辆为评估对象

二手车车型繁多，同型号的配置也不尽相同，车辆结构差异较大，车辆的单位价值相差较大。为了保证鉴定评估结果的客观性和准确性，对于单位价值较大的车辆，大都对单台车辆进行鉴定评估。为了简化鉴定评估程序，节省时间，对于以产权转让为目的的单位价值较小的车辆，也可采取“提篮作价”的一揽子评估方式。

3. 二手车鉴定评估要考虑车辆手续构成的价值

由于我国对机动车实行“户籍”管理，使用税费附加值较高。因此，对二手车鉴定评估时，除了鉴定评估车辆本身实体价值外，还要考虑由“户籍”管理手续和各种税费构成的价值。

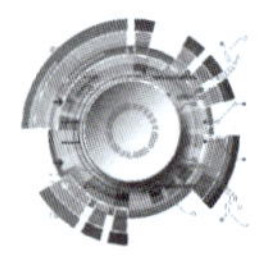

思考与练习

1. 二手车鉴定评估的依据有哪些?

2. 简述二手车鉴定评估的原则。

3. 简述二手车鉴定评估的特点。

任务 3　二手车鉴定评估基本方法的认知

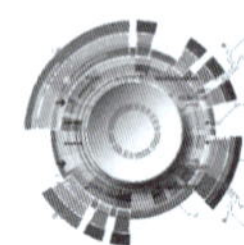

学习目标

- 掌握二手车鉴定评估的基本方法。
- 熟悉二手车鉴定评估四种基本方法的优缺点及适用范围。

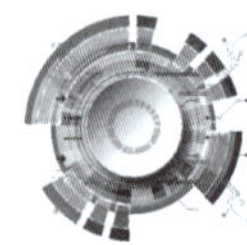

任务引入

在二手车鉴定评估实践中，明确二手车鉴定评估目的，选用适合的鉴定评估方法，使鉴定评估过程合法、科学、简单易行，能够反映真实的市场行情，评估结果真实可靠，易被交易双方接受认可，是做好二手车鉴定评估的基础。

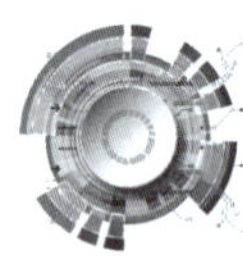

任务分析

二手车鉴定评估基本方法是指用于确定二手车鉴定评估值的手段和途径。作为二手车鉴定评估人员，应熟知、理解并正确运用二手车鉴定评估方法，从而使实际评估结果更加趋于公平、合理。

相关知识

一、二手车鉴定评估的基本方法

根据我国资产评估管理要求，二手车鉴定评估的方法（价值评估）主要有四种，即重置成本法、收益现值法、现行市价法和清算价格法。

1. 重置成本法

重置成本法是指在现时条件下购置一辆全新状态下的被评估车辆所需要的全部成本，并扣除各种因素引起被评估车辆的陈旧贬值，从而确定被评估车辆价值的一种方法。重置成本是购置一辆全新的与被评估车辆相同的车辆所支付的最低成本，它反映了车辆在购置、运输、注册、登记等过程中全部费用的价格。

被评估车辆的陈旧贬值主要包括实体性贬值、功能性贬值和经济性贬值。

在二手车实际评估工作中，由于重置成本法是以被评估二手车在全新状态下的价值为依据进行评估计算，并考虑了被评估车辆的实体性贬值、功能性贬值和经济性贬值，因此，评估的价值更接近于车辆的真实价值，评估结果更加趋于公平、合理。在二手车鉴定评估实践中，重置成本法具有收集资料信息便捷、简单易行、评估结果贴近二手车的实际价格等特点，是二手车鉴定评估的常用方法。

2. 收益现值法

收益现值法是指在被评估车辆剩余寿命内，根据被评估车辆预期的未来获利能力，以适当的折现率，将被评估车辆未来的预期收益折算成现值，并以此估算被评估车辆价值的一种方法。

采用收益现值法对二手车进行评估所确定的价值，就是为获得该被评估车辆以取得预期收益的权利所需支付的货币总额。在二手车交易过程中，人们购买二手车的目的往往不是车辆本身，而是车辆使用后连续获利的能力。所以，收益现值法较适用于对投资运营车辆的评估。

3. 现行市价法

现行市价法又称市场法、市场价格比较法，是指比较被评估车辆与市场上相同或相似车辆的价格，从而确定被评估车辆价值的一种方法。

现行市价法是一种最直接、最有效、最简单的评估方法。通过市场调查，选择一个或几个与被评估车辆相同或类似的车辆作为参照物，分析比较被评估车辆与参照车辆在结构、型号、性能、配置、用途、新旧程度、地区差别、交易条件和成交价格等方面的异同，经过适当调整估算出被评估车辆的价格。

在实际鉴定评估工作中，值得注意的是，在二手车交易市场，二手车交易越频繁，交易量越大，与被评估车辆相同或相似的参照车辆及市场价格等信息越容易收集；对二手车交易市场了解越多，评估的准确性越高。在运用现行市价法对二手车进行价格评估过程中，选择相似或相同的参照物是关键，参照物的交易时间与拟评估车辆评估基准日必须相近，且具有可比性，包括车辆的规格、型号、功能、配置、性能、新旧程度、市场条件、交易条件等都要具有可比性。

因此，采用现行市价法需要有一个充分发育、活跃、健康的二手车交易市场为基础，以便获取充分且翔实的参照车辆信息资料。

4. 清算价格法

清算价格法是指企业由于破产或其他原因，在一定期限内以变卖车辆的方式来清偿债务或分配剩余权益，在企业清算之日预期出卖车辆可收回的快速变现价格的一种方法。

清算价格法在原理上与现行市价法基本相同，主要根据被评估车辆技术状况，运用现行市价法估算其正常价格，再根据处置方式（破产、抵押或停业清理等）和变现要求，乘以一个折扣率，最后确定评估价格。

清算价格法与现行市价法所不同的是，基于企业迫于停业或破产，急于将所有车辆进行出售或拍卖，将之快速变现，清算价格往往会低于现行市场价格。

清算价格法主要适用于企业停业清理、抵押、破产时要出售的车辆。

在运用清算价格法对企业停业清理、抵押、破产时要出售的车辆进行评估时，应以清算价格为标准对二手车进行价格评估。在二手车鉴定评估时，决定清算价格的主要因素包括破产形式、债权人处置车辆的方式、清理费用、拍卖时限、公平市场价格和参照车辆价格等。评估清算价格的方法主要有现行市价折扣法、意向询价法和竞价法。

二、二手车鉴定评估方法的比较

二手车鉴定评估方法的比较见表 1-3-1。

表 1-3-1　　二手车鉴定评估方法的比较

鉴定评估方法	说明	优缺点	适用范围
重置成本法	侧重于对被评估车辆过去使用状况的分析 基于被评估车辆已使用年限、使用强度、使用条件等历史过程和记录来分析被评估车辆的成新率、功能和技术状况，并与现时与之相同或类似的全新车辆进行比较，从而确定评估价格	1. 比较充分地考虑了二手车的损耗，评估结果公平、合理 2. 评估工作量大，经济性贬值不易准确计算 3. 在不易计算车辆未来收益或难以取得二手车市场参照车辆的条件下，可广泛使用	适用于继续使用前提下的二手车
收益现值法	侧重于被评估车辆未来能给投资者带来多少收益 将被评估车辆在剩余使用寿命期内的预期收益用适当的折现率折算为评估基准日的现值，并以此确定评估价格	1. 能够真实和比较准确地反映车辆投资的未来收益 2. 与投资决策相结合，评估结果易于被交易双方接受 3. 预期收益额的预期难度较大	适用于从事营运的车辆
现行市价法	侧重于二手车的价格分析 通过比较被评估车辆与最近出售的类似车辆的异同，并将相同或类似车辆的市场价格进行调整，从而确定被评估车辆的价值	1. 能够比较客观地反映被评估车辆目前的市场情况，其评估参数、指标直接从市场获得 2. 评估值能反映二手车市场现时价格 3. 评估结果易于被交易双方理解和接受 4. 需要有充分发育、活跃、健康的二手车交易市场为基础	适用于二手车的买卖，或以二手车作为投资参股、合作经营
清算价格法	站在买方的立场上，基于现行市场价格确定被评估车辆的清算价格	1. 仅限于企业停业清理、抵押或破产等特定条件下使用 2. 评估值大大低于现行市场价格	适用于企业停业清理、抵押、破产时要出售变现的车辆

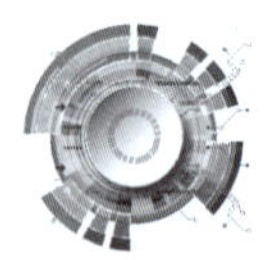

思考与练习

1. 什么是重置成本法、收益现值法、现行市价法和清算价格法？

2. 简述二手车鉴定评估（价值评估）四种方法的适用范围。

3. 二手车鉴定评估四种方法各有哪些优缺点？

模块二

二手车合法性审验

任务1 二手车常规交易手续查验及补办

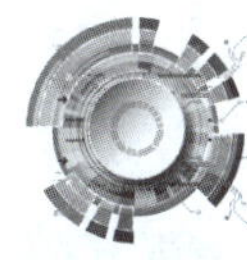

学习目标

- 了解二手车交易手续查验的内容及相关法律规定。
- 熟悉二手车交易缺失手续的补办程序。
- 能按照工作流程，进行二手车常规交易手续的查验。
- 能协助顾客完成二手车交易缺失手续的补办工作。

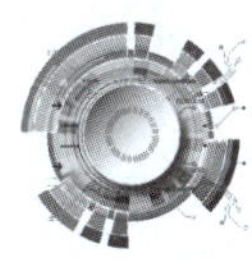

任务引入

王先生于 2019 年 9 月 10 日来到某二手车鉴定评估机构，拟委托该机构对自己的自动舒适型高尔夫 2010 款 1.4T 轿车（见图 2–1–1）进行技术状况鉴定与估价。

在对拟评估车辆进行技术鉴定之前，该机构工作人员要求王先生提供该车辆的相关手续进行查验。

图 2-1-1　拟评估的自动舒适型高尔夫 2010 款 1.4T 轿车

任务分析

拟评估二手车相关手续是否齐全，是保证二手车能否顺利进入流通市场的前提和条件。二手车鉴定评估机构工作人员与王先生洽谈后，对王先生提供的车辆证书、税费凭证等手续材料进行了查验。

相关知识

二手车交易手续查验主要包括车辆有效证件查验、税费保险凭证查验、二手车手续识伪查验、非法车辆确认等内容（见图 2-1-2），前两者属于二手车常规交易手续查验的内容，是本任务的重点。

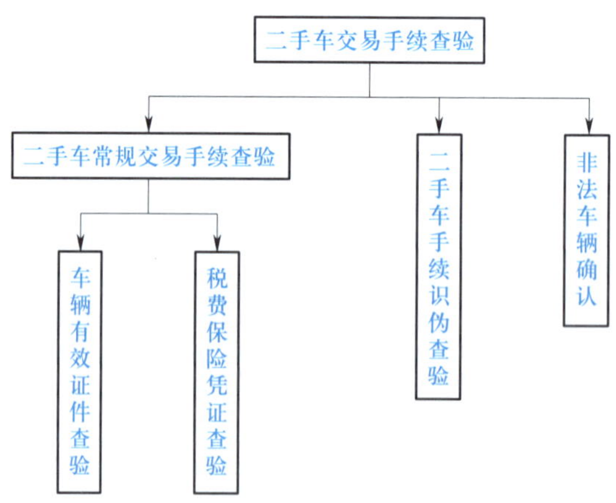

图 2-1-2　二手车交易手续查验的内容

一、二手车常规交易手续查验的内容

二手车的价值实际上包含了二手车实体本身的价值和各种手续的无形价值。只有手续齐全、合法、有效才能构成二手车的完整价值。二手车手续是指机动车上路行驶时，按照国家法规和地方法规应该办理的各种有效证件和缴纳的税费凭证等。有效的证件和凭证是二手车鉴定评估和交易的前提，只有手续齐全的二手车才可以进入二手车交易市场进行合法交易。

因此，二手车交易时必须提供二手车来历凭证、机动车行驶证、机动车登记证书、机动车号牌、道路运输证、车辆营运证、准运证明、机动车所有人身份证明、机动车安全技术检验合格证标志等有效证件和车辆购置税完税证明、车船税缴付凭证、车辆保险单等税费保险凭证。

在二手车交易过程中，二手车鉴定评估人员必须对二手车相关手续进行认真查验，以便保障交易顺利进行。

1. 有效证件

（1）二手车来历凭证

在国内购买的机动车，其来历凭证是全国统一的机动车销售发票或者二手车交易发票。在国外购买的机动车，其来历凭证是该车销售单位开具的销售发票及其翻译文本，但海关监管的机动车不需要提供来历凭证。发票上的机动车所有人名称、厂牌型号、车辆识别代号（车架号码）和发动机号等应与相关证件和实际情况一致，且符合《国家税务总局关于调整机动车销售统一发票票面内容的公告》（国家税务总局公告 2014 年第 27 号）要求。

二手车来历凭证分为新车来历凭证和二手车来历凭证两种。从来历凭证中可以看出车主购置车辆日期和车辆原始价值（原值），而车辆原值是二手车鉴定估价的评估参数之一。

1）新车来历凭证

第一次进行二手车交易的车辆，其来历凭证是指经国家工商行政管理部门验证盖章的、全国统一的机动车销售发票。为进一步加强机动车车辆税收征收管理，提高机动车销售统一发票数据采集、认证的准确性，2014 年 7 月 1 日国家税务总局调整了机动车销售统一发票票面内容（新版发票见图 2-1-3a），旧版机动车销售统一发票（见图 2-1-3b）于 2015 年 1 月 1 日起停止使用。

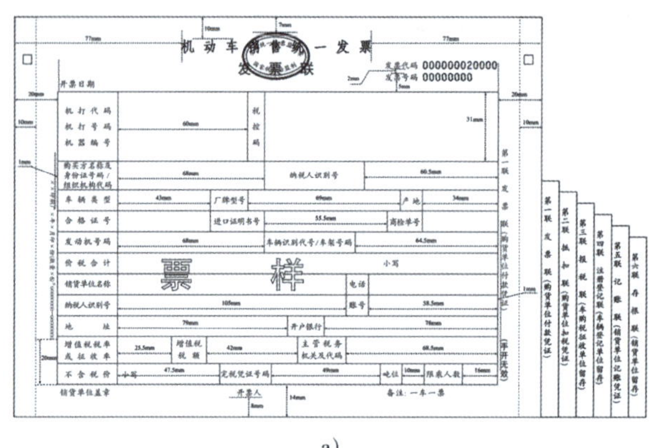

机动车销售统一发票
发票联
发票代码 000000020000
发票号码 00000000
开票日期
机打代码
机打号码
机器编号
税控码
购买方名称及身份证号码/组织机构代码
纳税人识别号
车辆类型
厂牌型号
产地
合格证号
进口证明书号
商检单号
发动机号码
车辆识别代号/车架号码
价税合计
小写
销货单位名称
电话
纳税人识别号
账号
地址
开户银行
增值税税率或征收率
增值税税额
主管税务机关及代码
不含税价
小写
完税凭证号码
吨位
限乘人数
销货单位盖章
开票人
备注：一车一票
票样
第一联 发票联（购货单位付款凭证）
（手开无效）

a）

票样 机动车销售统一发票
发票联
发票代码 000000000000
发票号码 00000000
开票日期
机打代码
机打号码
机器编号
税控码
购货单位(人)
身份证号码/组织机构代码
车辆类型
厂牌型号
产地
合格证号
进口证明书号
商检单号
发动机号码
车辆识别代号/车架号码
价税合计
小写
销货单位名称
电话
纳税人识别号
帐号
地址
开户银行
增值税税率或征收率
增值税税额
主管税务机关及代码
不含税价
小写
吨位
限乘人数
销货单位盖章
开票人
备注：一车一票
第一联 发票联（购货单位付款凭证）
（手开无效）

b）

图 2-1-3 新车来历凭证

a）机动车销售统一发票票样（新版发票，2014 年 7 月 1 日后使用）

b）机动车销售统一发票票样（旧版发票）

2）二手车来历凭证

二手车来历凭证（见图 2-1-4）是指经国家工商行政管理部门验证盖章的二手车交易专用发票。从二手车来历凭证上可以看出二手车的购买日期。

3）法律效力的证明

法律效力的证明是指因经济赔偿、财产分割等所有权发生转移，由人民法院出具的发生法律效力的判决书、裁定书、调解书以及相应的协助执行通知书。具体包括以下内容：

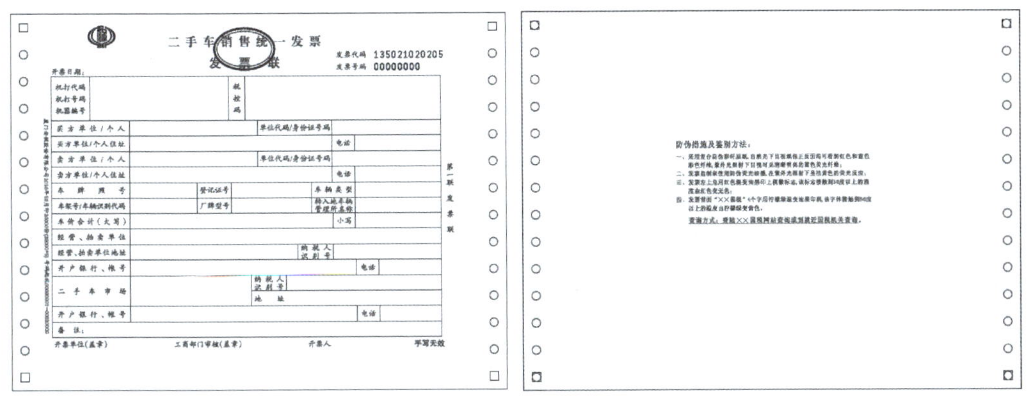

二手车销售统一发票
发票联
发票代码 135021020205
发票号码 00000000
开票日期：
机打代码 机打号码 机器编号
税控码
买方单位/个人
单位代码/身份证号码
买方单位/个人住址
电话
卖方单位/个人
单位代码/身份证号码
卖方单位/个人住址
电话
车牌照号
登记证号
车辆类型
车架号/车辆识别代码
厂牌型号
转入地车辆管理所名称
车价合计（大写）
小写
经营、拍卖单位
经营、拍卖单位地址
纳税人识别号
开户银行、帐号
电话
二手车市场
纳税人识别号
地址
开户银行、帐号
电话
备注：
开票单位（盖章）
工商部门审核（盖章）
开票人
手写无效
第一联 发票联

规格：241 mm×177.8 mm–5

图 2-1-4 二手车来历凭证

①人民法院调解、裁定或者判决转移的机动车，其来历凭证是人民法院出具的已经生效的调解书、裁定书或者判决书，以及相应的协助执行通知书。

②仲裁机构仲裁裁决转移的机动车，其来历凭证是仲裁裁决书和人民法院出具的协助执行通知书。

③继承、赠予、中奖、协议离婚和协议抵偿债务的机动车，其来历凭证是继承、赠予、中奖、协议离婚、协议抵偿债务的相关文书和公证机关出具的公证书。

④资产重组或者资产整体买卖中包含的机动车，其来历凭证是资产主管部门的批准文件。

⑤机关、企业、事业单位和社会团体统一采购并调拨到下属单位未注册登记的机动车，其来历凭证是全国统一的机动车销售发票和该部门出具的调拨证明。

⑥机关、企业、事业单位和社会团体已注册登记并调拨到下属单位的机动车，其来历凭证是该单位出具的调拨证明。被上级单位调回或者调拨到其他下属单位的机动车，其来历凭证是上级单位出具的调拨证明。

⑦经公安机关破案发还的被盗抢且已向原机动车所有人理赔完毕的机动车，其来历凭证是权益转让证明书。

4）进口机动车来历凭证

进口机动车是指经国家限定口岸进口的汽车，经各口岸海关进口的其他机动车，海关监管的机动车，国家授权的执法部门没收的走私、无合法进口证明和利用进口关键件非法拼（组）装的机动车。主要有以下几类：

①进口汽车的来历凭证，是国家限定口岸海关签发的货物进口证明书。

②其他进口机动车的来历凭证，是各口岸海关签发的货物进口证明书。

③海关监管的机动车的来历凭证，是监管地海关出具的中华人民共和国海关监管车辆进（出）境领（销）牌照通知书。

④国家授权的执法部门没收的走私、无合法进口证明和利用进口关键件非法拼（组）装的机动车的来历凭证，是该部门签发的没收走私汽车、摩托车证明书。

（2）机动车行驶证

机动车行驶证（见图 2-1-5）是由公安机关交通管理部门的车辆管理所对机动车注册登记后核发的，准予机动车在我国境内道路上行驶的法定证件。行驶证分为机动车行驶证和机动车临时行驶证两种。临时行驶证与临时入境车号牌配套使用。

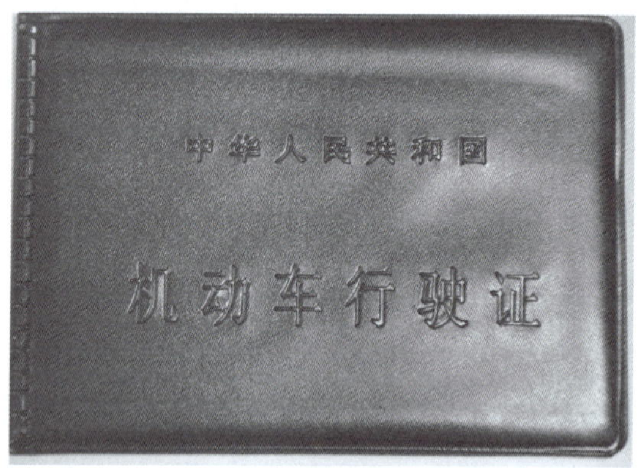

a)

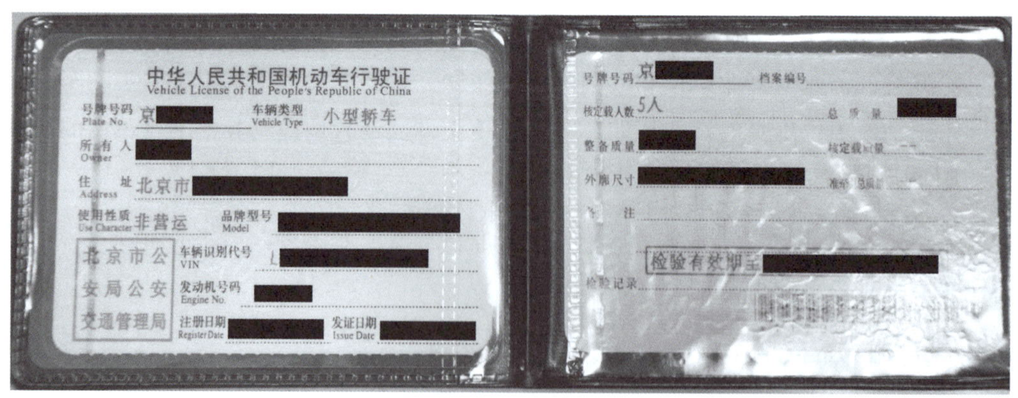

b)

图 2-1-5　机动车行驶证

a）证书封面　b）证书正页和副页

机动车行驶证是机动车上路行驶必须随车携带的证件，也是二手车办理过户、转籍必不可少的证件。

机动车行驶证一般包含号牌号码、车辆类型、发动机号码、车辆识别代号、品牌型号、使用性质、外廓尺寸、机动车总质量、整备质量、核定载质量、核定载人数、注册日期、发证日期、所有人及历次检验记录等信息。

为了防止伪造行驶证，《中华人民共和国机动车行驶证》（GA 37—2008）规定，行驶证塑封套上有用紫外灯可识别的不规则的与行驶证卡片上图形相同的暗记（见图 2-1-6、图 2-1-7），并且在行驶证上应按要求粘贴车辆彩色照片。

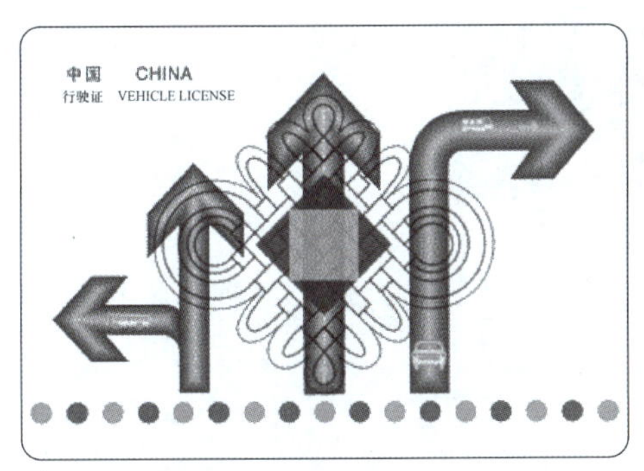

图 2-1-6 机动车行驶证塑封套 A 页

图 2-1-7 机动车行驶证塑封套 B 页

在查验机动车行驶证时，要注意：

1）机动车行驶证塑封套 A 页有全息图文。图文由平安结、指路标志、机动车等图案及“中国 CHINA”和“行驶证 VEHICLE LICENSE”等字样构成。平安结中心几何图形颜色在蓝紫色和草绿色之间交互变化；“中国 CHINA”和“行驶证 VEHICLE LICENSE”字样为动态景深文字，在不同角度分别出现。

2）机动车行驶证塑封套 B 页有荧光印刷图文。图文没有重影，不影响机动车行驶证的复印效果。在紫外灯照射下，图案清晰且完整，马车图案呈现黄绿色荧光，波浪线、“机动车行驶证”和“VEHICLE LICENSE”字样呈现红色荧光。

3）证件专用章为红色，使用红色紫外荧光防伪油墨印刷。紫外灯照射下，呈现红色荧光。

（3）机动车登记证书

我国从 2001 年 10 月 1 日开始启用机动车登记证书。2001 年 10 月 1 日以后购买的机动车，在办完注册登记手续后都会由公安机关交通管理部门车辆管理所签发一本机动车登记证书（见图 2–1–8），上面详细记载了机动车所有权人的相关信息和机动车技术参数。

a）

b）

图 2–1–8　机动车登记证书

a）证书封面　b）证书内页

机动车登记证书是证明机动车所有权和记录其他状况的重要凭证，是机动车办理了注册登记的证明文件，相当于机动车的“户口簿”，由公安机关交通管理部门核发。机动车登记证书不需要随车携带，但是当机动车所有权发生转移时，原机动车所有人应将机动车登记证书随车交给现机动车所有人。

当已注册登记的机动车进行过户、转出、转入、信息变更、抵押贷款、复驶、临时入境、注销等登记业务时，均需要机动车所有人或单位提供机动车登记证书。

机动车登记证书是二手车鉴定评估人员必须认真查验的手续，它与机动车行驶证相比，内容更详细，有些评估参数必须从机动车登记证书中获取。

（4）机动车号牌

机动车号牌是由公安机关交通管理部门车辆管理所依法对机动车进行注册登记、核发的号牌，是准予机动车在我国境内道路上行驶的法定标志。依据《中华人民共和国机动车号牌》（GA 36—2018）的规定，机动车号牌分为大型汽车号牌、挂车号牌、大型新能源汽车号牌、小型汽车号牌、小型新能源汽车号牌、使馆汽车号牌、普通摩托车号牌、警用汽车号牌、拖拉机号牌、临时行驶车号牌等 21 种。不同种类号牌的外廓尺寸、底色和字体颜色、适用范围都有差别。

机动车号牌与机动车行驶证一同核发，其号牌字码与机动车行驶证上的信息应一致。

（5）道路运输证

道路运输证（见图 2-1-9）是由县级以上人民政府交通主管部门设置的道路运输管理机构对从事旅客运输（包括城市出租客运）、货物运输的单位和个人核发的随车携带的证件。

道路运输证是证明营运车辆合法经营的有效证件，也是记录营运车辆审验情况和对经营者奖惩的主要凭证，必须随车携带，并在有效期内全国通行。道路运输证中营运证的主证和副页必须齐全，编号必须相同，骑缝章必须相合，填写的内容必须一致。否则，视为无效道路运输证。

现有的道路运输证有纸质版和 IC 卡两种。根据《交通运输部关于修改〈道路货物运输及站场管理规定〉的决定》（中华人民共和国交通运输部令 2019 年第 17 号）规定，县级以上道路运输管理机构应当定期对配发道路运输证的货运车辆进行审验，每年审验一次。审验内容包括车辆技术等级评定情况、车辆结构及尺寸变动情况和违章记录等。审验符合要求的，道路运输管理机构在道路运输证审验记录或者 IC 卡中注明；不符合要求的，应当责令限期改正或者办理变更手续。

营运车辆转籍过户时，应到道路运输管理机构及相关部门办理营运过户有关手续。但是，在进行营运车辆转籍过户实际工作过程中，要注重国家相关政策的变化。2019 年 3 月 18 日起施行的《中华人民共和国道路运输条例》［中华人民共和国国务院令（2019）709 号］中明确规定：“使用总质量 4 500 千克及以下普通货运车辆从事普通货运经营的，无须按照本规定申请取得道路运输经营许可证及车辆营运证。”

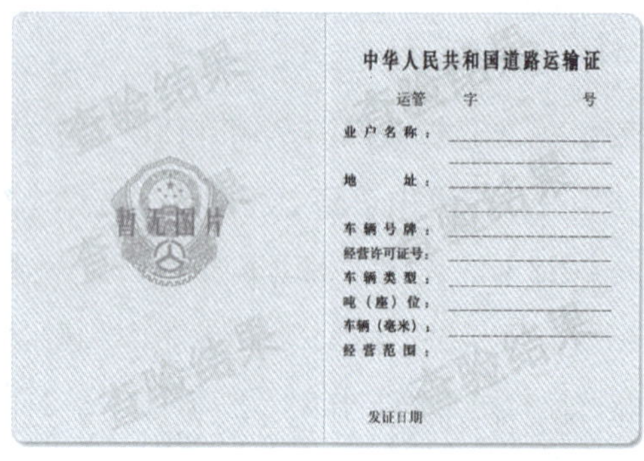

a）

背面　　　　正面

b）

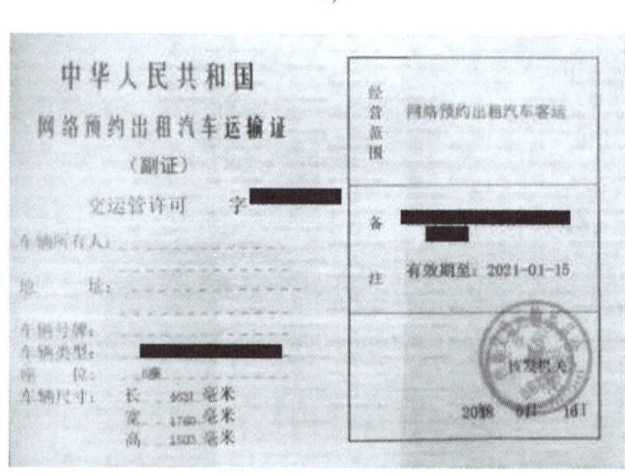

c）

图 2-1-9　道路运输证

a）纸质版　b）IC 卡　c）网络预约出租汽车运输证

（6）车辆营运证

车辆营运证是从事道路运输经营活动车辆的合法凭证，是指道路运输管理机构根据申请人的申请，经依法审查，依照《中华人民共和国道路运输条例》中第十条、

第二十五条规定，决定向符合本条例规定条件的申请人颁发道路运输经营许可证时，向申请人投入运输的车辆配发的车辆营运证。道路运输车辆应当随车携带车辆营运证。

值得注意的是，《中华人民共和国道路运输条例》规定的车辆营运证与目前使用的道路运输证名称不同，但其性质和作用是一样的，其制式、配发、使用、监管除了应当遵守本条例的有关规定外，其他可以继续沿用道路运输证的有关制度。

（7）准运证明

准运证明是指从有资格进口车辆的口岸进口的车辆（包括改装车及汽车底盘）和摩托车（包括轻骑、摩托自行车），应严格限于自用和供应本地市场需要，不得向省（区）外转卖。确因特殊情况需要运向省外销售的新、旧车辆，应报国家有关主管部、委审批并发给“准运证”，凭“准运证”运出。准运证是一证一车。目前，我国仍然严禁二手车进口。

（8）交易双方的身份证明

交易双方的身份证明主要用于注册登记机关证明机动车所有权转移的车主身份和住址。不同所有人的身份证明如下：

1）机关、学校、工厂、公司等行政、事业、企业单位和社会团体的身份证明，是组织机构代码证（含组织机构代码证 IC 卡）、“三证合一”营业执照或个体工商户营业执照、加盖单位公章的委托书和被委托人的身份证明。

机动车所有人为单位的内设机构，本身不具备领取组织机构代码证或“三证合一”营业执照副本条件的，可以使用上级单位的组织机构代码证或“三证合一”营业执照副本作为机动车所有人的身份证明。机动车所有人的名称应当按照机动车来历凭证记载的名称签注。无法确认隶属关系的，该单位应出具机动车所有人为单位的内设机构的证明。

上述单位已注销、撤销或者破产，其机动车需要办理变更登记、转移登记、解除抵押登记、注销登记、解除质押备案、申领机动车登记证书和补、换领机动车登记证书、号牌、行驶证的，已注销的企业的身份证明是工商行政管理部门出具的注销证明；已撤销的机关、事业单位、社会团体的身份证明是其上级主管机关出具的有关证明；

已破产的企业的身份证明是依法成立的财产清算机构出具的有关证明。

工商行政管理部门出具的注销证明是正式出具给该单位的行政审批形式的注销通知书；如果该注销通知书遗失，需到工商行政管理部门的档案管理部门复印原始材料，复印件上也必须盖有工商行政管理部门资料查询证明章。

2）外国驻华使馆、领馆和外国驻华办事机构、国际组织驻华代表机构的身份证明，是该使馆、领馆或者该办事机构、代表机构出具的证明。

3）居民的身份证明，是居民身份证或者临时居民身份证。在暂住地居住的内地居民，其身份证明是居民身份证或者临时居民身份证，以及公安机关核发的居住、暂住证明。

4）军人（含武警）的身份证明，是居民身份证或者临时居民身份证。在未办理居民身份证前，是指军队有关部门核发的军官证、文职干部证、士兵证、离休证、退休证等有效军人身份证件，以及其所在的团级以上单位出具的本人住所证明。

5）中国香港、澳门特别行政区居民的身份证明，是其入境时所持有的港澳居民来往内地通行证或者港澳同胞回乡证，香港、澳门特别行政区居民身份证和公安机关核发的居住、暂住证明。

6）中国台湾地区居民的身份证明，是其所持有的有效期六个月以上的公安机关核发的台湾居民来往大陆通行证或者外交部核发的中华人民共和国旅行证和公安机关核发的居住、暂住证明。

7）华侨的身份证明，是中华人民共和国护照和公安机关核发的居住、暂住证明。

8）外国人的身份证明，是其入境时所持有的护照或者其他旅行证件、居（停）留期为六个月以上的有效签证或者居留许可，以及公安机关出具的住宿登记证明。

9）外国驻华使馆、领馆人员，国际组织驻华代表机构人员的身份证明，是外交部核发的有效身份证件。

（9）机动车安全技术检验合格标志（简称机动车检验合格标志）

机动车检验由机动车安全检验机构按照国家机动车安全技术检验标准对机动车进行检验，并对检验结果承担法律责任；检验合格后，公安机关发放机动车检验合格标志（见图 2-1-10 和图 2-1-11）。

图2-1-10 机动车检验合格标志（纸质）

图2-1-11 机动车检验合格标志（电子凭证）

依据《中华人民共和国道路交通安全法实施管理条例》规定，机动车检验合格标志应粘贴在机动车前风窗玻璃右上角。若无安检合格标志或为无效标志，则不能交易。

随着电子信息化的不断发展与应用，公安部于2020年3月1日起，在北京、天津、重庆、上海、哈尔滨、南京、杭州、宁波、济南、株洲、深圳、海口、成都、贵阳、玉溪、乌鲁木齐等16个城市先行试点机动车检验合格标志电子化，通过全国统一的互联网交通安全综合服务平台核发机动车检验合格标志电子凭证。电子凭证申领成功后，与纸质凭证具备同样的法律效力，可以不再粘贴纸质标志。

机动车检验标志电子化是机动车牌证电子化的创新探索，是推动公安交管治理体系和治理能力现代化的积极实践，不仅免去了车辆使用者领取、粘贴、去除标志的麻烦，还有利于在车辆租赁、二手车交易、保险理赔等领域应用。在二手车交易过程中，卖车者应主动出示检验合格标志电子凭证，二手车鉴定评估人员通过终端扫描电子凭证二维码，核查电子凭证有效性和机动车状态。

2. 税费保险凭证

二手车税费保险凭证主要包括车辆购置税完税证明、车船税缴付凭证和车辆保险单等。

（1）车辆购置税完税证明

车辆购置税完税证明是纳税人缴纳完车辆购置税的完税依据（见图 2–1–12）。

a）

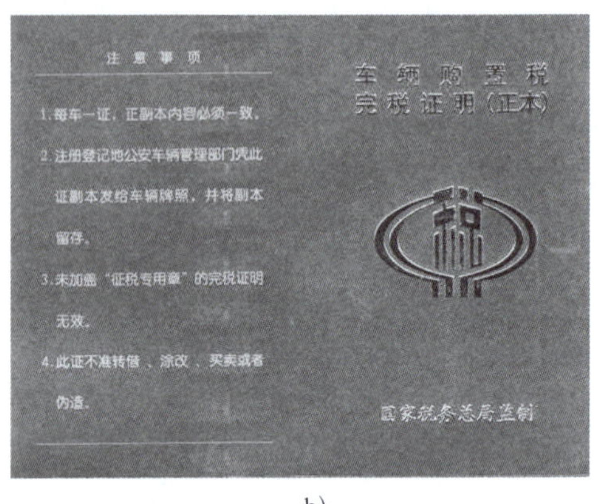

b）

图 2–1–12　我国境内车辆购置税完税证明（纸质版）

a）旧版（2013 年 5 月 1 日后停用）　b）新版（2013 年 5 月 1 日启用）

依据《中华人民共和国车辆购置税法》规定，在中华人民共和国境内购置汽车、有轨电车、汽车挂车、排气量超过 150 mL 的摩托车的单位和个人，为车辆购置税的纳税人，应当依照本法规定缴纳车辆购置税。本法所称的购置是指以购买、进口、自产、受赠、获奖或者其他方式取得并自用应税车辆的行为。因此，在以上情况下购置的车辆都应具有车辆购置税完税证明。纳税人应当在向公安机关交通管理部门办理车辆注册登记前缴纳车辆购置税。公安机关交通管理部门办理车辆注册登记，应当根据税务机关提供的应税车辆完税或者免税电子信息对纳税人申请登记的车辆信息进行核对，核对无误后依法办理车辆注册登记。

随着我国电子信息化的发展，《国家税务总局 公安部关于应用车辆购置税电子完税信息办理车辆注册登记业务的公告》（国家税务总局 公安部公告 2019 年第 18 号）规定，自 2019 年 7 月 1 日起，全面取消目前使用的纸质车辆购置税完税证明。取消后，纳税人如需纸质车辆购置税完税证明，可向主管税务机关提出，由主管税务机关打印车辆购置税完税证明（电子版，见图 2–1–13），也可自行通过本省（自治区、直辖市和计划单列市）电子税务局等官方互联网平台查询和打印；同时，纳税人申报缴税后，税务机关仍然会为纳税人出具纸质缴税凭证，注明申报车辆、发票信息以及实际缴纳的车辆购置税税款。

车辆购置税完税证明（电子版）

编号:

厂牌型号:

发动机号:

车辆识别代号（车架号）:

纳税类型: 征税车辆/免税车辆/减税车辆

征收机关名称:

温馨提示：免税、减税车辆因转让、改变用途等原因不再属于免税、减税范围的，纳税人应当在办理车辆过户或者变更登记前缴纳车辆购置税。

图 2-1-13 我国境内车辆购置税完税证明（电子版）

按照目前我国的税法，针对机动车所有人应征收的税种主要包括：增值税、车辆购置税和车船税。

1）机动车的增值税税率是 17%，已经包含在购车款里，即体现在新车购买的销售发票中。

2）车辆购置税是指在我国境内购置规定车辆的单位和个人所要缴纳的税。按照《中华人民共和国车辆购置税法》规定，车辆购置税的应纳税额按照应税车辆的计税价格乘以税率计算，车辆购置税的税率为 10%。

所以，应税车辆（新车购置）税额为

$$新车购置税税额 = \frac{购车价格（含税价）}{1.17} \times 10\%$$

因为机动车销售统一发票的购车价中均含有增值税税款，所以在计征车辆购置税税额时，必须先将 17% 的增值税剔除，即车辆购置税计税价格 = 发票价 ÷1.17，然后再计算需要缴纳的车辆购置税，即车辆购置税计税价格 ×10%。

应税车辆的计税价格按照下列规定确定：

①纳税人购买自用应税车辆的计税价格为纳税人实际支付给销售者的全部价款，不包括增值税税款。

②纳税人进口自用应税车辆的计税价格为关税完税价格加上关税和消费税。

③纳税人自产自用应税车辆的计税价格，按照纳税人生产的同类应税车辆的销售价格确定，不包括增值税税款。

④纳税人以受赠、获奖或者其他方式取得自用应税车辆的计税价格，按照购置应税车辆时相关凭证载明的价格确定，不包括增值税税款。

针对情况④购置应税车辆时的相关凭证，是指原车辆所有人购置或者以其他方式取得应税车辆时载明价格的凭证。无法提供相关凭证的，参照同类应税车辆市场平均交易价格确定其计税价格。原车辆所有人为车辆生产或者销售企业，未开具机动车销售统一发票的，按照车辆生产或者销售同类应税车辆的销售价格确定应税车辆的计税价格。

依据《中华人民共和国车辆购置税法》，下列车辆免征车辆购置税：

①依照法律规定应当予以免税的外国驻华使馆、领事馆和国际组织驻华机构及其有关人员自用的车辆。

②中国人民解放军和中国人民武装警察部队列入装备订货计划的车辆。

③悬挂应急救援专用号牌的国家综合性消防救援车辆。

④设有固定装置的非运输专用作业车辆。

⑤城市公交企业购置的公共汽电车辆。

根据国民经济和社会发展的需要，国务院可以规定减征或者其他免征车辆购置税的情形，报全国人民代表大会常务委员会备案。

但是，在实际工作过程中应该注意，免税、减税车辆因转让、改变用途等原因将不再属于免税、减税范围的，纳税人应当在办理车辆转移登记或者变更登记前，如实填报车辆购置税纳税申报表，缴纳车辆购置税。因此，该类车辆在发生二手车交易行为时，除了提供二手车销售统一发票外，也应具备相应的车辆购置税完税证明。

（2）车船税缴付凭证

车船税是在车辆使用过程中征收的，每年征收一次。2006 年 12 月 29 日，国务院发布了《中华人民共和国车船税暂行条例》，规定自2007年1月1日起在全国统一征收车船税。

依据《中华人民共和国车船税法》明确规定，车船税的纳税人为我国境内依法在公安、交通、农业、渔业、军事等管理部门办理登记的车辆、船舶的所有人或者管理人。

所谓车船税，是指在中华人民共和国境内的车辆、船舶的所有人或者管理人，根据车辆、船舶种类，按照《中华人民共和国车船税法》规定的计税单位和年基准税额标准应缴纳的一种税，其车船的适用税额依照《中华人民共和国车船税法》所附的车船税税目税额表执行。

我国目前征收的车船税由原来的“车船使用牌照税”和“车船使用税”合并而来，在税目分类、税额标准等方面进行了适当调整，使原来的车船使用行为税变成了车船财产税。随着我国税法的不断健全，汽车产业结构的变化与发展，2019年4月23日第十三届全国人民代表大会常务委员会第十次会议对现行的《中华人民共和国车船税法》进行了修正，补充了“对悬挂应急救援专用号牌的国家综合性消防救援车辆和国家综合性消防救援专用船舶免征车船税”条款。

（3）车辆保险单

机动车保险简称车险，是指对机动车由于自然灾害或意外事故所造成的人身伤亡或财产损失负赔偿责任的一种商业保险。机动车保险具有商业保险的所有特征，其保险标的是机动车（包括汽车、电车、电瓶车、摩托车、拖拉机、各种专用机械车、特种车等）及机动车所有人或驾驶人因驾驶机动车发生意外事故所承担的责任，既属于财产保险，又属于责任保险。

保险单（简称保单）是保险人与被保险人或投保人之间订立保险合同的书面证明，主要载明保险合同双方当事人的权利、义务及责任。保险凭证是保险人签发给投保人或被保险人证明保险合同已经订立的书面凭证，是一种简化的保险单，与保险单有同等的法律效力。

机动车保险包括强制保险和自愿保险两种，其中机动车交通事故责任强制保险（简称交强险）是强制保险，机动车商业保险是自愿保险（又称任意保险）。

1）交强险

交强险是指由保险公司对被保险机动车发生道路交通事故造成本车人员、被保险人以外的人身伤亡、财产损失，在责任限额内予以赔偿的强制性责任保险。

2）机动车商业保险

根据《中国保险行业协会机动车商业保险示范条款（2020版）》，机动车商业保险分为主险和附加险。主险包括机动车损失保险、机动车第三者责任保险、机动车车上人员责任保险三个独立的险种，投保人可以选择投保全部险种，也可以选择投保其中部分险种。附加险不能独立投保。附加险条款与主险条款相抵触的，以附加险条款为准，附加险条款未尽之处，以主险条款为准。现行机动车商业保险的险种分类（2020版）见表2-1-1。

表2-1-1　现行机动车商业保险的险种分类（2020版）

险别	机动车商业保险示范条款（2020版）主险和附加险适用关系		
主险	机动车损失保险	机动车第三者责任保险	机动车车上人员责任保险
附加险	附加绝对免赔率特约条款 附加车轮单独损失险 附加新增加设备损失险 附加车身划痕损失险 附加修理期间费用补偿险 附加发动机进水损坏除外特约条款 附加机动车增值服务特约条款	附加绝对免赔率特约条款 附加车上货物责任险[仅适用于营业货车（含挂车）] 附加精神损害抚慰金责任险 附加医保外医疗费用责任险 附加法定节假日限额翻倍险 附加机动车增值服务特约条款	附加绝对免赔率特约条款 附加精神损害抚慰金责任险 附加医保外医疗费用责任险 附加机动车增值服务特约条款

①机动车损失保险

机动车损失保险是指以机动车为保险标的，当因发生保险责任范围内的自然灾害或者意外事故造成被保险机动车直接损失时，保险人依照保险合同的约定负责赔偿的保险。机动车损失保险为不定值保险，在保险合同中不确定保险标的的保险价值，只确定保险金额，将保险金额作为责任限额。

自然灾害是指雷击、地震、地陷、崖崩、雪崩、洪水、海啸、暴风、暴雨、泥石流、山体滑坡等；意外事故是指碰撞、倾覆、坠落、火灾、自燃、盗抢等。

②机动车第三者责任保险

机动车第三者责任保险是指被保险机动车因意外事故，致使他人遭受人身伤亡或财产的直接损失，保险人依照保险合同的规定给予赔偿的保险。第三者是指因被保险机动车发生意外事故遭受人身伤亡或者财产损失的人，但不包括被保险机动车本车车上人员和被保险人。

③机动车车上人员责任保险

车上人员是指发生意外事故的瞬间，在被保险机动车车体内或车体上的人员，包括正在上下车的人员。机动车车上人员责任保险是指在保险期间内，被保险人或其允许的驾驶人在使用被保险机动车过程中发生意外事故，致使车上人员遭受人身伤亡，且不属于免除保险人责任的范围，依法应当对车上人员承担的损害赔偿责任。

任务实施

王先生的自动舒适型高尔夫2010款1.4T轿车要进行交易，首先必须进行二手车交易手续查验。王先生提交了车辆所有相关手续材料，经二手车鉴定评估人员对机动车销售统一发票、机动车行驶证、机动车号牌、机动车安全技术检验合格标志和王先生的身份证件、车辆购置税完税证明、车船使用税缴付凭证和车辆保险单等证件、税费凭证的检查，发现缺少机动车登记证书，工作人员告知王先生进行补办，否则无法进行后续交易。

二、二手车交易缺失手续的补办程序

1. 机动车登记证书的补办程序

机动车登记证书是证明机动车办理了法定注册登记的文件。对于已注册登记的机动车，机动车登记证书灭失、丢失或者损毁的，机动车所有人应当向登记地车辆管理所申请补领、换领。申请时，机动车所有人应当填写申请表并提交身份证明，属于补领机动车登记证书的，还应交验机动车。车辆管理所应当自受理之日起一日内，确认机动车，审查提交的证明、凭证，补发、换发机动车登记证书。

（1）补办机动车登记证书时需要提交的材料

1）机动车牌证申请表［领取方式：在车管所各分所、各区（县）交警支（大）队机动车管理窗口、公安门户网站下载打印；填表时请仔细阅读表格背面的填表说明］原件（单位车辆需被委托人签字，私车需本人签字）。机动车牌证申请表见表2-1-2。

表 2-1-2　　机动车牌证申请表

<table>
<tr><td colspan="5">申请人信息栏</td></tr>
<tr><td rowspan="3">机动车所有人</td><td>姓名 / 名称</td><td></td><td>邮政编码</td><td></td></tr>
<tr><td>邮寄地址</td><td colspan="3"></td></tr>
<tr><td>手机号码</td><td></td><td>固定电话</td><td></td></tr>
<tr><td>代理人</td><td>姓名 / 名称</td><td></td><td>手机号码</td><td></td></tr>
<tr><td colspan="5">申请业务事项</td></tr>
<tr><td colspan="2">号牌种类</td><td></td><td>号牌号码</td><td></td></tr>
<tr><td colspan="2">申请事项</td><td></td><td>申请原因及明细</td><td></td></tr>
<tr><td rowspan="2">号牌</td><td>□补领</td><td colspan="3">□丢失　□灭失　□前号牌　□后号牌</td></tr>
<tr><td>□换领</td><td colspan="3">□前号牌　□后号牌</td></tr>
<tr><td rowspan="2">行驶证</td><td>□补领</td><td colspan="3">□丢失　□灭失</td></tr>
<tr><td>□换领</td><td colspan="3"></td></tr>
<tr><td rowspan="3">登记证书</td><td>□申领</td><td colspan="3"></td></tr>
<tr><td>□补领</td><td colspan="3">□丢失　□灭失　□未获得</td></tr>
<tr><td>□换领</td><td colspan="3"></td></tr>
<tr><td rowspan="3">检验合格证书</td><td>□申领</td><td colspan="3">□在登记地车辆管理所申请　□在登记地以外车辆管理所申请</td></tr>
<tr><td>□补领</td><td colspan="3">□丢失　□灭失</td></tr>
<tr><td>□换领</td><td colspan="3"></td></tr>
<tr><td colspan="2">机动车所有人及代理人对申请材料的真实有效性负责</td><td colspan="3">机动车所有人（代理人）签字：
年　月　日</td></tr>
</table>

2）机动车所有人的身份证明原件和复印件。

3）属于被人民法院、人民检察院和行政执法部门依法没收并拍卖，或者被仲裁机构依法仲裁裁决，或者被人民法院调解、裁定、判决机动车所有权转移的，原机动车所有人未向现机动车所有人提供机动车登记证书、号牌或者行驶证的，现机动车所有人在办理转移登记时，应当提交人民法院出具的未得到机动车登记证书、号牌或者行驶证的协助执行通知书原件，或者人民检察院、行政执法部门出具的未得到机动车登记证书、号牌或者行驶证的证明原件。

4）属于单位车辆代理登记的，应当提交代理人身份证明和机动车所有人出具的书面委托书原件。

5）属于换领的，应当提供机动车登记证书原件。

根据《机动车登记规定》，对机动车所有人因死亡、出境、重病、伤残或者不可抗力等原因不能到场申请补领机动车登记证书的，可以凭相关证明委托代理人代理申领。除此之外，都需要机动车所有人到场办理。

（2）车管所办理流程（见图 2–1–14）

第一步：到机动车所有人居住地所在车管所、交警分局、区（市）县交警大队查验车辆。

第二步：在业务大厅排队取号后到受理窗口提交资料。

第三步：到银行缴费窗口缴纳相关费用。

第四步：到牌证窗口领取机动车登记证书。

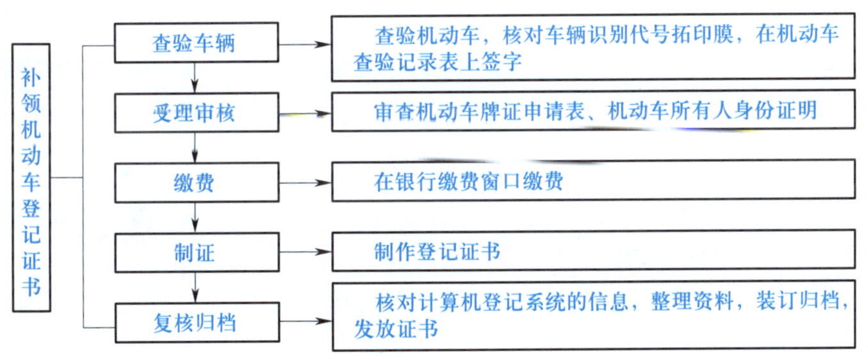

图 2–1–14 补领机动车登记证书的业务流程

1）查验车辆

①审核车辆手续的合法性。审核确认机动车所有人提交的资料符合规定，调阅档案，比对机动车所有人的身份证明和车辆识别代号（车架号码）、发动机号码和机动车计算机登记系统有关信息。符合规定的，登记审核岗将补领机动车登记证书的信息录入计算机登记系统，在机动车查验记录表（见表 2–1–3）上签字或盖章，向机动车

所有人出具受理回执；不符合规定的，向机动车所有人出具退办通知书，告知不予补领的理由并退还资料。

表 2-1-3　　　　机动车查验记录表

<table>
<tr><td colspan="8">机动车查验记录表
号牌号码（流水号或其他与车辆能对应的号码）：　　　　号牌种类：</td></tr>
<tr><td colspan="8">业务类型：□注册登记 □转入 □转移登记 □变更迁出 □变更车身颜色 □核发检验合格标志
□更换车身或车架 □更换发动机 □变更使用性质 □重新打刻 VIN □重新打刻发动机号码
□更换整车 □申领登记证书 □补领登记证书 □监销 □其他</td></tr>
<tr><td>类别</td><td>序号</td><td>查验项目</td><td>判定</td><td>类别</td><td>序号</td><td>查验项目</td><td>判定</td></tr>
<tr><td rowspan="9">通用项目</td><td>1</td><td>车辆识别代号</td><td></td><td rowspan="4">大中型客车、校车、危险化学品运输车</td><td>14</td><td>灭火器</td><td></td></tr>
<tr><td>2</td><td>发动机型号 / 号码</td><td></td><td>15</td><td>行车记录装置</td><td></td></tr>
<tr><td>3</td><td>车辆品牌 / 型号</td><td></td><td>16</td><td>安全出口 / 安全锤</td><td></td></tr>
<tr><td>4</td><td>车身颜色</td><td></td><td>17</td><td>外部标识、文字</td><td></td></tr>
<tr><td>5</td><td>核定载人数</td><td></td><td rowspan="2">其他</td><td>18</td><td>标志灯具、警报器</td><td></td></tr>
<tr><td>6</td><td>车辆类型</td><td></td><td>19</td><td>安全技术检验合格证明</td><td></td></tr>
<tr><td>7</td><td>号牌 / 车辆外观形状</td><td></td><td colspan="4" rowspan="3">查验结论：</td></tr>
<tr><td>8</td><td>轮胎完好情况</td><td></td></tr>
<tr><td>9</td><td>安全带、三角警告牌</td><td></td></tr>
<tr><td rowspan="4">货车性质</td><td>10</td><td>外廓尺寸</td><td></td><td colspan="4" rowspan="2">查验员：
年　月　日</td></tr>
<tr><td>11</td><td>轮胎规格</td><td></td></tr>
<tr><td>12</td><td>侧后部防护装置</td><td></td><td colspan="2" rowspan="2">复检合格</td><td colspan="2" rowspan="2">查验员：
年　月　日</td></tr>
<tr><td>13</td><td>车身反光标识和车辆尾部标志板、喷涂</td><td></td></tr>
<tr><td colspan="6">机动车照片
（注册登记、转移登记，需要制作照片的变更登记、转入、监销）</td><td colspan="2">备注：</td></tr>
<tr><td colspan="8">车辆识别代号（车架号码）拓印膜
（注册登记、转移登记、转出、转入、更换车身或者车架、更换整车、申领机动车登记证书、重新打刻 VIN）</td></tr>
</table>

②确认车辆的合法性。检查车辆识别代号（车架号码）、发动机号有无凿改，进行盗抢车对比。无嫌疑的，业务查验员在机动车查验记录表上签字或盖章，向机动车所有人出具受理回执。

2）受理审核

审查机动车牌证申请表、机动车所有人身份证明；若委托代理人办理，应提交代理人身份证明原件和复印件，以及机动车所有人的书面委托，代理人需在机动车牌证申请表上签字。受理审核确认机动车所有人提交的全部资料符合规定，调阅档案，比对机动车所有人的身份证明和车辆识别代号（车架号码）、发动机号码和计算机登记系统中的有关信息。

3）缴费

在银行缴费窗口缴费。

4）制证

自受理之日起一个工作日办结，即审核通过后转报审批。符合审批条件的，当场出具机动车登记证书，加盖实施机关印章。属于初次申领机动车登记证书的，自受理之日起五个工作日办结，对于所提交的车辆、资料、凭证有嫌疑的进入调查程序（调查嫌疑车辆、资料、凭证的时间不计入机动车登记时限）。

5）复核归档

核对计算机登记系统的信息，整理资料，装订归档。申请人按约定的方式到窗口领取结果或委托邮局邮递办理结果。

任务实施

由于缺失机动车登记证书，王先生亲自到车辆管辖地的车辆管理所业务大厅进行补办。

王先生按照机动车登记证书补办的业务流程，在车管所业务大厅的“登记审核岗”提交了机动车牌证申请表、机动车所有人身份证明、机动车行驶证等所需材料进行补办资格审验，然后根据补办程序的每一相应岗位的工作内容，完成了机动车登记证书的补办。

2. 机动车号牌或机动车行驶证的补办程序

根据《机动车登记规定》，在机动车使用过程中，对机动车号牌、行驶证灭失、丢失或者损毁的，机动车所有人应当向登记地车辆管理所申请补领、换领。申请时，机动车所有人应填写机动车牌证申请表并提交身份证明。

车辆管理所应当审查提交的证明、凭证，收回未灭失、丢失或者损毁的机动车号牌、机动车行驶证，自受理之日起一日内补发、换发机动车行驶证，自受理之日起十五日内补发、换发机动车号牌，原机动车号牌号码不变。补发、换发机动车号牌期间应当核发有效期不超过十五日的临时行驶车号牌。以欺骗、贿赂等不正当手段办理补、换领机动车号牌的，公安机关交通管理部门处以警告或者二百元以下罚款。

（1）补办机动车号牌或机动车行驶证时需要提交的材料

1）机动车牌证申请表。

2）机动车所有人身份证明原件和复印件。

3）属于被人民法院、人民检察院和行政执法部门依法没收并拍卖，或者被仲裁机构依法仲裁裁决，或者被人民法院调解、裁定、判决机动车所有权转移，原机动车所有人未向现机动车所有人提供机动车号牌或者机动车行驶证的，现机动车所有人在办理转移登记时，应当提交人民法院出具的未得到机动车号牌或者机动车行驶证的协助执行通知书原件，或者人民检察院、行政执法部门出具的未得到机动车号牌或者机动车行驶证的证明原件。

4）属于换领的，还应提供原机动车号牌或原机动车行驶证。

5）属于遗失一部分的，应提供剩余的全部机动车号牌或机动车行驶证。

6）委托代理人办理的，应提交代理人身份证明原件和复印件，以及机动车所有人的书面委托，代理人需在机动车牌证申请表上签字。

办理前需将涉及的道路交通安全违法行为或者交通事故先行处理完毕，同时提供机动车行驶证、机动车登记证书（未申领过的一并办理）。

（2）车管所办理流程

第一步：到车管所、交警分局、区（市）县交警大队排队叫号系统领取排队凭证。

第二步：到受理审核窗口提交资料。

第三步：到银行缴费窗口缴纳相关费用。

第四步：到发证窗口领取号牌（或行驶证）。

3. 机动车检验合格标志的补办程序

根据《机动车登记规定》，对机动车检验合格标志灭失、丢失或者损毁的，机动车所有人应当持机动车行驶证向机动车登记地或者检验合格标志核发地车辆管理所申请补领或者换领。车辆管理所应当自受理之日起一日内补发或者换发。

（1）机动车检验合格标志缺失补办时所需提交的材料

1）机动车行驶证。

2）机动车第三者责任保险凭证。

3）安全技术检验合格证明。

（2）机动车检验合格标志缺失的补办程序（见图 2-1-15）

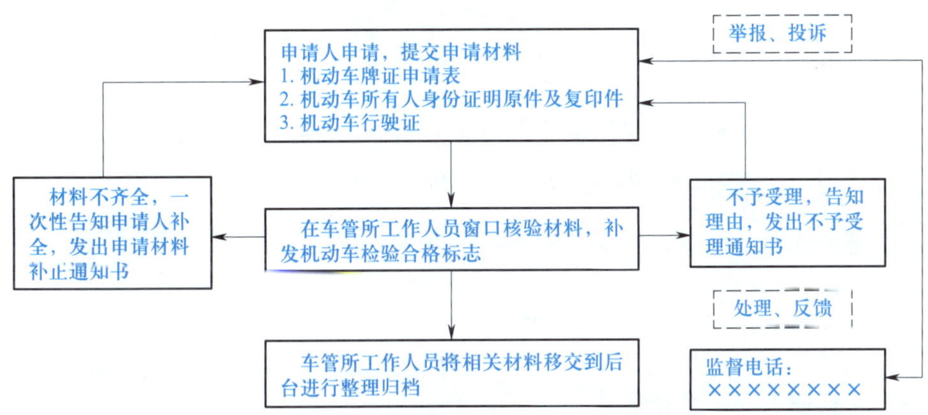

图 2-1-15 补领、换领机动车检验合格标志的业务流程

1）牌证审查

车管所业务大厅的牌证管理岗审查机动车所有人提交的机动车行驶证、机动车第三者责任保险凭证、安全技术检验合格证明；确认机动车号牌号码与机动车行驶证、机动车第三者责任保险凭证和安全技术检验合格证明上记载的号牌号码一致；查询计算机登记系统，对涉及机动车的交通安全违法行为和交通事故处理情况，需要告知经办人处理违法行为。

符合规定的，按照检验有效期的截止月份在机动车检验合格标志正面相应月份上打孔，核发机动车检验合格标志；在机动车行驶证副页检验有效期栏内加盖检验专用章或者按照检验专用章的格式由计算机打印检验有效期的截止日期。

2）资料归档

车管所业务大厅的档案管理岗复核、整理资料，装订、归档。

4. 道路运输证的补办程序

道路运输证的补办程序如图 2-1-16 所示。

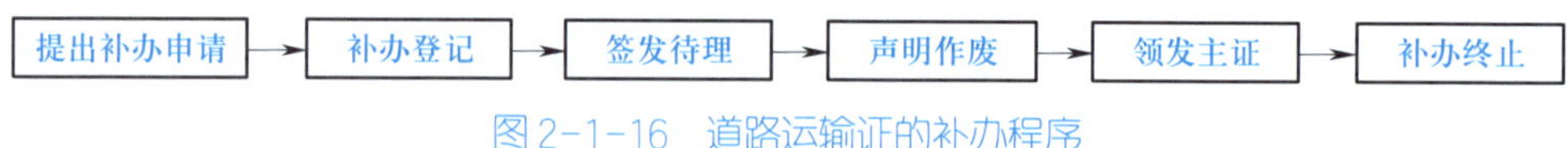

图 2-1-16　道路运输证的补办程序

（1）提出补办申请

道路运输证遗失或毁坏的，由持证人口头向道路运输管理机构提出补办申请，领取并填写道路运输业证照补办申请表，说明遗失或毁坏的时间、地点、经过及证明人。

（2）补办登记

道路运输管理机构凭道路运输业证照补办申请表进行道路运输证遗失补办登记，补办情况应记录在道路运输证发放台账“补办或异动记录”上。

（3）签发待理

道路运输证挂失期间，为不影响运输生产，保证经营者合法经营，由道路运输管理机构发给新证副页待理证，留下主证，准予继续营运，并在副页中注明待理事由和有效期，有效期不超过一个月。

（4）声明作废

道路运输管理机构开具登报介绍信交给经营者到地级以上报纸刊登作废声明。

（5）领发主证

道路运输管理机构办证员凭登载声明的报纸、道路运输业证照补办申请表和副页待理证，将与道路运输证中的营运证副页号码相符的营运证主证交给经营者。

补发新证时，必须在“核发机关”栏内注明“补发”字样，将作废声明剪贴在补办申请表上归档，并收取规定的补办手续费。

（6）补办终止

每辆车的道路运输证补办次数一年内超过三次的，应终止补办。

5. 二手车税费凭证的补办程序

（1）机动车购置税缴费凭证遗失补办

根据《车辆购置税征收管理办法》规定，完税证明发生损毁、丢失的，车主在申请补办完税证明前应在《中国税务报》或由省、自治区、直辖市国家税务局指定的公开发行的报刊上刊登遗失声明，填写换（补）车辆购置税完税证明申请表。

1）纳税人在办理车辆登记注册前完税证明发生损毁、丢失的，主管税务机关应依据纳税人提供的车辆购置税缴税凭证或主管税务机关车辆购置税缴税凭证留存联、车辆合格证明、遗失声明予以补办。

2）车主在办理车辆登记注册后完税证明发生损毁、丢失的，车主向原发证税务机关申请换领、补领，主管税务机关应依据车主提供的机动车行驶证、遗失声明核发完税证明正本（副本留存）。

机动车购置税缴费凭证遗失补办所需材料如下：

①补领、换领机动车牌证申请表。

②机动车所有人身份证明。

③机动车行驶证。

（2）机动车销售发票遗失补办

已注册登记的机动车的销售发票遗失后是不能补开的。因此，先到原购车的经销商处复印当年购车发票的存根联，经销商在复印件上注明“此复印件是由我单位提供，与原件内容相符”字样并加盖公章；然后，到工商局备案处加盖工商局验证章，该复印件可作为日后办理与机动车有关事项的凭证。

使用发票的单位和个人应当妥善保管发票，不得丢失；发票丢失，应于丢失当日书面报告给主管税务机关，并在报刊和电视等传播媒介上公告声明作废。

（3）车辆保险单遗失补办

到原投保的保险公司办理。机动车保单丢失是不能补开的，需提供相关材料，经保险公司审核合格，由保险公司开具一份批单，证明本机动车车辆保险的有效性。

已生效的机动车交强险单证或标志发生损毁或者遗失时，交强险单证或交强险标志所有人应向保险公司申请补办。保险公司在收到补办申请及报失认定证明后的五个工作日内，完成对被保险人申请的审核，并补发相应的交强险单证或交强险标志。保险公司签发、批改、补发交强险单证或交强险标志的，应遵守公司内部控制管理制度要求，并纳入计算机系统管理。

（4）车船税缴付凭证遗失补办

车船税的纳税地点为车船的登记地或者车船税扣缴义务人所在地。从事机动车第三者责任保险业务的保险机构为机动车车船税的扣缴义务人，应当在收取保险费时依法代收车船税，并出具代收税款凭证。

扣缴义务人在代收车船税时，应当在机动车交强险的保险单上注明已收税款的信息，作为纳税人的完税证明。除另有规定外，扣缴义务人不再给纳税人开具代扣代收税款凭证。纳税人如有需要，可以持注明已收税款信息的保险单，到主管地方税务机关开具完税凭证。

在一个纳税年度内，已完税的车船被盗抢、报废、灭失的，纳税人可以凭有关管理机关出具的证明和完税证明，向纳税所在地的主管地方税务机关申请退还自被盗抢、报废、灭失月份起至该纳税年度终了期间的税款。

已办理退税的被盗抢车船失而复得的，纳税人应当从公安机关出具相关证明的当月起计算缴纳车船税。

三、二手车常规交易手续的查验

在二手车交易手续查验过程中，不但要核实各种手续是否齐全，还要仔细验证这些手续是否过期、代码是否对应、税费是否真实有效等；另外，还要检查各种手续的真伪。

1. 核实委托鉴定评估的车辆产权

机动车法定证件分别是一车一证。一套证件中车主的单位名称或个人姓名、发动机号码、车架号码等均应一致。

机动车登记证书是车辆必要的产权凭证。2002 年以前购买的汽车，大部分都没有机动车登记证书，在二手车交易时需要进行补办。在二手车交易后，机动车登记证书中会记载原车主和现车主的详细信息，确保交易双方和车辆管理部门了解车辆产权变更情况。

目前，在一些规模较大、服务比较规范的二手车交易市场，如北京市二手车交易市场内，一般都设有机动车登记证书办理窗口，消费者可以就近办理。

2. 检查机动车来历凭证

检查购买车辆的原始发票或二手车交易凭证，了解购置日期和账面原值，是否经工商行政管理机关验证盖章。进口车辆需确认车辆属于大贸、海关罚没、工商罚没、走私车、套牌车等情况。

3. 检查交易双方的身份证明、单位组织机构代码证

应仔细检查车主身份证、单位组织机构代码证是否真实有效；身份证明是否过期、单位组织机构代码证是否年检；身份证明或者单位组织机构代码证上的地址和名称与原机动车登记证书或者机动车行驶证是否相符，如不符，交易双方要到车辆管理所进行变更。

4. 检查机动车行驶证上的号牌、发动机号码、车架号码与车辆本身是否一致

如发现不一致或有改动、有凿痕、锉痕、重新打刻、垫支金属块等人为改变或毁坏的，应及时向公安机关报告，扣车审查。检查交易车辆是否在年检有效期内；检查机动车行驶证上的车辆照片是否与车辆本身相符，机动车是否按照规定进行年检。

5. 检查车辆购置税是否真实有效

一定要检查原车的车辆购置税完税证明。有些二手车原来没有交过车辆购置税，在过户后这些未交的税必须补交（免交税的车辆会被要求补齐车辆购置税）。

6. 检查营运车辆道路运输证（车辆营运证）

营运车辆转籍过户时应向运输管理机构及相关部门办理相关手续，该手续涉及车主各项规费的交纳及是否违法经营等综合管理方面的问题。该手续一般由营运单位或个人自行办理，再进行交易。

7. 检查车辆本身是否为抵押车辆或被监管车辆

抵押车辆、被监管车辆是被禁止交易的车辆，车辆信息可通过车辆所辖地车管所查询。

8. 其他手续核验

（1）检查是否缴纳当年的车船税。

（2）检查是否按国家规定购买机动车交强险。

（3）检查车辆是否为分期付款车辆，是否还清贷款。

（4）检查各种证件的真伪（将在模块二任务 2 中讲解）。

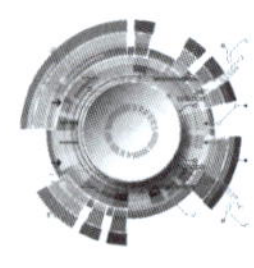

思考与练习

1. 二手车税费保险凭证主要有哪些？
2. 二手车常规交易时，需要查验的手续有哪些？
3. 简述机动车号牌或机动车行驶证的补办程序。

任务 2　二手车交易手续识伪检查

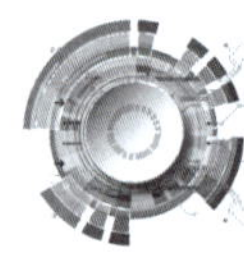

学习目标

- 熟悉二手车交易手续识伪检查的基本内容和方法。
- 能熟练进行各种证件、凭证的识伪工作。

任务引入

在模块二任务 1 中，已经对王先生的自动舒适型高尔夫 2010 款 1.4T 轿车进行了常规手续查验，对缺失的手续进行了补办。接下来，对王先生提供的车辆的手续进行识伪检查，以确保客户的二手车可以合法地进入二手车流通市场。

任务分析

交易手续齐全是保证二手车重新进入二手车流通市场的前提条件；齐全的手续合

法是加强二手车流通管理，规范二手车经营行为，保障二手车交易双方合法权益，促进二手车流通健康发展的基础保障。

相关知识

一、机动车行驶证的识伪

国家对机动车行驶证制作有统一规定。《中华人民共和国机动车行驶证》（GA 37—2008）规定，为了防止伪造机动车行驶证，机动车行驶证塑封套上有用紫外灯可识别的不规则的与行驶证卡片上图形相同的暗记，并且机动车行驶证上应按要求粘贴车辆彩色照片。

机动车行驶证的识伪方法如下：

1. 查看识伪标记。机动车行驶证签注的内容都是通过针式打印机打印的，在证芯上留有凹凸感，而有些假证只是扫描后分色印刷出来的，证芯上没有凹凸感。

2. 查看车辆彩色照片与实物是否相符。

3. 将被查机动车行驶证上的印刷字体字号、纸质、印刷质量与车辆管理机关核发的机动车行驶证式样进行比较确认。一般来说，伪造的机动车行驶证纸质差，印刷质量模糊。

4. 对有怀疑的机动车行驶证可通过信函、电话、传真或到发证的公安车辆管理机关进行真假核实；或者通过公安网站上的全国交通管理信息查询系统，可以查询到机动车所有人、机动车品牌型号、发动机号码、车架号码、注册登记日期、发证日期、核定载质量、核定载人数等信息，从而与机动车行驶证上所载明的信息进行比对，从而发现真伪。

最常见的伪造是伪造机动车行驶证副页上的检验合格章，车辆没有按规定时间到车辆管理所办理检验手续，却私刻公章自己加盖检验合格章。

现在，许多地方采用计算机打印“检验合格至 ×× 年 × 月”字样，并加盖检验合格章的办法来增加防伪能力。车辆管理机关规定超过两年未检验的车辆按报废处理。二手车鉴定评估人员要对机动车行驶证副页上的检验合格章，即机动车行驶证的有效期进行检查。

任务实施

评估人员对王先生提供的机动车行驶证进行了审核。

1. 在紫外灯下，认真对比了行驶证塑封套上可识别的不规则的与行驶证卡片上图形相同的暗记，并对机动车行驶证上粘贴的车辆彩色照片与实车进行了比对，结果与实车相符。

2. 查验机动车行驶证上的识伪标记，证芯上有一定的凹凸感。

3. 将被查机动车行驶证上的印刷字体字号、纸质、印刷质量与车辆管理机关核发的机动车行驶证式样进行比对，符合要求。

4. 查验了机动车行驶证副页上的检验合格章，以及计算机打印的“检验合格至××年×月”字样。车辆能够按照规定时间及时到车辆管理所办理检验手续。

经检验，王先生的机动车行驶证符合要求。

二、机动车登记证书的识伪

机动车登记证书是机动车的“户口簿”，所有机动车的详细信息及机动车所有人的资料都记载在上面。机动车登记证书上所记载的原始信息发生变化时，机动车所有人应携带机动车登记证书到车辆管辖地的车辆管理所做变更登记。机动车登记证书上的车主信息应与机动车行驶证上的信息一致。

机动车登记证书的真伪鉴别，可查看水印文字，翻开登记证书内页，透光检查登记证书内页纸张，有水印文字“机动车登记证书”和“MOTOR VEHICLE REGISTER CERTIFICATE”，并且清晰完整，这些文字是在纸张制造时通过模具成型技术做在纸张内部的，不透光时看不到。

另外，需注意的是，根据《机动车登记规定》，车辆管理所应当使用计算机登记系统办理机动车登记，并建立数据库。不使用计算机登记系统登记的，登记无效。所以，若在车辆所在地车辆管理所计算机登记系统中无法查询到，说明该机动车登记证书是无效的。

任务实施

王先生拟交易评估的家用自动舒适型高尔夫 2010 款 1.4T 轿车，上市时间为 1999 年，但王先生不慎将机动车登记证书遗失。由于缺失机动车登记证书，王先生在二手车鉴定评估人员的帮助下，到车辆管辖地的车管所业务大厅进行补办。

经查验，补办后的机动车登记证书符合要求。

三、机动车号牌的识伪

机动车号牌是国家公安交通车辆管理机关依据有关法律法规核发给机动车的合法证件，它是准予机动车在中华人民共和国境内道路上行驶的法定标志，其号码是机动车登记编号；它与机动车行驶证一同核发，其号牌字码与机动车行驶证上的信息应一致。

非法者常以非法加工、偷牌拼装等手段伪造机动车号牌。国家规定，机动车号牌生产实行准产管理制度。凡生产号牌的企业必须申请号牌准产证，经省级公安交通管理部门综合评审，对符合条件的企业发放机动车号牌准产证，其号牌质量必须达到公安行业标准。

根据《中华人民共和国机动车号牌》（GA 36—2018）要求，号牌表面不同反光区域应反光均匀，不应有明显差异，其中小型汽车号牌和轻便摩托车号牌字符应反光；号牌应使用公安部规定的全国统一标准字符，字符应整齐、着色均匀；号牌表面压印有公安部统一规定的号牌厂家生产暗记；号牌反光膜表面应印有省、自治区、直辖市的汉字简称或新能源汽车号牌专用图案标识，标识和机动车登记标号方向一致且无倾斜或变形；号牌生产工艺采用一次冲压等技术；号牌背面贴有号牌厂家生产序列标识（为 8 位数字编号，从 00000001 到 99999999）和专用条形码，生产序列标识应清晰完整，且有动态的省、自治区、直辖市行政区划代码字符；大型新能源汽车号牌和小型新能源汽车号牌正面的两条正弦曲线（见图 2–2–1）应连续、清晰，且有动态景深效果。

机动车号牌的识伪方法如下：

1. 查看号牌的识伪标记。

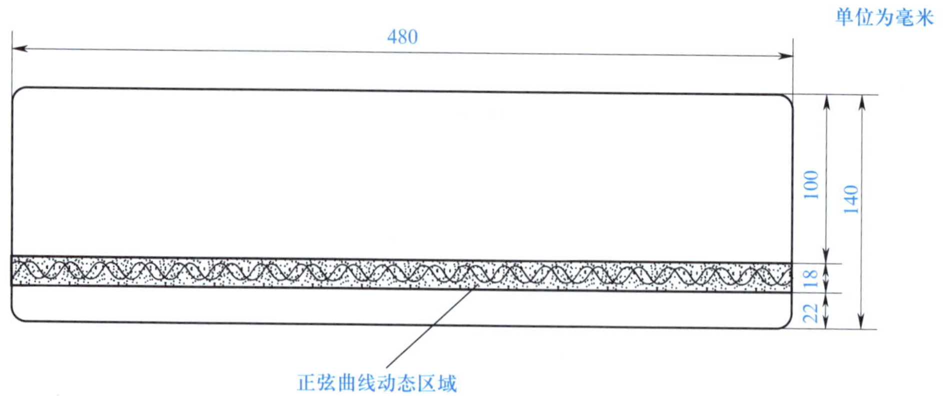

图 2-2-1　新能源汽车号牌上的正弦曲线动态区域

2. 查看号牌底漆颜色深浅。

3. 查看白底色或白字体是否涂有反光材料。

4. 在距离号牌 0.5 m 处目测号牌，以号牌任意一条边为轴，以小角度转动号牌，观察生产序列标识中的省、自治区、直辖市行政区划代码字符或正弦曲线。

5. 查看号牌是否按规格冲压边框，号牌外廓是否符合尺寸要求，字符是否模糊、符合尺寸要求等。

对有怀疑的机动车号牌可到发证的公安车辆管理机关进行核实。除了临时号牌为纸质外，其余均为铝质反光。对号牌上的字的大小也有明确规定。号牌在安装方面设有固封装置，并规定该装置由发牌机关统一负责安装、更换，任何单位和个人都无权拆卸。对于号牌的固封装置有拆卸痕迹的二手车，鉴定评估人员一定要引起足够重视，查明原因，确认号牌真伪。

任务实施

二手车鉴定评估人员对王先生的自动舒适型高尔夫 2010 款 1.4T 轿车号牌进行了核验：查验号牌的识伪标记；查看底漆颜色深浅；查看白底色或白字体是否涂有反光材料；目测号牌，观察是否有生产序列标识中的省、自治区、直辖市行政区划代码字符；查看号牌是否按规格冲压边框，字符是否模糊；查验号牌的固封装置是否有拆卸痕迹。

经过对该车号牌的核验，具有铝质反光防伪标记，号牌的字体大小符合规定、字符清晰；以号牌任意一条边为轴小角度转动号牌，观察号牌反光膜有生产序列标识中的北京市代码字符；查验号牌的固封装置没有拆卸痕迹，号牌边框符合规格要求，该车号牌为真。

四、车辆购置税凭证的识伪

随着国家便民政策的不断改革，《国家税务总局 公安部关于应用车辆购置税电子完税信息办理车辆注册登记业务的公告》（国家税务总局 公安部公告 2019 年第 18 号）规定，自 2019 年 6 月 1 日起，纳税人在全国范围内办理车辆购置税纳税业务时，税务机关不再打印和发放纸质车辆购置税完税证明；2019 年 7 月 1 日起，在全国范围内正式实施应用车辆购置税电子完税信息办理车辆注册登记业务，全面取消纸质车辆购置税完税证明；同时规定，自 2019 年 7 月 1 日起，纳税人在全国范围内办理车辆购置税补税、完税证明换证或者更正等业务时，税务机关不再出具纸质车辆购置税完税证明。

这意味着 2019 年 7 月 1 日之前，购车者在购买或交易车辆时，仍应具备纸质车辆购置税完税证明。

纸质版车辆购置税完税证明分为正本和副本（见图 2-2-2），按车核发、每车一证，正、副本内容必须一致。正本由纳税人保管以备查验，副本用于办理车辆注册登记，并存留于注册登记地公安车管部门。未加盖“征税专用章”的完税证明无效；完税证明不得转借、涂改、买卖或者伪造。

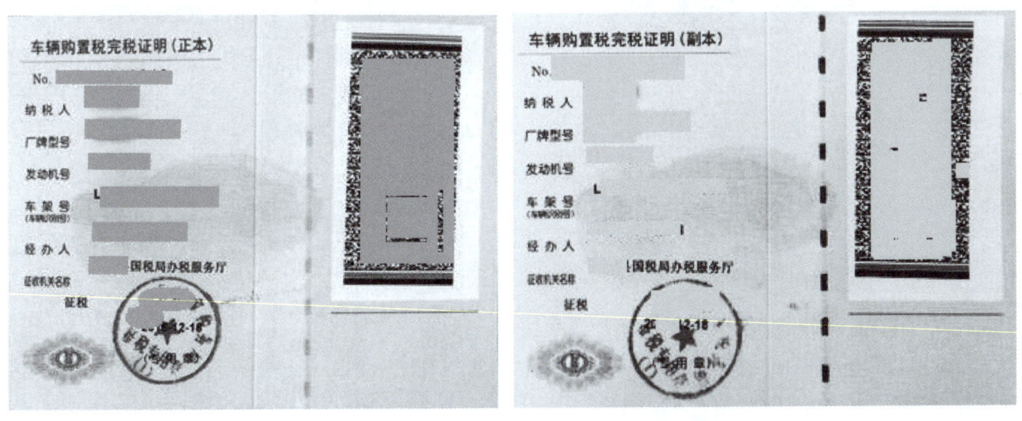

图 2-2-2　车辆购置税完税证明（正、副本）

车辆购置税凭证真伪的识别方法如下：

1. 利用对比法进行认定。

2. 到征收机关查验。

五、机动车保险单的识伪

机动车保险单的识伪主要检查以下内容：机动车保险单上被保险人与车主是否一致；机动车保险单与保险证上所投保的险种和保险期限是否一致；机动车交强险标志的印刷流水号码能否通过计算机系统查询。

目前，机动车交强险是我国唯一强制投保的险种，要求所有机动车所有人必须投保该险种。机动车交强险标志是保险公司向投保人核发的，证明其已经投保交强险的标志。保险公司签发交强险单证或交强险标志时，有关内容不得涂改，涂改后的交强险单证或交强险标志无效。

目前广泛采用内置型或便携式交强险标志，如图 2-2-3 所示。

a)

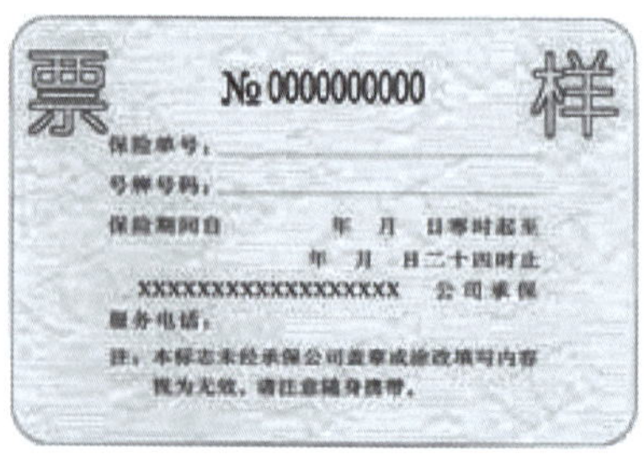

b)

图 2-2-3 交强险标志

a）内置式交强险标志 b）便携式交强险标志

任务实施

经过对王先生车辆的机动车保险单、交强险标志的仔细查验，该车机动车保险单、交强险标志有效。

六、准运证的识伪

准运证真伪鉴别方法，一是请当地市以上的工商行政管理机关、工业和信息化部门或公安车辆管理部门帮助认定，二是自己寻找现行的由国家内贸部门会同有关部门下发的“准运证”式样进行对比认定。国家内贸部门发放的“准运证”式样是不定期更换的，要注意“准运证”的时效性。

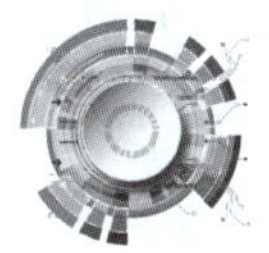

任务实施

王先生的车辆不属于营运车辆，因此，不必核验准运证。

因机动车所有权属于个人，二手车鉴定评估人员对王先生提供的机动车所有人的身份证及复印件进行了核验。经过对身份证真伪的查验，身份证符合要求；另外，还查验了王先生车辆的机动车销售发票及税费凭证，包括车辆购置税完税证明、车船税缴付凭证及车辆保险单。经过认真查验，上述发票为真，税费凭证齐全、有效、合法。

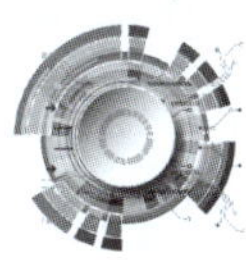

思考与练习

1. 简述机动车行驶证的识伪方法。

2. 简述机动车号牌的识伪方法。

3. 简述车辆保险单的识伪方法。

任务 3　二手车可交易性的查验

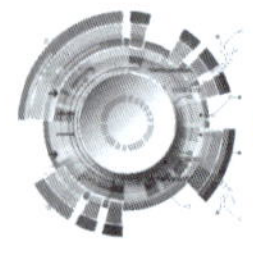

学习目标

- 了解可交易车辆的查验规范。
- 熟悉可交易车辆的查验内容。

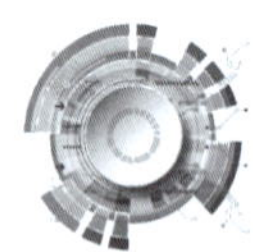

任务引入

在模块二任务 2 中，二手车鉴定评估机构工作人员协助王先生补办了遗失的机动车登记证书后，经核验王先生提供的拟交易车辆各种证件、凭证等手续齐全、真实、有效、合法。为促成二手车交易，工作人员随后对王先生这辆二手车的“可交易性”进行了查验。

任务分析

依据《二手车鉴定评估技术规范》（GB/T 30323—2013），车辆进入二手车市场交易前，除了对拟交易车辆的相关证书、税费凭证等手续要求齐全、有效、合法之外，对拟交易车辆本身的“可交易性”也要加以查验，避免盗窃、抢劫、诈骗等违法车辆流入二手车交易市场。

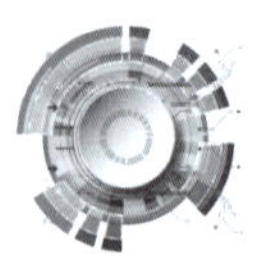

相关知识

一、可交易车辆的查验规范

依据《二手车鉴定评估技术规范》中的可交易车辆判别表（见表 2-3-1）所列项

目，对拟交易车辆本身进行合法性查验。若查验过程中发现检查项目任何一项判别为“N”的车辆，应及时告知委托方，无须继续进行技术鉴定和价值评估，但司法机关委托等特殊情况除外；若查验过程中发现表 2–3–1 中第 1 项、第 4 项至第 8 项中任意一项判别为“N”的车辆，必须及时报告公安机关等执法部门。

表 2–3–1 可交易车辆判别表

序号	检查项目	判别
1	是否达到国家强制报废标准	Y否 N是
2	是否为抵押期间或海关监管期间的车辆	Y否 N是
3	是否为人民法院、人民检察院、行政执法部门依法查封、扣押期间的车辆	Y否 N是
4	是否为通过盗窃、抢劫、诈骗等违法犯罪手段获得的车辆	Y否 N是
5	发动机号码与机动车登记证书登记号是否一致，且无凿改痕迹	Y是 N否
6	车辆识别代号（VIN 码）或车架号码与机动车登记证书登记号是否一致，且无凿改痕迹	Y是 N否
7	是否为走私、非法拼（组）装车辆	Y否 N是
8	是否为法律法规禁止经营的车辆	Y否 N是

二、可交易车辆的查验内容

1. 达到国家强制报废标准车辆的查验

机动车强制报废标准是机动车到达一定的使用年限或行驶里程强制报废的一种法律制度，是指在机动车符合法定的报废标准后，机动车所有人必须按照规定的程序对其机动车进行报废。

应当报废的机动车必须及时办理注销登记。达到报废标准的机动车不得上路行驶。报废的大型客、货车及其他营运车辆应当在公安机关交通管理部门的监督下解体。机动车强制报废制度是排除道路交通安全隐患、维护道路交通安全的重要制度。

依据《机动车强制报废标准规定》，根据机动车使用和安全技术、排放检验状况，国家对达到报废标准的机动车实施强制报废，并从累计使用年限及行驶里程两个方面，对各类汽车的报废年限做了具体的规定，见表 2–3–2。

表 2–3–2　　机动车使用年限及行驶里程分类说明

<table>
<tr><th colspan="5">车辆类型与用途</th><th>使用年限 / 年</th><th>行驶里程参考值 / 万 km</th></tr>
<tr><td rowspan="23">汽车</td><td rowspan="15">载客</td><td rowspan="11">营运</td><td rowspan="3">出租客运</td><td>小、微型</td><td>8</td><td>60</td></tr>
<tr><td>中型</td><td>10</td><td>50</td></tr>
<tr><td>大型</td><td>12</td><td>60</td></tr>
<tr><td colspan="2">租赁</td><td>15</td><td>60</td></tr>
<tr><td rowspan="3">教练</td><td>小型</td><td>10</td><td>50</td></tr>
<tr><td>中型</td><td>12</td><td>50</td></tr>
<tr><td>大型</td><td>15</td><td>60</td></tr>
<tr><td colspan="2">公交客运</td><td>13</td><td>40</td></tr>
<tr><td rowspan="3">其他</td><td>小、微型</td><td>10</td><td>60</td></tr>
<tr><td>中型</td><td>15</td><td>50</td></tr>
<tr><td>大型</td><td>15</td><td>80</td></tr>
<tr><td colspan="3">专用校车</td><td>15</td><td>40</td></tr>
<tr><td rowspan="3">非营运</td><td colspan="2">小、微型客车、大型轿车*</td><td>无</td><td>60</td></tr>
<tr><td colspan="2">中型客车</td><td>20</td><td>50</td></tr>
<tr><td colspan="2">大型客车</td><td>20</td><td>60</td></tr>
<tr><td colspan="2" rowspan="6">载货</td><td colspan="2">微型</td><td>12</td><td>50</td></tr>
<tr><td colspan="2">中、轻型</td><td>15</td><td>60</td></tr>
<tr><td colspan="2">重型</td><td>15</td><td>70</td></tr>
<tr><td colspan="2">危险品运输</td><td>10</td><td>40</td></tr>
<tr><td colspan="2">三轮汽车、装有单缸发动机的低速货车</td><td>9</td><td>无</td></tr>
<tr><td colspan="2">装有多缸发动机的低速货车</td><td>12</td><td>30</td></tr>
<tr><td colspan="2" rowspan="2">专项作业</td><td colspan="2">有载货功能</td><td>15</td><td>50</td></tr>
<tr><td colspan="2">无载货功能</td><td>30</td><td>50</td></tr>
</table>

续表

<table>
<tr><th colspan="3">车辆类型与用途</th><th>使用年限/年</th><th>行驶里程参考值/万 km</th></tr>
<tr><td rowspan="4">挂车</td><td rowspan="3">半挂车</td><td>集装箱</td><td>20</td><td>无</td></tr>
<tr><td>危险品运输</td><td>10</td><td>无</td></tr>
<tr><td>其他</td><td>15</td><td>无</td></tr>
<tr><td colspan="2">全挂车</td><td>10</td><td>无</td></tr>
<tr><td rowspan="2">摩托车</td><td colspan="2">正三轮</td><td>12</td><td>10</td></tr>
<tr><td colspan="2">其他</td><td>13</td><td>12</td></tr>
<tr><td colspan="3">轮式专用机械车</td><td>无</td><td>50</td></tr>
</table>

注：1. 表中的机动车主要依据《机动车类型 术语和定义》（GA 802—2014）进行分类；标注 * 的车辆为乘用车。

2. 对小、微型出租客运汽车（纯电动汽车除外）和摩托车，省、自治区、直辖市人民政府有关部门可结合本地实际情况，制定严于表中使用年限的规定，但小、微型出租客运汽车不得低于 6 年，正三轮摩托车不得低于 10 年，其他摩托车不得低于 11 年。

从表 2-3-2 中可知，小、微型非营运载客汽车、大型非营运轿车、轮式专用机械车没有使用年限限制。如果对汽车的使用年限和行驶里程均做了规定，一般当其中一个指标达到参数值时，就认为该车已达到报废年限。机动车使用年限起始日期按照注册登记日期计算，但自出厂之日起超过 2 年未办理注册登记手续的，按照出厂日期计算。

2. 抵押期间或海关监管期间车辆的查验

（1）抵押期间车辆的查验

根据《中华人民共和国机动车登记办法》规定，机动车所有人将机动车作为抵押物抵押的，应向登记地车辆管理所申请抵押登记；抵押权注销的，应向登记地车辆管理所申请解除抵押登记。机动车抵押登记日期、解除抵押登记日期均可查询。

因此，查验车辆是否处于抵押期间，可到车辆所在地车辆管理所查询二手车是否为抵押车，或可以查看其机动车登记证书上是否显示被抵押。如果显示被抵押，则该车属于抵押车；如果已经显示解除抵押或无抵押记录，则该车不属于抵押车。

（2）海关监管期间车辆的查验

车辆档案内有海关监管，说明该车辆属于海关监管的车辆。在过户时应当提交中华人民共和国海关监管车辆解除监管证明书或者海关批准的转让证明。

《中华人民共和国机动车登记办法》规定：申请转移登记的，现机动车所有人应当填写申请表，交验机动车，并提交以下证明、凭证：

1）现机动车所有人的身份证明。

2）机动车所有权转移的证明、凭证。

3）机动车登记证书。

4）机动车行驶证。

5）属于海关监管的机动车，还应提交中华人民共和国海关监管车辆解除监管证明书或者海关批准的转让证明。

6）属于超过检验有效期的机动车，还应提交机动车安全技术检验合格证明和交通事故责任强制保险（交强险）凭证。

值得注意的是，对超过海关监管年限的监管车辆，当事人应持下列资料（正本或复印件，复印件由海关存档）以及填写海关监管车辆解除监管申请表（该表到主管海关索取）后向主管海关提出申请，经主管海关审核后连同下列资料的复印件一并送监管处，监管处审核后签发海关监管车辆解除监管证明书。

当事人凭海关监管车辆解除监管证明书向车辆管理部门办理有关过户、转籍等手续时，需要提供下述有效证件和凭证：

1）身份证正本和复印件（若是委托办理，须提供委托书、代办人身份证）。

2）车辆购置税完税证明或免税凭证（正本和复印件）。

3）中华人民共和国机动车行驶证（正本和复印件）。

4）货物进口证明书（复印件）。

5）海关需要的其他证件。

进口减免税的车辆海关监管的年限是6年，未满6年的不得转让，须办理补证、补税后才可以转让。

对超过 6 年监管期的，向车辆监管地的海关递交申请的同时，还需要提供下述材料：

1）护照或长期暂住证复印件。

2）委托书和受托人的身份证复印件。

3）车辆购置税完税证明或免税凭证（正本和复印件）。

4）机动车行驶证（正本和复印件）。

5）当时货物进口证明书（复印件）或进口报关单（复印件）。

6）海关需要的其他证件。

获海关批准后，凭海关签发的海关监管车辆解除监管证明书向车辆管理部门办理有关过户、转籍等手续。

3. 为人民法院、检察院、行政执法部门依法查封、扣押期间车辆的查验

根据《二手车流通管理办法》规定，为人民法院、人民检察院、行政执法部门依法查封、扣押期间的车辆不能被交易，可通过相关车辆管理部门进行查询。

4. 为通过盗窃、抢劫、诈骗等违法犯罪手段获得车辆的查验

一般来说，车辆被盗窃、抢劫、诈骗等违法犯罪手段获得后，车主会向公安部门报案。为防止盗抢车辆进入市场交易，公安车管部门会将被盗抢车辆的档案资料从车主报案起到追寻找到止这段时间内进行锁定，不允许车辆的过户、转籍等一切交易活动。因此，到公安车管部门调取被盗抢车辆的档案资料，可收集车辆的相关信息，为鉴定车辆是否为盗窃、抢劫、诈骗等违法犯罪手段获得的车辆提供可靠的依据。

5. 发动机号码与机动车登记证书登记号的查验

（1）发动机号码

发动机号码是车辆的重要档案信息，便于发动机制造厂商和公安车管部门对车辆发动机进行管理。发动机号码一般包含发动机型号、生产时间和产地代码等信息。发动机号码具有唯一性，每一台发动机都有一个特定的发动机号码。在二手车鉴定评估时，应特别注意发动机号码因维修或更换发动机而变更。

为了便于内燃机（发动机）的生产管理和使用，国家标准《内燃机产品名称和型

号编制规则》(GB/T 725—2008）中对内燃机（发动机）的名称和型号做了统一的规定，如图 2-3-1 所示。

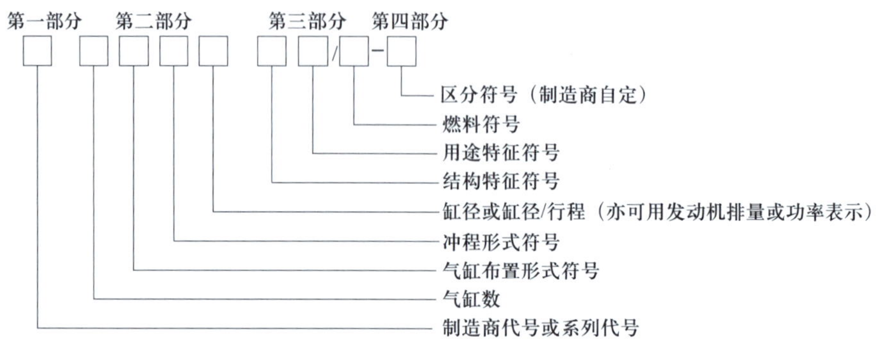

a)

气缸布置形式符号

符号	含义
无符号	多缸直列及单缸
V	V形
P	卧式
H	H形
X	X形
注：其他布置形式符号见GB/T 1883.1—2005	

b)

结构特征符号

符号	结构特征
无符号	冷却液冷却
F	风冷
N	凝气冷却
S	十字头式
Z	增压
ZL	增压中冷
DZ	可倒转

c)

用途特征符号

符号	用途
无符号	通用型及固定动力（或制造商自定）
T	拖拉机
M	摩托车
G	工程机械
Q	汽车
J	铁路机车
D	发电机组
C	船用主机、右机基本型
CZ	船用主机、左机基本型
Y	农用三轮车（或其他农用车）
L	林业机械
注：内燃机左机和右机的定义按GB/T 726—1994的规定	

d)

图 2-3-1　内燃机（发动机）型号排列顺序及符号所代表的含义

a）发动机型号排列顺序及符号所代表的含义　b）气缸布置形式符号　c）结构特征符号　d）用途特征符号

发动机号码一般位于发动机本体上，有些汽车的发动机号码位置比较隐蔽，不易发现。车辆使用手册上一般会标注发动机号码和车架号码的位置。发动机号码还可以在行驶证、机动车登记证书、购车发票、车辆购置税完税证明以及发动机拓印处查看。在查验过程中，要注意发动机号码与相关法定凭证中的一致性。

根据《中华人民共和国道路交通安全法》规定，任何单位或者个人不得改变机动车型号、发动机号码、车架号码或者车辆识别代号。

（2）机动车登记证书登记号

机动车登记证书是机动车办理了登记的证明文件，记载《中华人民共和国机动车登记办法》规定的登记事项。根据《中华人民共和国机动车登记办法》规定，机动车登记编号由机动车登记机构代号、英文字母和阿拉伯数字组成。机动车登记机构代号由公安部交通管理局确定，且车辆管理所应当使用计算机登记系统办理机动车登记；不使用计算机登记系统登记的，登记无效。每辆机动车不得同时具有两个以上机动车登记证书登记号。

由《中华人民共和国机动车登记办法》第六十四条规定，任何单位和个人不得有下列行为：

1）伪造机动车号牌、机动车行驶证或者机动车登记证书。

2）使用伪造的机动车号牌、机动车行驶证或者机动车登记证书。

3）转借、挪用、涂改机动车号牌、机动车行驶证或者机动车登记证书。

4）以机动车号牌、机动车行驶证、机动车登记证书灭失或者丢失为由，骗领机动车号牌、机动车行驶证或者机动车登记证书。

5）非法扣留机动车号牌、机动车行驶证或者机动车登记证书。

6. 车辆识别代号（VIN 码）的查验

车辆识别代号即 vehicle identification number 的缩写，也称“VIN 码”，是汽车制造厂家为每一辆出厂的车辆预先设置的一组代码，由 17 位字符组成，俗称十七位码。

车辆识别代号是汽车的“身份证号”。根据国家车辆管理标准确定，在 30 年内生产的任何车辆的 VIN 码不得相同，并且 VIN 码包含了车辆的生产国别、制造厂家、品牌名称、年份、车型、车身形式、发动机类型及组装地点等信息，目的是为识别车辆的身份提供必要的特征信息，并对每一辆车具有唯一识别性，随着汽车的使用寿命直至报废终止。

正确解读 VIN 码所包含的信息，无论是对汽车配件销售人员、汽车维修厂维修人员、二手车鉴定评估人员、汽车保险人员，还是对车辆交通管理人员，都是最基本和不可或缺的。

车辆识别代号作为道路车辆产品及其运营管理的基础，每辆车的 VIN 码均由三个部分组成（见图 2-3-2）。第一部分，世界制造厂识别代号（WMI）；第二部分，车辆说明部分（VDS）；第三部分，车辆指示部分（VIS）。另外，由于车辆识别代号常被打刻（拓印）在车架或底盘的某个部位，因此，也将 VIN 码称为车架号码或底盘号码。

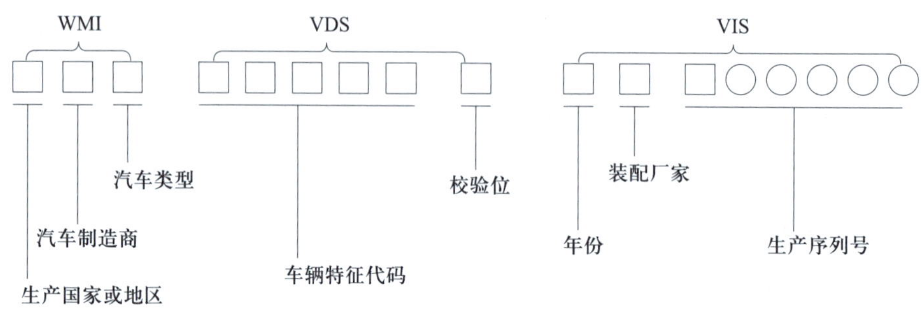

图 2-3-2　车辆识别代号的组成

7. 走私、非法拼（组）装车辆的查验

走私车辆是指没有通过国家正常进口渠道进口的、未完税的车辆。

非法拼（组）装车辆是指没有制造、组装机动车许可证的企业或者个人，擅自使用报废或者不合格的机动车的发动机、变速器、前后桥、车架以及其他零配件拼凑、组装的机动车。

在走私车辆、拼（组）装车辆的查验中，首先要查验车辆来源信息，运用公安车管部门的车辆档案资料，确定车辆的合法性及来源情况。然后查验证书，主要查验二手车的汽车产品合格证和维护手册。一般来说，合法进口的汽车风窗玻璃上标有黄色商检标志，并附有中文车主手册和维护手册各一本，而走私车辆则没有。拼装车辆、报废车辆及盗抢车辆的原始证件一般都不齐全。

对进口车必须查验进口产品商检证明书和商检标志。

通常，非法车辆的 VIN 码和发动机号码常有被修改的痕迹，在检查车辆识别代号准确性时，应注意先查找该车辆型号是否在我国进口汽车产品目录上。

根据《中华人民共和国机动车登记办法》规定，使用国产或者进口底盘改装的机动车，其出厂合格证明是机动车底盘生产厂出具的机动车底盘出厂合格证或者进口机动车底盘的进口凭证和机动车改装厂出具的机动车整车出厂合格证；使用国产或者进口整车改装的机动车，其出厂合格证明是机动车生产厂出具的机动车整车出厂合格证或者进口机动车整车的进口凭证和机动车改装厂出具的机动车整车出厂合格证。

8. 法律法规禁止经营的车辆的查验

可交易的车辆首先应具有法定的相应证明、凭证等，法律法规禁止经营的车辆无法提供完整的交易手续，可通过相关车辆管理部门进行查询、确认。

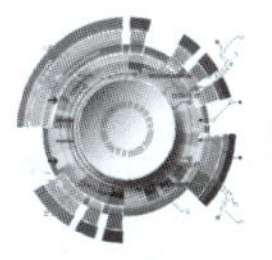

任务实施

因拟评估的高尔夫车辆所有权属于个人，二手车鉴定评估人员对王先生的高尔夫轿车按照《二手车鉴定评估技术规范》(GB/T 30323—2013）中的可交易车辆判别表的规定进行了查验。经认真查验，并结合实践工作经验，王先生的车辆符合“可交易车辆”的合法性，可继续开展后续的业务。

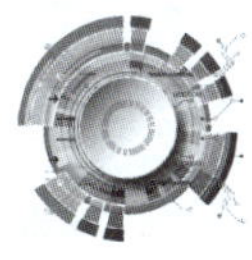

思考与练习

1. 简述可交易车辆的查验规范。

2. 如何对车辆识别代号或车架号码进行查验？

3. 如何对走私、非法拼（组）装车辆进行查验？

模块三

二手车技术状况鉴定

任务 1　二手车静态检查

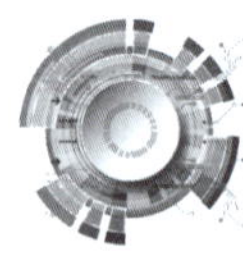

学习目标

- 了解二手车静态检查所包含的内容。
- 掌握二手车静态识伪检查和车辆外观检查的方法和技巧。
- 能运用静态检查方法对二手车技术状况进行检查。

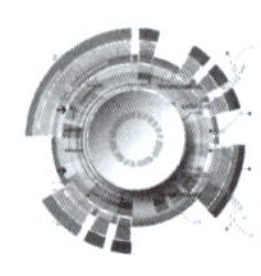

任务引入

李先生拟出售 2015 款 1.8 TSI 自动四驱豪华型上汽大众途观轿车（见图 3-1-1）。该车行驶里程为 9.85 万 km，2015 年 2 月上牌，车牌所在地为北京，期望出售价格为 13.5 万元，委托某二手车鉴定评估机构对该车进行技术状况鉴定，为价格评估提供技术依据。

图 3-1-1 2015 款 1.8 TSI 自动四驱豪华型上汽大众途观轿车

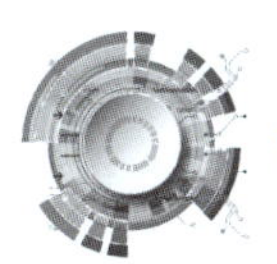

任务分析

二手车技术状况鉴定是指对车辆技术状况进行缺陷描述、等级评定，其鉴定方法主要包括静态检查、动态检查和仪器检查三种。为公正、科学地对委托车辆现时技术状况进行鉴定，需要对车辆外观、发动机舱、驾驶舱、底盘及相关功能性零部件进行静态检查。

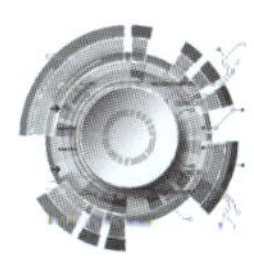

相关知识

一、二手车静态检查的内容

二手车静态检查是指二手车鉴定评估人员依靠目测、触摸以及评估人员的经验和专业技能，辅之以简单的量具，对二手车的技术状况进行静态、直观的检查鉴定。

二手车技术状况静态检查主要包括静态识伪检查和车辆外观检查两部分内容。其中，静态识伪检查包括鉴别走私车辆、拼装车辆和盗抢车辆等工作，车辆外观检查包括事故车辆鉴别，发动机舱、驾驶舱、行李舱、底盘检查及功能性零部件检查等内容。

二手车技术状况静态检查的目的是对欲鉴定评估的二手车现时技术状况进行快速、全面的了解，以期通过全面检查，找出车辆各总成及零部件存在的损伤及故障隐患，并发现一些较大的缺陷，如严重碰撞、车身和车架锈蚀或结构性损坏、发动机或传动系严重磨损、车厢内部设施不良等，为车辆车况新旧程度的量化分级、价值评估提供尽可能全面的依据。

二、静态识伪检查

二手车静态识伪检查的目的是识别车辆的来源是否合法。车辆合法性检查是为了防止非法走私车辆、拼（组）装车辆进入汽车交易市场。

非法车辆是指通过非官方正规渠道进口的汽车，包括整车、散件境内组装车辆、拼装汽车、已达到国家强制报废标准的汽车，以及通过盗窃、抢劫、诈骗等手段获得的车辆。

1. 走私车辆和拼（组）装车辆的识伪检查

走私车辆是指没有通过国家正常进口渠道进口的、未完税的车辆。

拼（组）装车辆是指不法厂商和商人为了赚取非法暴利，非法组织生产、拼（组）装无产品合格证的车辆。这些车辆有些是在境外整车切割，在境内拼装、焊接的车辆；有些是用进口或国产汽车散件或零配件，在国内组装的国外品牌汽车、国产品牌汽车或冒牌汽车；有些是二手车拼装车辆（即用几辆车的零部件拼装成一辆车）。

对走私车辆、拼（组）装车辆，在二手车鉴定评估过程中，首先要确定其合法性，这是二手车鉴定评估中十分重要的工作内容。

走私车辆、拼（组）装车辆的识伪检查步骤如图 3-1-2 所示。

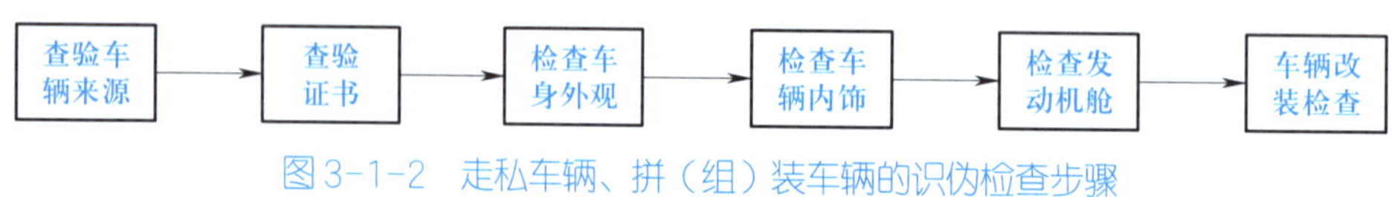

图 3-1-2　走私车辆、拼（组）装车辆的识伪检查步骤

（1）查验车辆来源

在走私车辆、拼（组）装车辆的识伪检查中，查验车辆来源信息主要是运用公安车管部门的车辆档案资料，确定车辆的合法性及来源情况。

非法车辆的 VIN 码和发动机号码常有被修改的痕迹，在检查车辆 VIN 码的准确性时，应先查找该车辆型号是否在我国进口汽车产品目录上。

（2）查验证书

主要查验二手车的汽车产品合格证和维护手册。一般情况下，合法进口的汽车风窗玻璃上标有黄色商检标志，并附有中文车主手册和维护手册各一本，而走私汽车则没有。拼装车辆、报废车辆及盗抢车辆的原始证件一般都不齐全。

对进口车必须查验进口产品商检证明书和商检标志。

（3）检查车身外观

由于走私车辆多数是在境外切割，然后通过走私或作为汽车配件进口，在国内再将其焊接拼装起来的。因此，其门柱、车架（车身）等部位的焊接痕迹虽然经过精心打磨和上漆，但总会留有再加工的痕迹。应仔细检查车身是否有重涂油漆的痕迹；发动机舱盖、行李舱盖与车身的接合缝是否整齐、均衡；车身流线部分是否流畅，尤其是曲线过渡部位。

（4）检查车辆内饰

车辆内饰材料在经过再装配后，常会留下一定的痕迹，如压条边沿部位会有明显的手指印或其他加工工具碾压过后留下的痕迹，车顶部位装饰材料或多或少会留下弄脏的印迹。

（5）检查发动机舱

首先，打开发动机舱盖，查看发动机表面是否清洁，是否有油污、锈蚀，是否有零部件损坏或遗失，导线、电缆和真空管是否松动；仔细查看线路、管路布置是否有条理，发动机和其他零部件是否有重新拆卸、安装过的痕迹等。然后，启动发动机试车，听发动机声音是否正常；检查空调是否制冷，有无暖风；查看发动机及其他相关部件有无漏油现象等。最后，路试检查汽车是否有异响等。

（6）车辆改装检查

改装汽车有两种类型：一是厂家的改装，使用的是经国家鉴定合格的零部件，对原车重新进行设计、改装；二是消费者自己或委托汽车改装公司在已购买车辆（主要是轿车和越野汽车等）的基础上，做一些外形、内饰和性能的改装。二手车市场上的改装汽车常指后者。

汽车改装主要包括以下内容：

1）外观的改装，包括加装保险杠，开天窗，更换颜色、行李架、后尾翼、轮胎轮圈，更换进、排气管等。

2）车内的改装，包括变更转向盘、运动型座椅，添加仪表设备及吸引材料等。

3）动力系统的升级，包括变更火花塞、高压线、空气滤清器、排气管和涡轮增压器等。

根据《中华人民共和国道路交通安全法》规定，汽车改装后的尾气排放要达标；不能对汽车的外观大幅改动，要与机动车行驶证上的照片一致；不能改变汽车发动机号码和底盘号码。否则，车辆无法顺利通过年检。没有通过年检的二手车无法进行交易。另外，在我国现有走私车辆改装中，右驾改左驾的情况较多。其中，对于自动变速器车型，为降低改装成本，在右驾改左驾时一般不可能更换变速器，通过检查自动变速器变速杆上的保险按钮位置即可识别是否为改装车（左驾车型变速杆保险按钮在左侧，而不是在右侧）。

2. 盗抢车辆的识伪检查

盗抢车辆一般是指公安车管部门已登记上牌的，在使用期内被盗或被抢，并在公安部门已报案的车辆。车辆被盗抢后，大部分经过一定装饰后，很可能会流入二手车市场进行变现交易。盗抢车辆的识伪检查步骤如图 3–1–3 所示。

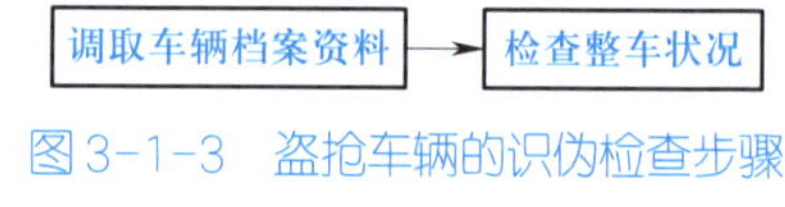

图 3–1–3　盗抢车辆的识伪检查步骤

（1）调取车辆档案资料

一般，车辆被盗抢后，车主会向公安部门报案。为防止盗抢车辆进入市场交易，公安车管部门会将被盗抢车辆的档案资料从车主报案起到追寻找到止这段时间内进行锁定，不允许车辆的过户、转籍等一切交易活动。因此，到公安车管部门调取被盗抢车辆的档案资料，可收集车辆的相关信息，为鉴定车辆是否为盗抢车辆提供可靠的依据。

另外，有时盗抢者急于将手中车辆销赃，他们会对车辆或有关证件进行篡改和伪造，使被盗抢车辆面目全非。因此，在查验车辆时应重点核对车辆识别代号和发动机号码，仔细检查钢印周围及正反面是否有变形、褶皱和焊接痕迹。

（2）检查整车状况

由于盗抢手段多样，根据一般的盗窃手段判断，如撬开门锁、砸车窗玻璃、撬转向盘锁等，在检查车辆时，应重点检查车辆门锁及锁芯是否被更换，门窗玻璃是否为原配正品，转向盘锁或点火开关是否有损坏或调换的痕迹，并应检查车钥匙是否为原配钥匙。

查看车辆外观时，应注意车身是否重新涂过油漆或改变原车颜色。尽管车身颜色变了，但在发动机舱边缘、行李舱内侧、保险杠内侧以及其他边缘处仍能发现原车的底色。

查看发动机舱时，应注意检查线、管布置是否有条理；发动机和其他零部件工作是否正常，有无漏油；空调是否制冷，有无暖风等。

查看内饰时，应注意内饰材料上可能留下的手印或加工工具留下的任何痕迹。

三、车辆外观检查

车辆外观检查主要包括事故车辆的鉴别、车身外观检查、发动机舱检查、驾驶舱检查、车内电气设备状况检查、车辆底盘检查、功能性零部件检查等内容。

车辆外观检查的方法有目测检查和常用量具检查。目测检查依靠二手车鉴定评估人员的技能和经验，用感官感受和观察对车辆外观的损伤、漏油、漏水、渗油和连接部件的松动、脱落等定性规定检查项目进行直观检查；常用量具检查是指二手车鉴定评估人员采用仪器设备和客观检查方法对定量规定检查项目，如踏板行程、车身漆面厚度、转向盘自由行程、车轮轮胎磨损等进行分析。在实际工作中，两种方法可视情况综合运用。

注意：车辆在外观检查之前，一般都要进行外部清洗。

1. 事故车辆的鉴别

根据《二手车鉴定评估技术规范》（GB/T 30323—2013）规定，主要参照图 3-1-4 所示的车体部位判别车辆是否发生过碰撞、火烧，确定车体结构是否完好无损或者有无事故痕迹，并借助漆面厚度检测设备对车体结构部件进行检测，使用车辆结构尺寸检测工具或设备检测车体左右对称性。

在实际工作过程中，二手车事故状况一般从以下几个方面进行判别：

（1）检查车身周正（车体左右对称性）情况

检查车身是否发生过碰撞，可站在车的前部观察车身各部的周正、对称情况，应特别注意观察车身各接缝，如出现接缝不直、缝隙大小不一、线条弯曲、装饰条有脱落或新旧不一情况，说明该车可能出现过事故或修理过。注意车身腰线的平直度，受过“重伤”的车辆会从腰线上反映出来。

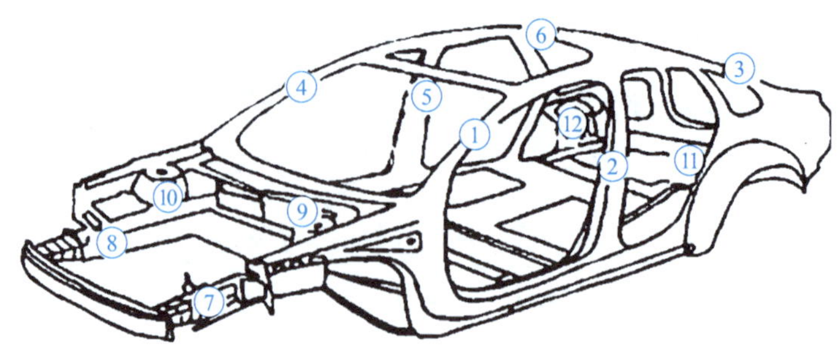

图 3-1-4　事故车判别示意图

①—左 A 柱　②—左 B 柱　③—左 C 柱　④—右 A 柱　⑤—右 B 柱　⑥—右 C 柱　⑦—左前纵梁　⑧—右前纵梁
⑨—左前减振器悬挂部位　⑩—右前减振器悬挂部位　⑪—左后减振器悬挂部位　⑫—右后减振器悬挂部位

（2）检查车身油漆脱落情况

1）查看排气管、镶条、车窗四周和轮胎等处是否有多余油漆。如果有，说明该车已重涂过油漆或翻新过。

2）用一块磁铁在车身周围移动，如遇到突然减小磁力的情况，说明该局部区域补过灰，重涂过油漆。

3）当用手敲击车身时，如敲击声发脆，说明车身没有补灰涂漆；如敲击声沉闷，则说明车身曾补过灰涂过漆。若发现某一部分的漆色或厚薄与周围不吻合，或显现出细微的圈状刮痕，多是受过损伤后经过重新喷漆美容所致；补过漆的部位，其漆面丰满度远不如原车的漆面，表面有流痕，此处反射光相对较暗。若油漆表面有龟裂现象，则表明车辆可能发生过碰撞事故，或者已使用约十年时间。若有大面积撞伤的部位，原子灰修补面积会较大，修补后用砂纸打磨后会留下或粗或细的条纹，车身表面看起来凹凸不平。敲打车身补涂原子灰的部位，声音会较低沉。在检查过程中，要注意补漆处的颜色偏差以及橡胶密封件边缘处的油漆残渣。行驶里程较少且油漆很新的车辆一般曾发生过事故或车身经过大修。

4）观察发动机舱内边缘的油漆颜色和车身本身的漆色是否一致，可判断车辆是否进行过全车喷漆，如果是，说明很可能该处出过大事故。如果发现了新漆的迹象，可查找车身制造不良或金属抛光的痕迹。沿车身查看，是否有波状、非线性翼子板或后顶盖侧板形状不规则的板材。

（3）检查车身钣金件配合情况

如果发现车身面板、车门、发动机舱盖、行李舱盖等配合不良，该车很可能遭受过碰撞，车架可能已经弯曲，以至于这些面板很难对准。

（4）检查底盘线束及其连接情况

在正常情况下，未发生事故的车辆，其连接部件应配合良好，车身没有多余焊缝，线束、仪表部件等应安装整齐、新旧程度接近。

2. 车身外观检查

轿车与客车车身的缺陷，由于维修费用高，所以对二手车价值评估影响较大，故车身外观检查是二手车技术鉴定的重要环节。

（1）检查要点

根据《二手车鉴定评估技术规范》（GB/T 30323—2013）中的正常车辆技术状况鉴定有关要求规定，进行车身外观检查时，应注意以下要点：

1）应重点关注图 3-1-5 所示的车身外观部位部件的检查。参照图 3-1-4 中的标示，按照表 3-1-1 和表 3-1-2 要求检查 26 个项目（从序号 14 到序号 39）。

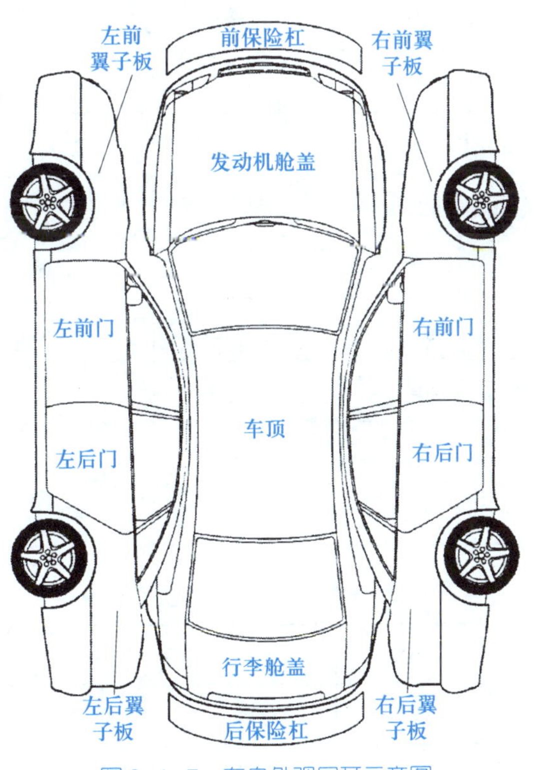

图 3-1-5 车身外观展开示意图

2）使用车辆外观缺陷测量工具与漆面厚度检测设备，结合目测法对车身外观进行检测。

3）根据表 3-1-1、表 3-1-2 描述缺陷，车身外观项目的专业描述为“车身部位代码 + 状态 + 程度”。

例如，21XS2 对应的描述为“左后车门有锈蚀，面积为大于 100 mm × 100 mm 并且小于或等于 200 mm × 300 mm”。

表 3-1-1　　车身外观部位代码对应表

代码	部位	代码	部位
14	发动机舱盖表面	27	后保险杠
15	左前翼子板	28	左前轮
16	左后翼子板	29	左后轮
17	右前翼子板	30	右前轮
18	右后翼子板	31	右后轮
19	左前车门	32	前照灯
20	右前车门	33	尾灯
21	左后车门	34	前风窗玻璃
22	右后车门	35	后风窗玻璃
23	行李舱盖	36	四门风窗玻璃
24	行李舱内侧	37	左后视镜
25	车顶	38	右后视镜
26	前保险杠	39	轮胎

表 3-1-2　　车身外观状态描述对应表

代码	HH	BX	XS	LW	AX	XF
描述	划痕	变形	锈蚀	裂纹	凹陷	修复痕迹

程度：1—面积小于或等于 100 mm × 100 mm；2—面积大于 100 mm × 100 mm 并且小于或等于 200 mm × 300 mm；3—面积大于 200 mm × 300 mm；4—轮胎花纹深度小于 1.6 mm。

（2）实操步骤

在实际工作实践中，依据检查要点，一般从以下几个方面进行车身外观静态检查。

1）检查车身磕、碰、划、剐、蹭等受损痕迹是否明显；站在车辆前部一角望向尾部，观察车身各接缝，如出现接缝不直、缝隙大小不一、线条弯曲、装饰条有脱落或新旧不一等情况，说明该车可能出现过事故或修理过。

2）检查车门是否平衡，门边是否有间隙，胶边是否硬化。

3）检查车身金属锈蚀程度，若车门防护板、车窗、水槽、底板各接缝处腐蚀或锈蚀严重，说明该车使用年限较长，日常保养不好。

4）检查车身油漆是否脱落，有无色差；查看排气管、镶条、窗户四周和轮胎是否有多余油漆。如果有，说明该车已做过喷漆或翻新过；用手敲击车身，如敲击声发脆，说明车身没有补灰做漆，如敲击声沉闷，说明车身曾补灰做漆。仔细检查发动机舱内边缘的油漆颜色和车身漆色是否一致，若不一致，可判断车辆可能出过大的事故，车身重新做过喷漆。

值得注意的是，随着汽车使用年限的增加，车身部件锈蚀是正常的。但如果汽车使用年限较短就出现车身地板、门槛、立柱、行李舱等处有锈蚀或霉味等情况，说明车辆可能被水淹过，应仔细检查。

3. 发动机舱检查

（1）检查要点

根据《二手车鉴定评估技术规范》（GB/T 30323—2013）中的规定，发动机舱应按表 3-1-3 所示项目要求进行检查，共计 10 个项目（从序号 40 到序号 49）。

表 3-1-3 发动机舱检查项目作业表

序号	检查项目	A	B	C
40	机油有无冷却液混入	无	轻微	严重
41	气缸盖外是否有机油渗漏	无	轻微	严重
42	前翼子板内缘、水箱框架、横拉梁有无凹凸或修复痕迹	无	轻微	严重

续表

序号	检查项目	A	B	C
43	散热器格栅有无破损	无	轻微	严重
44	蓄电池电极桩柱有无腐蚀	无	轻微	严重
45	蓄电池电解液有无渗漏、缺少	无	轻微	严重
46	发动机传动带有无老化	无	轻微	严重
47	油管、水管有无老化、裂痕	无	轻微	严重
48	线束有无老化、破损	无	轻微	严重
49	其他	只描述缺陷，不扣分		

在检查中，如检查第 40 项时发现有冷却液混入机油，检查第 41 项时发现气缸盖外有机油渗漏，则应在二手车鉴定评估报告或二手车技术状况表的技术状况缺陷描述中分别予以注明，并提示修复前不宜使用。

（2）实操步骤

目测观察发动机外部状况，检测项目包括以下内容：

1）检查发动机外部清洁情况

打开发动机舱盖，观察发动机外部状况，太脏或者太干净都有问题。如有少量油迹和灰尘是正常的；如灰尘过多则车辆可能磨损较大；如一尘不染也要特别注意，可能是车主为掩盖某些信息而做过清洁。

2）发动机舱盖的检查

如果发动机舱盖内侧有烤漆痕迹或点焊形状且大小不一致，则车辆很可能出过事故。观察气缸盖外是否有油迹，有少量油迹没有问题，油多则说明有机油上窜或者气缸垫损坏导致气缸不密封。

3）机油平面高低、颜色、机油口盖的检查

机油油位过高，说明气缸垫或散热器中冷却液混入曲轴箱，导致发动机严重窜气或漏水；机油油位过低，说明可能烧机油或机油泄漏。

机油颜色检测可用白纸擦拭，如颜色变黑属于正常现象；如为其他颜色，则是不正常现象。

在检查机油口盖时，拧下机油口盖后观察其底部，如机油口盖底部有一层黏稠的浅棕色乳状物，还有与油污混合的小水滴，说明冷却液已通过损坏的气缸衬垫或气缸盖、气缸体裂纹漏入油底壳中。如果有这种情况发生，被污染的机油有可能对发动机内部造成损害，发动机可能需要大修，这对车辆的价格影响非常大。

4）发动机冷却液、蓄电池和空气滤清器的检查

发动机冷却液的检查必须在车辆静止状态下进行，如车辆启动时检查，很容易被冷却液烫伤。冷却液闻起来不应有汽油味或机油味，如果有，说明发动机气缸垫可能已损坏；冷却液面上如有油污浮起，表示可能有机油渗入冷却液；如发现锈蚀的粉屑漂浮，表示散热器内的锈蚀情况已经很严重。

检查蓄电池的表面清洁程度，可看出车主对汽车保养的情况。根据蓄电池铭牌上的日期，可推算出蓄电池剩余有效寿命，若蓄电池剩余有效寿命接近极限，则需要考虑更换蓄电池。

通过对空气滤清器的检查可以看出车辆保养的质量，如果空气滤清器中灰尘很多，滤芯很脏，表示车辆使用强度大，车辆经常行驶在灰尘较多的地方，而且车辆保养也很差。车辆使用强度大、保养差的车，车况不会很好。

4. 驾驶舱检查

（1）检查要点

根据《二手车鉴定评估技术规范》（GB/T 30323—2013）中的规定，驾驶舱应按表 3-1-4 所示项目要求进行检查，共计 15 个项目（从序号 50 到序号 64）。

表 3-1-4 驾驶舱检查项目作业表

序号	检查项目	A	C
50	车内是否无水泡痕迹	是	否
51	车内后视镜、座椅是否完整、无破损、功能正常	是	否
52	车内是否整洁、无异味	是	否
53	转向盘自由行程转角是否小于 15°	是	否

续表

序号	检查项目	A	C
54	车顶及周边内饰是否无破损、松动、裂缝和污迹	是	否
55	仪表板是否无划痕，配件是否无缺失	是	否
56	驻车制动器手柄及护罩是否完好、无破损	是	否
57	手套箱是否无裂痕，配件是否无缺失	是	否
58	天窗是否移动灵活、关闭正常	是	否
59	门窗密封条是否良好、无老化现象	是	否
60	安全带结构是否完整、功能是否正常	是	否
61	驻车制动系统是否灵活有效	是	否
62	玻璃窗升降器、门窗工作是否正常	是	否
63	左、右后视镜折叠装置工作是否正常	是	否
64	其他	只描述缺陷，不扣分	

在检查中，如检查第 60 项时发现安全带结构不完整或者功能不正常，则应在二手车鉴定评估报告或二手车技术状况表的技术状况缺陷描述中予以注明，并提示修复或更换前不宜使用。

（2）实操步骤

查看座椅的新旧程度，座椅是否下凹，车顶内篷是否开裂，地毯或胶板是否残旧，车厢内部是否污秽发霉；揭开地毯或胶板，查看车厢底板是否潮湿生锈，如果生锈说明漏水；打开行李舱，检查胶边和漏水情况；检查车窗玻璃的升降是否灵活，各车窗升降器能否平稳、安静地工作，有无卡滞现象；查看仪表板是否为原装，仪表板底部是否有更改过电线的痕迹；检查所有踏板是否有弹性和响声等。

5. 车内电气设备状况检查

检查附属装置，如刮水器、收音机、仪表板、反光镜、加热器、灯具、转向信号、喷水装置、空调设备等是否有破损、残缺，并对附属装置进行动态检查，如刮水器动作、喷水装置喷水、空调制冷、各灯光及仪表工作是否正常。

6. 车辆底盘检查

（1）检查要点

根据《二手车鉴定评估技术规范》（GB/T 30323—2013）中的规定，车辆底盘应按表 3-1-5 所示项目要求进行检查，共计 8 个项目（从序号 85 到序号 92）。

表 3-1-5　　车辆底盘检查项目作业表

序号	检查项目	A	C
85	发动机油底壳是否无渗漏	是	否
86	变速器箱体是否无渗漏	是	否
87	转向节臂球销是否无松动	是	否
88	三角臂球销是否无松动	是	否
89	传动轴十字轴是否无松旷	是	否
90	减振器是否无渗漏	是	否
91	减振器弹簧是否损坏	是	否
92	其他	只描述缺陷，不扣分	

（2）实操检查

检查车底漏水、漏油、漏气、锈蚀程度与车体上部检查是否相符，是否有焊接现象；检查车辆转向节臂、转向横拉杆及球锁有无裂纹和损伤；检查车架是否有弯曲、断裂、锈蚀等损伤；检查车辆前后桥是否有变形、开裂；检查车辆钢板弹簧是否有裂纹、断片和缺片，其中心螺栓和 U 形螺栓是否紧固；检查减振器是否漏油，减振弹簧是否有裂纹等；检查传动轴中间轴承、万向节是否有裂纹和松旷。

7. 功能性零部件检查

根据《二手车鉴定评估技术规范》（GB/T 30323—2013）中的规定，功能性零部件应按表 3-1-6 所列项目要求进行检查，共计 21 个项目（从序号 93 到序号 113），有结构、功能损坏的，直接进行缺陷描述。

表 3-1-6　　功能性零部件检查项目作业表

序号	类别	零部件名称	序号	类别	零部件名称
93	车身外部件	发动机舱盖锁止	105	随车附件	备胎
94		发动机舱盖液压支撑杆	106		千斤顶
95		后门 / 行李舱液压支撑杆	107		轮胎扳手及随车工具
96		各车门锁止	108		三角警示牌
97		前、后刮水器	109		灭火器
98		立柱密封条	110	其他	全套钥匙
99		排气管及消声器	111		遥控器及其功能
100		车轮轮毂	112		喇叭高低音色
101	驾驶舱内部件	车内后视镜	113		玻璃加热功能
102		座椅调节与加热			
103		仪表板出风管道			
104		中央集控			

8. 常用量具外观检查

依据《机动车运行安全技术条件》（GB 7258—2017）中对机动车各总成、系统各主要参数的规定，利用常用量具对二手车进行静态检查。

（1）车体周正检查

将车辆停放在外观检测工位，目测检查车体。如发现有严重的横向或纵向歪斜等现象，用高度尺（或钢卷尺）、水平尺检测是否超过规定值。同时，检查车架和车身是否变形，悬架是否断裂或刚度下降，轮胎搭配及气压是否正常等。如果有异常，即使车体歪斜未超过规定值，也应予以排除。否则，歪斜会越来越严重，将引起操纵不稳、行驶跑偏、重心转移、轮胎磨损加剧等故障。

技术条件要求：车体应周正，车体外缘左右对称部位高度差不大于 40 mm。

（2）车轮轮胎磨损检查

轮胎在汽车使用过程中，是仅次于燃料的一项重要运行消耗材料。轮胎的磨损、破裂和割伤无须仪器检测，借助深度尺、钢直尺加外观检查即可。

技术条件要求：轿车轮胎胎冠上花纹深度在磨损后应不小于 1.6 mm，其他车辆轮胎胎冠上花纹深度不小于 3.2 mm；轮胎的胎面和胎壁上不得有长度超过 25 mm 或深度足以暴露轮胎帘布层的破裂和割伤。

在进行轮胎磨损情况检查时，应先从汽车的外侧检查轮胎，然后再检查轮胎内侧。检查胎侧是否有割裂或磨损，是否有严重的风雨侵蚀。一般来说，后轮胎内侧胎面的过度磨损很难发现，应将车顶起仔细观察。通常，后轮胎上内侧胎面磨损暗示着该车已进行了轮胎换位（将前轮轮胎换到后轮轮胎位置）。

轮胎不正常磨损形式及其原因见表 3-1-7。

表 3-1-7　轮胎不正常磨损形式及其原因

轮胎磨损形式	图示	原因分析
正常磨损	—	与地面接触正常磨损
胎冠两肩磨损	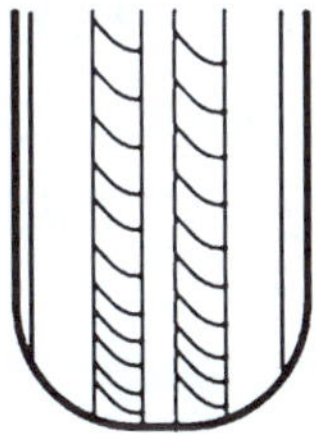	1. 气压不足 2. 超载
胎冠两侧或内侧磨损	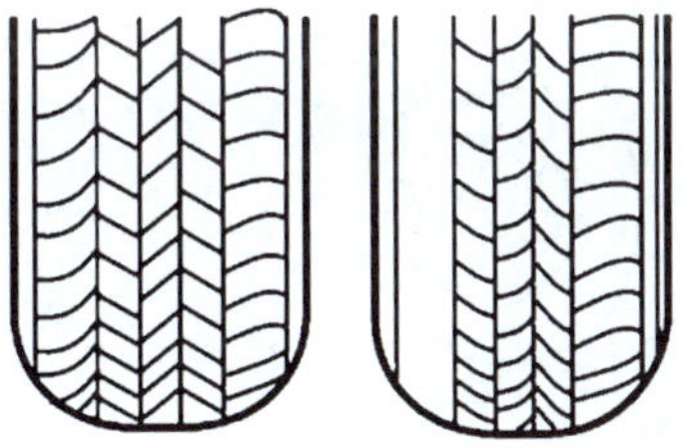	1. 前轮外倾角不正确 2. 转向节臂弯曲变形 3. 前轮未及时换位
胎冠中部磨损	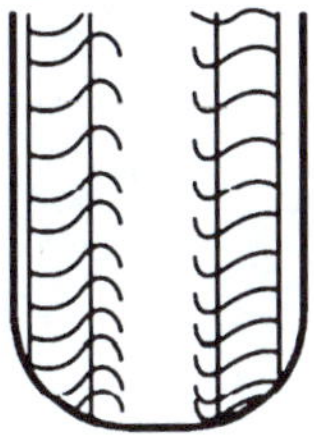	1. 轮胎气压过高 2. 车轮回转不足

续表

轮胎磨损形式	图示	原因分析
胎冠锯齿状磨损		1. 轮胎前束不正确 2. 转向节臂弯曲变形
胎冠呈波浪状或碟边状磨损		1. 轮胎不平衡 2. 轮毂轴承松旷

1）轮胎花纹磨损深度的检查

一般情况下，车轮轮胎胎肩上沿圆周五等分处有模印的“△”标记，是轮胎胎面磨耗警报信号标记（见图 3-1-6）。当轮胎花纹磨损到距沟槽底部 1.6 mm 时，这部分沟槽便开始断裂，因而出现一条清晰的裂纹。如标记已显露，则表明轮胎已磨损到极限状态，应更换轮胎。

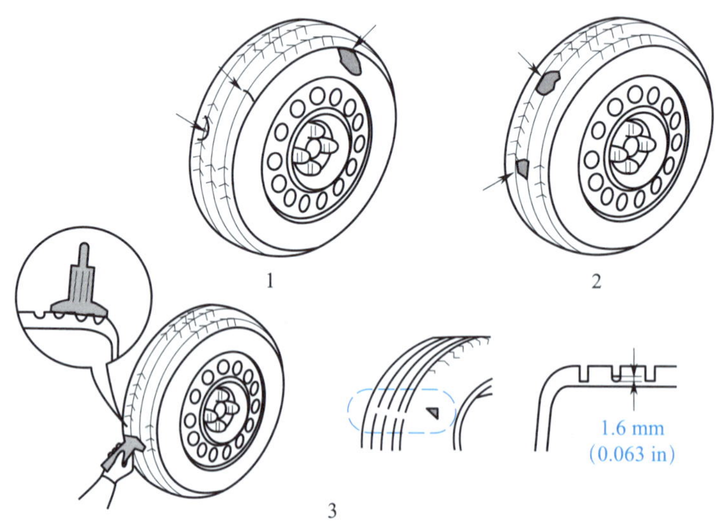

图 3-1-6　轮胎花纹磨损深度检查及胎面磨损标记

1—裂纹或者损坏　2—嵌入金属颗粒或者其他异物　3—胎面沟槽深度及磨损标记

2）车轮轮毂轴承的检查

用千斤顶将车轮顶起，用手晃动车轮，检查车轮轮毂轴承是否松旷。若松旷说明车轮轮毂轴承磨损严重，需更换车轮轮毂轴承。

3）车轮横向和径向摆动量的检测

用千斤顶顶起前桥，用百分表触点触到轮胎前端胎冠外侧，用手前后摆动轮胎，测量其横向摆动量。将百分表移至轮胎上方，使触点触到胎冠中部，然后用撬杆向上撬动轮胎，测量其径向摆动量。车轮横向和径向摆动量如超过规定值，汽车行驶时将会引起转向盘抖振、行驶不稳定。

技术条件要求：车轮横向和径向摆动量，小型汽车不大于 5 mm，其他车辆不大于 8 mm。

（3）车身外观漆面厚度检测

车辆在使用过程中难免磕碰或划伤，这就需要做漆来弥补。在检查车身外观时，要能区分出是“刮蹭做漆”还是“碰撞钣金修理后做漆”。对于“刮蹭做漆”可以不必太在意，它对车况的影响不大。

二手车鉴定评估时，常会采用漆膜厚度仪（又称涂层测厚仪，见图 3-1-7）作为辅助检测工具，会直接在各个取样点进行检测，从而测出车身漆面的平均厚度。同一台车，漆面的厚度越接近，整体的车况就越稳定。目前，因漆膜厚度仪操作简单、方便携带、耐用、不用电源、价格较低，故其应用最为广泛。

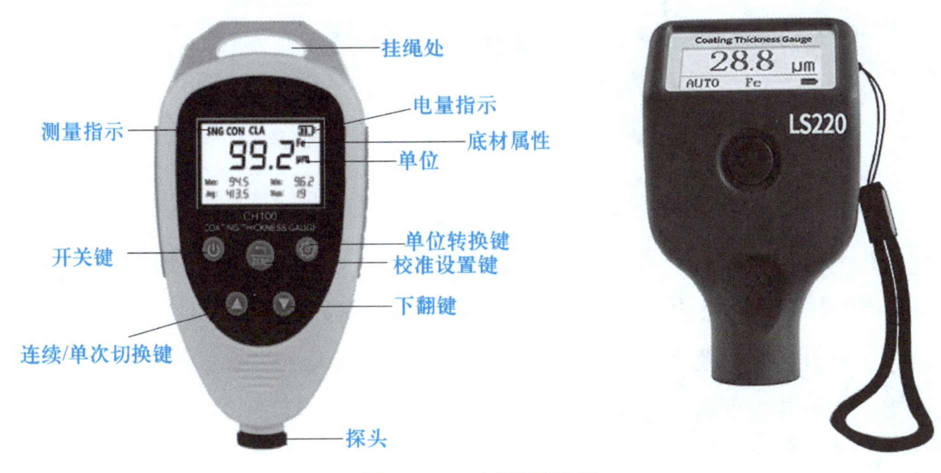

图 3-1-7　漆膜厚度仪

每个汽车车漆厚度都不一样，车身漆面厚度标准目前没有标准数值，漆面厚度与车型、颜色、具体部位有关系。《汽车油漆涂层标准》（QC/T 484—1999）中规定：针对最便宜的纯入门经济型微型车（裸车价低于 5 万元）的标准，漆面最薄不能低于 90 μm，低于 90 μm 视为漆面偷工减料；针对高于 5 万元的任何车型的标准，漆面最薄不能低于 120 μm，低于 120 μm 视为漆面偷工减料。

一般汽车原装漆厚度在 100 ~ 200 μm，最大漆面厚度差值小于或等于 20 μm；而补过漆的厚度会明显增大，可能是 500 ~ 1 000 μm，甚至更厚。

漆面厚度的测量方法如下：

如图 3-1-8 所示，在车身侧面选取 5 个测量点 *A*、*B*、*C*、*D*、*E*，利用漆膜厚度仪对选取的每个点测量三次，取平均值；把 5 个点的平均值相加，再取平均值，即得到该部位的平均漆面厚度。

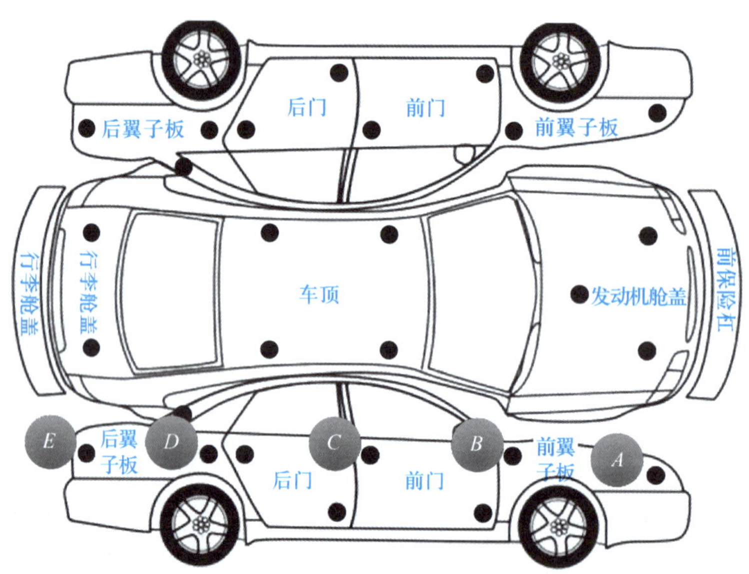

图 3-1-8　利用漆膜厚度仪测量车身漆面厚度

可使用相同的方法对汽车其他部位（见图 3-1-9）的漆膜厚度进行测量。如通过对图 3-1-10 中各测量点的测量，漆膜厚度仪测得数据显示，图 3-1-10a、b、c、e 所示平均漆膜厚度在正常范围内，而图 3-1-10d 所示数据为 204 μm，其值较车身其他部位大很多，表明该处可能有过漆面修复。

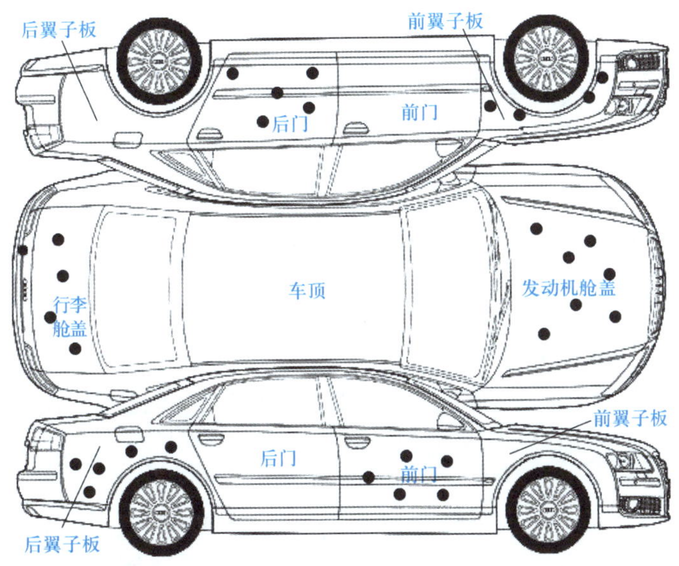

图 3-1-9 车漆测厚定点示意图

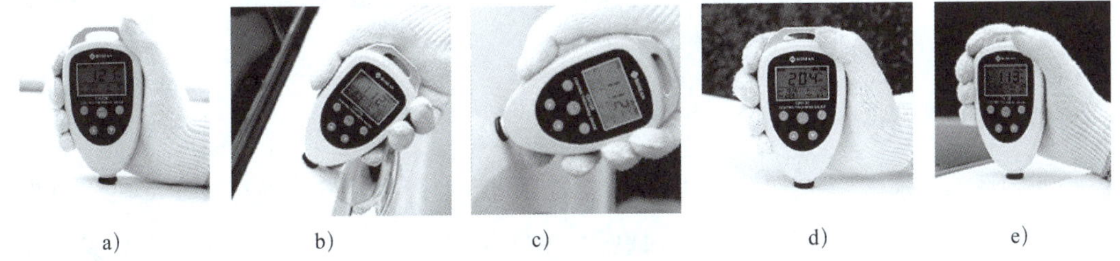

a) b) c) d) e)

图 3-1-10 车身外观漆膜厚度检测

a）发动机舱盖处 b）右后车门处 c）翼子板处 d）行李舱盖处 e）车顶处

任务实施

根据“任务引入”中的描述，二手车鉴定评估机构在接受了委托后，与李先生签订了委托协议，然后开展了后续的二手车静态检查工作。

一、被评估车辆的静态检查

1. 静态识伪检查

李先生提供的车辆各种证件和各种凭证手续齐全、有效、合法，所以该车来源合法。

2. 事故车辆的鉴别

经二手车鉴定评估机构工作人员仔细鉴别，拟评估上汽大众途观轿车车体骨架结构无变形、无扭曲、无更换、无烧焊、无褶皱等重大撞击事故，且该车无火烧痕迹，无水泡痕迹。故该车无重大事故、无泡水事故、无火烧事故。

3. 正常车辆技术状况鉴定

二手车鉴定评估机构工作人员在对拟评估车辆进行静态技术状况检查前，对该车外部进行了清洗，并与机动车行驶证上的车辆照片进行比对，照片与实物相吻合；再依据《二手车鉴定评估技术规范》（GB/T 30323—2013）规定对车辆技术状况进行检查。

（1）车身外观检查

经过仔细查看，发现左后车门、右前车门、右后车门、左前车门、行李舱盖、左后翼子板、发动机舱盖、右前翼子板、左前翼子板、右后翼子板等外观覆盖件有多处明显划痕和轻微修补痕迹，但修复后对车辆外观和安全性能没有影响。观察车身各接缝、装饰条、车身腰线等处状况良好。

（2）发动机舱检查

打开发动机舱盖，按照表 3–1–3 中的发动机舱检查项目进行检查。发动机舱内线路基本正常，发动机没有明显的渗漏痕迹，散热器支架有修复痕迹，车辆常规保养部件有更换痕迹。

（3）驾驶舱检查

按照表 3–1–4 中的驾驶舱检查项目进行检查。驾驶舱内配置良好、完整，工作正常；车内装饰材料平整，表面较整洁、干净，天窗工作正常，驻车制动系统灵活有效，车窗升降正常；出风口、仪表按键等正常。

（4）底盘检查

按照表 3–1–5 中的车辆底盘检查项目进行检查。检查底盘系统整体状况良好，没有发现车架、车桥等处有异常损坏、焊接痕迹、锈迹等。

检查悬架系统。用力按压车身的四个角，没有听到不寻常的“咯咯”声，没有漏油或松弛现象，悬架系统正常。

检查制动器制动片磨损正常，换挡较顺畅。

检查轮胎花纹磨损基本一致，轮胎磨损正常，备胎没有使用过的痕迹。

（5）功能性零部件检查

按照表 3-1-6 中的功能性零部件检查项目进行检查。经检测，转向系统、制动系统、指示灯系统、悬挂系统、安全系统工作正常。

二、静态检查结论

综合上述检查，该车外观未发现钣金色差，但多处喷漆；外观多处有瑕疵，无更换；内饰整洁，内饰用料和做工良好，灯光系统正常。静态检查结论：拟评估车辆在静态下的技术状况良好，虽然有一定程度的损伤，但对整车性能影响不大。

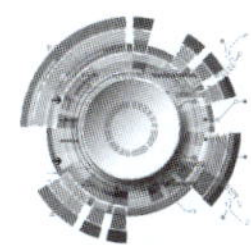

思考与练习

1. 简述走私车辆和拼（组）装车辆的识伪检查步骤。

2. 发动机舱静态检查的要点有哪些？

3. 驾驶舱静态检查的要点有哪些？

任务 2　二手车动态检查

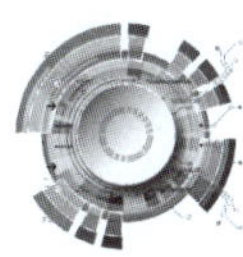

学习目标

- 了解二手车动态检查的内容和程序。
- 掌握二手车路试检查的要点、方法和技巧。
- 能运用动态检查方法，正确分析二手车技术状况。

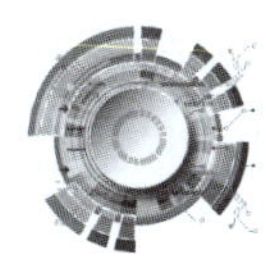

任务引入

为了更好地了解模块三任务 1 中的上汽大众途观轿车技术状况的完好性，在完成车辆静态检查后，还需要车辆在一定条件下，通过各种使用工况的路试检查，对车辆相应技术性能和工作状况进行鉴定。

任务分析

因二手车有些故障和技术性能无法通过静态检查被发现。因此，通常还需要二手车鉴定评估人员对车辆进行动态检查，进一步提高二手车技术状况鉴定的准确性。

相关知识

二手车技术状况动态检查是指二手车鉴定评估人员依靠专业知识和工作经验，辅以简单量具，通过设定各种使用工况，使二手车处于工作状态下进行的检查。在一定条件下，通过二手车在各种工况下行驶，如发动机启动、怠速、起步、加速、匀速、滑行、强制减速、紧急制动、从低速挡到高速挡、从高速挡到低速挡等工况，从而判断二手车的操纵性能、制动性能、滑行性能、加速性能、噪声及废气排放情况等技术性能，为二手车价值评估提供技术依据。

一般来说，二手车技术状况动态检查包括无负荷时工况检查和路试检查两种。

二手车动态检查主要工作步骤如图 3-2-1 所示。

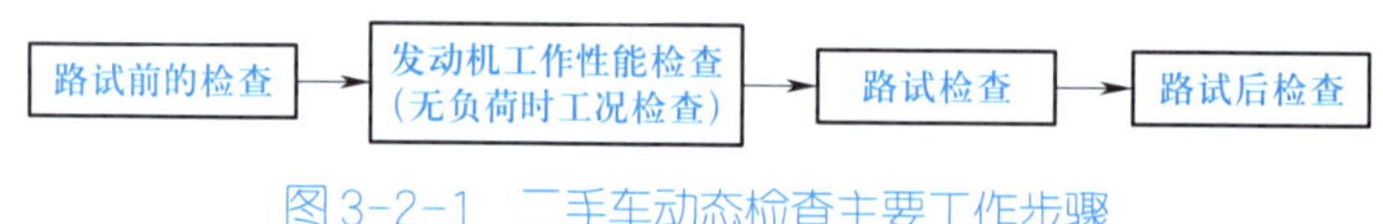

图 3-2-1　二手车动态检查主要工作步骤

一、二手车路试前的检查

二手车在路试前，应检查机油油位、冷却液液位、制动液液位、转向油液位、制动踏板、离合器踏板、转向盘及其自由行程、轮胎气压、各警示灯工作状态是否正常，工况正常后方可启动发动机，进行路试检查。

实际上，在二手车技术鉴定实践工作中，静态检查已完成了二手车路试前的准备工作。

二、无负荷时工况检查

无负荷工况下发动机性能检查主要包括对发动机的启动性能、怠速、异响、急加速性、废气排放情况等项目的检查，以此判断发动机工作性能是否完好。

1. 检查要点

根据《二手车鉴定评估技术规范》中与正常车辆技术状况鉴定有关的要求规定，发动机工作性能检查应按表 3-2-1 所列项目要求进行检查，共计 10 个项目（从序号 65 到序号 74）。

表 3-2-1　　发动机工作性能检查项目作业表

序号	检查项目	A	C
65	车辆启动是否顺畅（时间少于 5 s，或一次启动成功）	是	否
66	仪表板指示灯显示是否正常，无故障报警	是	否
67	各类灯光和调节功能是否正常	是	否
68	泊车辅助系统工作是否正常	是	否
69	防抱死制动系统（ABS）工作是否正常	是	否
70	空调系统风量、方向调节、分区控制、制冷工作是否正常	是	否
71	发动机在冷、热车状态下怠速运转是否稳定	是	否
72	怠速运转时发动机是否无异响，空挡状态下组件增大发动机转速，发动机声音过渡是否无异响	是	否
73	车辆排气是否无异常	是	否
74	其他	只描述缺陷，不扣分	

在检查过程中，如检查第 66 项时发现仪表板指示灯显示异常或出现故障报警，则应查明原因，并在二手车鉴定评估报告或二手车技术状况表的技术状况缺陷描述中予以注明。实际工作中，应优先选用车辆故障信息读取设备（解码仪）对车辆技术状况进行检测。

2. 实操检查

（1）发动机启动性能检查

在实际检查过程中，发动机起动时，检查起动是否容易，起动机工作是否正常。一般起动不应超过 2 ~ 3 次，每次起动时间不超过 5 s，再次起动时间间隔应在 15 s 以上。若发动机不能正常起动，说明发动机起动性能不好。

影响发动机起动性能的原因很多，如供油不畅、电动燃油泵没有保压功能、点火系统漏电、蓄电池接线柱锈蚀、空气滤清器堵塞、气缸压力过低、气门关闭不严等。若天气比较冷，车辆可能会出现冷起动困难、冷起动后怠速抖动、冷起动加速不良等故障现象，但当冷却液温度升高后，故障现象又全部消失，说明发动机内部积炭过多。因此，在进行发动机起动性能检查时应综合分析，以免影响对车辆价格的评估。

（2）发动机怠速检查

发动机起动后，使其怠速运转，查看各仪表工作是否正常，观察仪表板上的发动机转速表，此时发动机怠速转速应在（800 ± 50）r/min 左右，不同发动机的怠速转速有所不同。若打开空调，发动机转速应上升，转速应在 1 000 r/min 左右，同时观察冷气和暖气是否良好。

打开发动机舱盖，观察发动机运转情况，怠速运转应平稳，发动机振动小。若出现转速过高、过低和发动机抖动等现象，说明发动机怠速不良。引起怠速不良的原因很多，应引起重视。

（3）发动机异响检查

在正常工作情况下，无论发动机转速和负荷（在额定转速、负荷范围内）如何变化，发动机发出的都应是一种平稳而有节奏、协调而平滑的轰鸣声。

发动机异响是指受汽车发动机使用时间增长、操作不当、维修质量和环境等影响，发动机各零部件因磨损、破损、松动、老化、接触不良、断路和短路等原因，导致发动机在工作中产生了超出规定的响声。

发动机异响与配合间隙、润滑条件、温度、负荷和转速等有关。在进行发动机异响检查时，首先让发动机怠速运转，听发动机有无异响；然后，用手拨动节气门，适当增大发动机转速，倾听发动机异响是否加大，或者是否有新的异响出现。发动机发出的“敲击”声、“铛铛”声、“咔嗒”声、爆燃声、“咯咯”声、尖叫声等均是不正常响声。如果在车头前听到有杂音，说明发动机机件磨损严重；如果有来自发动机底部的低频“隆隆”声或爆燃声，说明发动机严重损坏，需对发动机进行大修。

（4）发动机急加速检查

待发动机运转正常，冷却液温度、机油温度达到正常工作温度后，用手拨动节气门，从怠速到急加速，观察发动机的急加速性能；然后，松开节气门，检查发动机是否怠速熄火或工作不良。通常，急加速时，发动机发出强劲且有节奏的轰鸣声。

在二手车鉴定评估实践过程中，判断发动机是否需要大修时，要注意以下三种情况：

1）机油严重减少，排气管冒蓝烟，但没有漏油现象

原因可能有两个：一是气门油封老化，这种情况下发动机不需要大修，更换气门油封即可；二是活塞与气缸壁之间的间隙过大，这种情况下发动机必须进行大修。

2）排气管冒黑烟

这种情况下可利用气缸压力表对气缸压力进行检测，若气缸压力检测值低于正常值，就必须大修发动机。

3）发动机有异响

这种情况下可通过发动机异响检测仪检测，如果是大、小轴瓦的声响，必须大修发动机；如果是“拉缸”的响声，也必须大修发动机。

（5）排气颜色检查

汽油发动机正常工作时的排气颜色是无色的，还有水滴，在寒冷的冬季可见冒白烟。柴油发动机带负荷运转时，排气颜色一般为白灰色，负荷较大时为深灰色。

一般来说，汽车排气颜色有以下三种：

1）黑烟

如果排气管冒黑烟，是由可燃混合气过浓或点火时间过迟等原因造成的。

2）蓝烟

若排气颜色为蓝色，则说明油底壳中的机油窜入燃烧室，造成发动机烧机油。如

果机油油面正常，则可能是活塞、活塞环与气缸壁之间磨损严重、间隙过大导致机油上窜。这时发动机需要大修。

3）白烟

燃油完全燃烧后生成的是水和二氧化碳，水在高温下是水蒸气，水蒸气在高温下是无色透明的，但是当温度低于 100 ℃后，水蒸气就会冷凝成水，如果冷凝的水滴很小并且悬浮在空气中，水蒸气就呈现为白色的气体。在正常情况下，若在寒冷天气发动机起动时排气管冒白烟，是由于排气冷凝而致，当发动机正常工作后，白烟应消失。如果热车后也一直冒很浓的白烟，意味着汽车发动机冷却系统的冷却液渗漏到燃烧室，造成发动机“烧水”。可能是气缸垫烧坏，使冷却液从冷却水套渗漏到燃烧室中；也可能是气缸体有裂纹，冷却液进入气缸。

对于自动挡车型，若汽车行驶时排气管排出大量白烟，则可能是自动变速器故障，而不是由冷却系统故障引起的。多数自动变速器均有一根通向发动机的真空软管，若这根真空管末端的密封垫或薄膜损坏，自动变速器的润滑液可能被吸入发动机中，造成排气冒烟故障。

（6）排气气流检查

将手放在距排气管口 10 cm 左右处，感觉发动机怠速时排气气流的冲击。正常的排气气流有很小的脉冲感；若排气气流有周期性“打嗝”或不平稳喷溅，说明气门、点火系统或喷油系统有故障，引起发动机间断性失火。

将一张白纸悬挂在靠近排气管口 10 cm 左右处，如果白纸不断地被排气气流吹开，则表明发动机运转正常；如果白纸偶尔被吸向排气口，则表明发动机配气机构可能存在很大问题。

三、路试检查

汽车路试检查时，一般应行驶 20 km 左右的距离。通过一定里程的路试来检查汽车的技术状况。

1. 检查要点

根据《二手车鉴定评估技术规范》中的规定，路试检查应按表 3-2-2 所列项目要求进行检查，共计 10 个项目（从序号 75 到序号 84）。

表 3-2-2 路试检查项目作业表

序号	检查项目	A	C
75	发动机运转、加速是否正常	是	否
76	车辆起动前踩下制动踏板，保持 5 ~ 10 s，踏板无向下移动的现象	是	否
77	踩住制动踏板起动发动机，踏板是否向下移动	是	否
78	行车制动系统最大制动效能在踏板全行程的 4/5 以内达到	是	否
79	行驶是否无跑偏	是	否
80	制动系统工作是否正常有效、制动不跑偏	是	否
81	变速器工作是否正常、无异响	是	否
82	行驶过程中车辆底盘部位是否无异响	是	否
83	行驶过程中车辆转向系统是否无异响	是	否
84	其他	只描述缺陷，不扣分	

如检查第 80 项时发现制动系统出现制动距离长、跑偏等不正常现象，则应在二手车鉴定评估报告或二手车技术状况表的技术状况缺陷描述中予以注明，并提示修复前不宜使用。

2. 实操检查

（1）离合器工作状况检查

正常情况下，离合器应该接合平稳，分离彻底，工作时无异响、抖动和不正常打滑等现象。

离合器踏板自由行程应符合国家标准《机动车运行安全技术条件》（GB 7258—2017）中的有关规定。若离合器自由行程过大，说明离合器摩擦片磨损严重；若离合器发抖或有异响，说明离合器内部有零件损坏，应立即结束路试检查。

（2）变速器工作状况检查

从起步加速到高速挡，再由高速挡减至低速挡，检查变速器换挡是否轻便灵活，是否有异响，变速器互锁和自锁装置是否有效，是否有乱挡现象，加速时是否有掉挡现象。

在换挡时，变速器齿轮有响声，说明变速器换挡困难。在汽车行驶过程中，急速踩下加速踏板或汽车受到冲击时，变速器操纵杆自行回到空挡，即为掉挡。当变速器出现掉挡时，说明变速器内部磨损严重，需要更换磨损的零件才能恢复正常性能。

路试中，在换挡后出现变速器操纵杆发抖现象，说明变速器使用时间较长，变速器操纵机构各铰链处磨损严重，使变速器操纵杆处的间隙过大。

（3）汽车动力性能检查

汽车动力性能最常见的指标是汽车从静止状态加速至 100 km/h 所需的时间和最高车速。

汽车起步后加速行驶，猛踩加速踏板，检查车辆的加速性能。

车辆由静态起步，加速至 60 km/h 左右，感觉车辆是否有抖振，如果有可能是前悬架或车轮有问题，或者是传动轴弯曲变形；将车速加至 40 ~ 60 km/h，迅速抬起加速踏板，检查有无明显的金属撞击声，如果有，说明传动间隙过大；加速至 40 km/h 时，突然抬起加速踏板，接着猛踩加速踏板，检查主减速器是否发出特别大的声响，如果有，说明主减速器磨损严重。

检查汽车的爬坡能力。在相应坡道上，若车辆提速慢，上坡无力，说明车辆动力性能差。

（4）汽车制动性能检查

汽车制动性能的评价指标主要有制动效能、制动效能的恒定性和制动时汽车的方向稳定性等。

1）制动效能是指汽车在良好路面上以一定初速度开始制动直至停车的制动距离和制动减速度。

2）制动效能的恒定性是指制动器的抗衰退性能，即汽车在高速或下长坡连续制动时，制动器温度升高后，与冷态时相比，其制动效能所能保持的程度。

3）制动时汽车的方向稳定性是指汽车制动时按给定轨迹（直线或预定弯道）行

驶，不发生跑偏、侧滑及失去转向能力的性能。

因此，在进行汽车制动性能检查时，应重点检查汽车制动是否可靠，有无跑偏、甩尾现象等。

汽车在规定初速度下的制动距离和制动稳定性要求应符合表 3–2–3 的规定。

表 3–2–3 制动距离和制动稳定性要求

机动车类型	制动初速度 /（km/h）	空载检验制动距离要求 /m	满载检验制动距离要求 /m	试验通道宽度 /m
三轮汽车	20	≤ 5.0		2.5
乘用车	50	≤ 19.0	≤ 20.0	2.5
总质量不大于 3 500 kg 的低速货车	30	≤ 8.0	≤ 9.0	2.5
其他总质量不大于 3 500 kg 的汽车	50	≤ 21.0	≤ 22.0	2.5
铰接客车、铰接式无轨电车、汽车列车	30	≤ 9.5	≤ 10.5	3.0
其他汽车	30	≤ 9.0	≤ 10.0	3.0

制动距离是指机动车在规定初速度下急踩制动踏板时，从脚接触制动踏板（或手触动制动手柄）时起至机动车停住时止机动车驶过的距离。

制动稳定性要求是指制动过程中机动车的任何部位（不计入车宽的部位除外）不允许超出规定宽度的试验通道的边缘线。

当踩下制动踏板时，若制动踏板或制动鼓发出冲击或尖叫声，则表明制动摩擦片可能磨损，路试结束后应检查制动摩擦片厚度。

若踩下制动踏板有海绵感，说明制动管路进入空气，或制动系统某处有泄漏，应立即停止路试。以 20 km/h 的车速行驶，做一次紧急制动，检查制动是否可靠；再以 50 km/h 的车速行驶，迅速将制动踏板踩到底，观察车辆是否立即减速，停车后测量制动距离，同时查看是否有制动跑偏、甩尾现象。如果制动跑偏，很可能是同一车轴左右车轮制动力不等，其原因可能是轮胎气压不一致，或者是制动盘（鼓）与摩擦片之间的间隙不均匀，或者是制动蹄片弹簧损坏等。

检查驻车制动系统是否灵敏。如果车辆停在坡路上，拉紧驻车制动器后出现溜车现象，说明驻车制动有故障。可能是驻车制动器拉杆调整过长，或者摩擦片与制动盘（鼓）间隙过大或有油污，或者摩擦片磨损严重而打滑，或者制动盘（鼓）与摩擦片接触不良，这些故障需要到维修厂进行维修。

（5）汽车行驶稳定性检查

汽车行驶稳定性是指汽车行驶过程中保持直线行驶的能力。汽车在平坦、硬实、干燥和清洁的道路上行驶不应跑偏，其转向盘不应有摆振、路感不灵或其他异常现象。

汽车以 50 km/h 左右的中速直线行驶，双手松开转向盘，观察汽车行驶状况。此时，汽车应该仍然直线行驶并且不明显地转到另一边。无论转向哪一边，都说明汽车的转向轮定位不准，或车身、悬架变形。

汽车以 90 km/h 以上的高速行驶，观察转向盘有无摆动现象。若汽车有高速摆头现象，说明可能存在严重的车轮动不平衡或不对中现象。

路试时，如发现前轮摆动，转向盘抖动，说明转向系统的轴承可能松旷，或者横向稳定杆球头磨损松旷，或者轮毂轴承松旷，或者车架变形，或者前束过大；如果挂空挡时松开转向盘出现跑偏，可能是一侧的悬架减振器漏油、螺旋弹簧故障、前轮定位不好，或者车轮两边的轴距不等，还有可能是车架受过碰撞发生变形。

选择宽敞、平坦的路面，左右转动转向盘，检查汽车转向是否灵活、轻便。若转向沉重，说明汽车转向机构各球头、转向节轴承缺油或轮胎气压过低；对于带有转向助力的车型，转向沉重可能是动力转向泵和齿轮齿条磨损严重，或者油路中有空气，或者油泵压力不足、油路堵塞，或者驱动带打滑；若转向盘转动时有“嘎吱”声，也可能是由于转向助力油液面过低所致。若车辆转弯时，前轮有“吱吱”响，可能是转向系统或悬架有问题。

根据《机动车运行安全技术条件》中的规定，对于最高设计车速大于等于 100 km/h 的机动车，转向盘的最大自由转动量应小于等于 15°；三轮汽车转向盘的最大自由转动量应小于等于 35°；其他机动车转向盘的最大自由转动量应小于等于 25°。若转向盘的自由转向角过大，说明转向机构磨损严重，会导致转向失灵。

（6）汽车行驶平顺性检查

汽车行驶平顺性是指汽车在一般行驶速度范围内行驶时，能保证乘员不会因车身振动而引起不舒服和疲劳的感觉，以及保持所运货物完整无损的性能。由于行驶平顺性主要根据乘员的舒适程度来评价，又被称为乘坐舒适性。对于载货汽车而言，行驶平顺性还包括保持货物完好的性能。

将车开到粗糙、有凸起的路面上行驶，或通过铁轨、有伸缩缝隙的公路时，感觉汽车的平顺性和乘坐舒适性。当汽车通过转弯或通过不平路面时，倾听是否有从汽车前端发出的忽大忽小的“嘎吱”声或低沉噪声，若有，则表明可能是滑柱或减振器紧固装置松了，或轴承磨损严重。汽车转弯时，若感觉车身侧倾过大，可能是横向稳定杆衬套或减振器磨损严重。

四、路试后检查

1. 检查各部件的温度

（1）检查机油温度、冷却液温度、齿轮油温度是否正常。机油正常工作温度为（70 ~ 80）℃ ±5 ℃，冷却液正常工作温度为（80 ~ 90）℃ ±5 ℃，齿轮油正常工作温度不应超过 85 ℃。

（2）检查运动部件，如制动鼓、轮毂、变速器壳、传动轴、中间轴承、驱动桥壳等是否有过热现象。

2. 检查“四漏”现象

（1）检查是否有漏水现象

在发动机运转或停驶时，观察散热器、水泵、气缸、气缸盖、暖风装置及所有连接部位有无明显漏水现象。

（2）检查是否有漏油现象

汽车连续行驶距离不小于 10 km，停车 5 min 后观察是否有明显漏油现象；检查机油、变速器油、主减速器油、转向助力油、制动液、离合器油及悬架液压油等是否有泄漏现象。

（3）检查是否有漏气现象

检查车辆进气系统、排气系统有无漏气现象。

（4）检查是否有漏电现象

检查点火系统等有无漏电现象。

任务实施

拟评估 2015 款 1.8 TSI 自动四驱豪华型上汽大众途观二手车的动态检查是在对其静态检查之后进行的，以进一步了解和掌握拟评估车辆在工作状态下的技术性能。

一、拟评估车辆的动态检查

1. 路试前的检查

打开点火开关，仪表板上各仪表、指示灯显示正常；检查各按钮、前照灯、尾灯、转向灯、喇叭、刮水器、喷水器、空调、音响及座椅等工作正常；轮胎气压正常；各踏板反应较敏感；车辆音响效果一般。

2. 发动机工作性能检查

按照表 3-2-1 发动机工作性能检查项目作业表进行检查。

起动发动机，发动机转动正常，起动噪声略高，抖动正常。

发动机起动后，发动机怠速运转正常，各仪表工作正常，怠速平稳、无抖动。

打开空调，压缩机工作正常，燃油消耗正常。急加速时，发动机工作正常且伴有有节奏的轰鸣声，排气颜色正常。

3. 路试检查

按照表 3-2-2 路试检查项目作业表进行检查。

起动发动机时，噪声略高，运转较平稳，抖动正常；怠速运转稳定后，噪声逐渐降低；车辆的起步速度相对正常，低速状态下的扭矩输出良好，加速踏板工作正常；轮胎噪声正常。通过换挡、听声音检查，变速器接合动力正常，换挡顺畅、灵活；发动机运转无异响；排气颜色正常。

将车辆停在坡路上，拉紧驻车制动器，没有溜车现象，说明驻车制动装置工作正常；否则，驻车制动有故障。踩制动踏板，感觉比较硬；没有制动跑偏、甩尾现象。

将车辆停放在平坦路面上，左右转动转向盘，转向盘转动灵活、轻便。车辆行驶时，转向正常。

4. 路试后检查

路试停车后，检查冷却液、机油和齿轮油的温度。机油温度、冷却液温度、齿轮油温度正常；运动部件，如制动鼓、轮毂、变速器壳、传动轴、中间轴承、驱动桥壳等没有过热现象；检查发动机、减振器、散热器、暖风装置等没有发现漏气、漏水、漏电和漏油现象。

二、动态检查评估结论

通过对拟评估车辆路试检查，综合上述各总成在车辆运行条件下工作状态的检查与判断，拟评估上汽大众途观轿车整车动态技术状况良好，没有发现车辆曾发生过较大的交通事故。

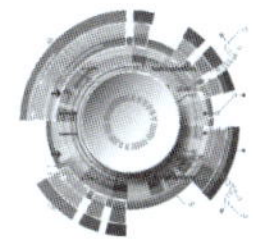

思考与练习

1. 什么是二手车动态检查？

2. 二手车动态检查时，无负荷时工况检查包括哪些项目？

3. 二手车动态检查时，路试检查包括哪些项目？

任务 3　二手车性能仪器检查

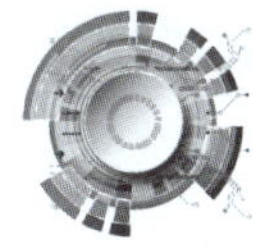

学习目标

- 能正确使用常用二手车技术状况检测仪器和设备。
- 能借助专用仪器、设备对二手车技术状况进行检查。

任务引入

二手车技术状况的好坏是由汽车的各种性能参数决定的，这些技术参数值只有借助汽车专用检测仪器设备和检测方法才能获取。通过对获取的相关技术参数值定量、客观地分析，才能更准确地对整车某些技术性能及各总成部件技术状况有效鉴定。

任务分析

在实际工作中，除了能够熟练运用静态检查、动态检查方法对二手车进行初步、定性的鉴定评估外，还要能了解和使用汽车常用检测仪器、设备对被评估车辆的主要技术性能进行量化检测，进一步提升鉴定评估的可靠性、合理性，使评估结果更符合实际车辆的工作状态。

相关知识

二手车性能仪器检查是对欲评估车辆整车技术性能及各总成部件技术状况进行定量、客观的鉴定，是进行二手车技术等级划分的依据。

一、常用检测工具及检测方法

二手车性能指标参数的检测仪器、设备较多，主要有底盘测功机、汽车制动检测台、汽车油耗仪、前照灯检测仪、侧滑试验台、车速表试验台、发动机综合测试仪、四轮定位仪、轮胎动平衡机等。这些仪器、设备操作难度较大，二手车鉴定评估人员不需要掌握这些设备的使用方法，但对于一些常规的小型检测仪器、设备，如气缸压力表、真空表、万用表、正时枪、燃油压力表、废气分析仪、解码器、烟度仪等，应能熟练使用，以便迅速地判断和评估二手车常见故障。

1. 气缸压力表

气缸压力表（见图 3-3-1）是检测发动机气缸压缩压力常用的检测设备。

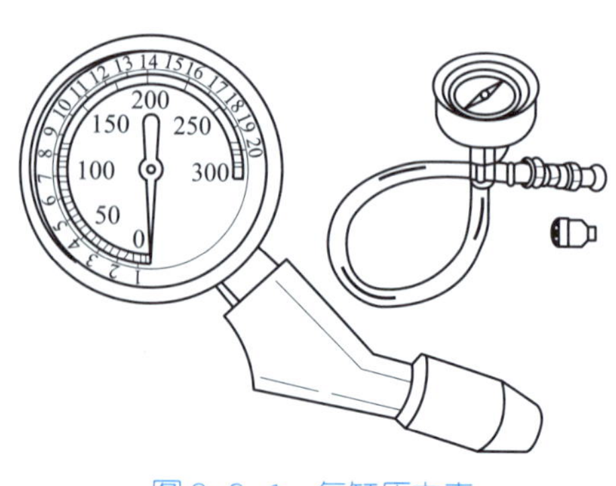

图 3-3-1　气缸压力表

气缸压力表接头一般有两种形式。一种是螺纹接头，可以在火花塞上或喷油器螺纹孔中拧紧；另一种是锥形或阶梯形的橡胶接头，可以在火花塞或喷油器孔中压紧，接头通过导管与压力表头相通。单向阀处于关闭位置时，可保持测得的气缸压力读数；单向阀打开时，可使压力表指针回零，便于下次测量。

气缸压力是指发动机气缸到达压缩终了上止点时气缸内的压力。发动机气缸压力与机油黏度、气缸活塞组的密封性、气门与气门座的密封性和气缸垫的密封性等有关。通过对发动机气缸压力的检测，可以判断气缸活塞组的密封状况，而气缸密封性与气缸体、气缸盖、气缸垫、活塞、活塞环和进、排气门等零件的技术状况有关。

（1）检测步骤

1）发动机运转至正常工作温度，冷却液温度达到 75 ~ 95 ℃。

2）发动机停止运转后，拆下空气滤清器，用压缩空气吹净火花塞或喷油器周围的灰尘和脏污。

3）拆下全部火花塞或喷油器，并按气缸次序放置。

4）将气缸压力表的橡胶接头压紧在被测气缸火花塞或喷油器孔中，或将螺纹接头拧紧在火花塞上或喷油器螺纹孔中，如图 3–3–2 所示。

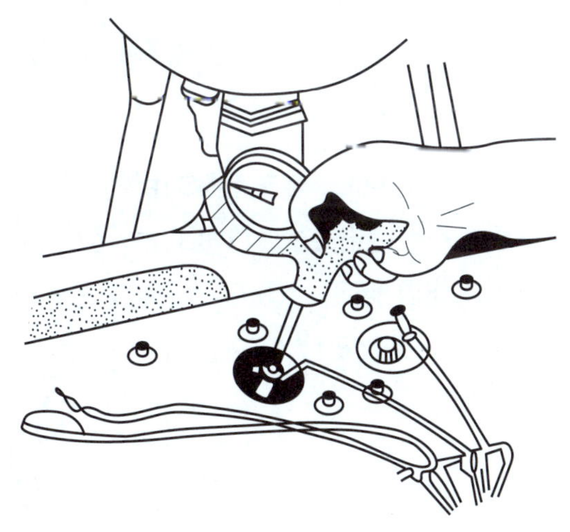

图 3–3–2 气缸压力的检测

5）将节气门设置在全开位置。

6）起动发动机，使发动机达到 250 r/min 以上转速（或按原厂规定转速运转），待气缸压力表指针指示并保持最大压力后停止转动。

7）取下气缸压力表，记录气缸压力表的读数。

8）按下单向阀使气缸压力表指针归零。

按上述方法依次测量各缸压力，每缸测量次数不少于两次。

（2）检测结果分析

1）若气缸压力的检测值高于原设计规定值，不一定是气缸密封性好，要结合使用和维修情况进行分析。这种情况可能是因为燃烧室积炭过多、气缸衬垫过薄或气缸体与气缸盖结合平面经几次大修后因缸径加大而改变了压缩比造成的。

2）若气缸压力的检测值低于原设计规定值，可向该气缸火花塞或喷油器孔内注入适量机油（20 ~ 30 L），然后用气缸压力表重新测量气缸压力，并记录气缸压力表读数。

如果第二次测得的压力值比第一次高，说明气缸、活塞环、活塞磨损过大或活塞环对口、卡死、断裂及气缸壁拉伤等原因造成气缸密封不严。

如果第二次测得的压力值与第一次接近，说明进、排气门或气缸衬垫密封不严。

如果两次检测某相邻两缸压力值均较低，说明该两缸相邻处的气缸衬垫烧损造成窜气。

（3）技术标准

由于汽车发动机结构和压缩比不同，各车型发动机气缸压力的标准值也不尽相同。根据国家标准《汽车修理质量检查评定方法》（GB/T 15746—2011）中对汽车发动机修理竣工质量的评定，在正常工作温度下，气缸压力应符合原设计规定：其压力差汽油机应不超过各缸平均压力的 5%，柴油机应不超过 8%。

2. 真空表

真空表（见图 3-3-3）主要用于检测汽车发动机进气管真空度大小。真空表由表头和软管构成，软管一头固定在真空表头上，另一头可方便地连接在进气管的检测孔上。

图 3-3-3　真空表

进气管真空度是指进气管内的进气压力与外界大气

压力之差。进气管真空度不仅反映气缸活塞组和进气管的密封性，还与进气管垫密封不良，气缸活塞组、配气机构因磨损或故障而导致气缸间隙增大，以及点火系统和供油系统调整不当等发动机技术状况有关。所以，通过对进气管真空度的检测可以诊断并找出发动机故障部位。

（1）测量位置

根据《商用汽车发动机大修竣工出厂技术条件 第1部分：汽油发动机》（GB/T 3799.1—2005）及《商用汽车发动机大修竣工出厂技术条件 第2部分：柴油发动机》（GB/T 3799.2—2005）中的规定，使用真空表测量进气管真空度，其测量位置如下：

1）对于无增压发动机，在进气歧管上适当位置测量。

2）对于增压器位于节气门体前的发动机，在空气滤清器与增压器之间的适当位置测量。

3）对于增压器位于节气门体后的发动机，在节气门体与增压器之间的适当位置测量。

（2）检测步骤

1）起动发动机，使其以高于怠速的转速空转30 min以上，将发动机预热至正常工作温度。

2）将真空表软管与进气歧管上的检测孔相连。

3）将变速器置于空挡，使发动机怠速稳定运转。

4）读取真空表读数。

（3）检测结果分析

一般进气管真空度在发动机怠速时有规定的数值，通过对进气管真空度检测结果的分析，可以判断发动机的技术状况和发生故障的部位。

1）在海平面高度，发动机怠速运转时，若真空表指针稳定在50 ~ 71 kPa（375 ~ 530 mmHg），如图3-3-4a所示（真空表白色指针表示稳定，黑色指针表示漂移量），表明气缸密封性良好。海拔高度每升高500 m，进气管真空度应相应降低4 ~ 5 kPa。

2）在发动机怠速运转时，真空表指针在 50.66 ~ 67.55 kPa 有规律地摆动，表明气门黏滞或点火系统有故障，如图 3-3-4b 所示。

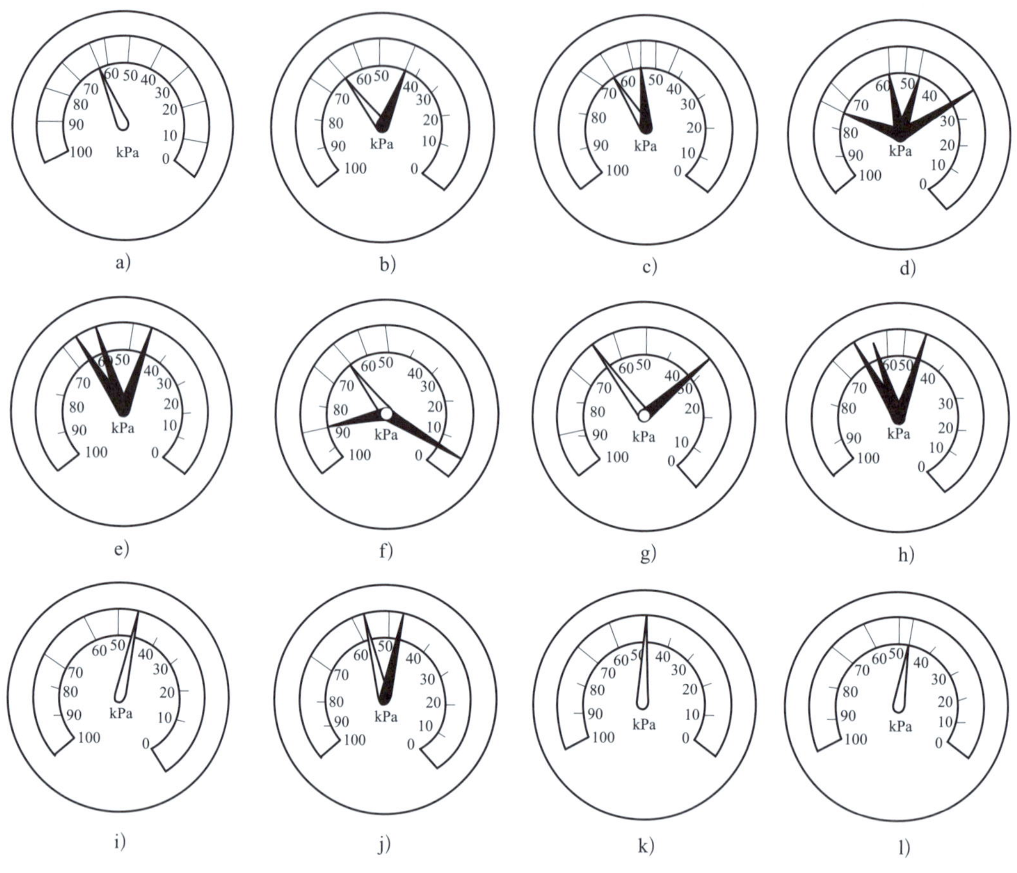

图 3-3-4　真空表检测结果示意

3）当气门处于关闭状态时，真空表指针有规律地迅速跌落 10 ~ 16 kPa，表明气门与气门导管卡滞，如图 3-3-4c 所示。

4）当发动机在 500 r/min 左右运转时，真空表指针在 33 ~ 74 kPa 迅速摆动，表明气门弹簧折断或弹力不足。若某一个气门弹簧折断，真空表指针将相应快速波动，如图 3-3-4d 所示。

5）若真空表读数较正常值低 10 ~ 13 kPa，且缓慢地在 47 ~ 60 kPa 摆动，如图 3-4e 所示，表明气门导管磨损松旷。

6）当发动机转速升至 2 000 r/min 时，突然关闭节气门，真空表指针迅速跌落至 6 ~ 16 kPa 以下；当节气门关闭时，真空表指针不能回落到 83 kPa，如图 3-3-4f 所示，表明活塞环磨损严重。当迅速开启节气门时，真空表指针不低于 6 ~ 16 kPa，则表明活塞环工作良好。

7）若真空表读数从正常值突然跌落至 33 kPa，表明气缸垫窜气。当漏气气缸在工作行程时，真空表读数又恢复正常值，如图 3–3–4g 所示。

8）如果混合气过稀，则真空表指针不规则跌落；如果混合气过浓，则真空表指针缓慢地摆动，如图 3–3–4h 所示。

9）进气歧管漏气时，真空表指示值比正常值低 10 ~ 30 kPa；排气系统堵塞时，发动机转速升至 2 000 r/min，突然关闭节气门，真空表指针从 83 kPa 跌落至 6 kPa 以下，并迅速回至正常值，如图 3–3–4i 所示。

10）如果点火过迟，则真空表指针稳定地指示在 47 ~ 57 kPa，如图 3–3–4j 所示。

11）如果气门开启过迟，则真空表指针稳定地指示在 27 ~ 50 kPa，如图 3–3–4k 所示。

12）如果火花塞电极间隙太小，断电器触点接触不良，则真空表指针缓慢地在 47 ~ 54 kPa 摆动，如图 3–3–4l 所示。

（4）技术标准

《汽车修理质量检查评定方法》（GB/T 15746—2011）中规定，在正常工作温度和标准状态下，发动机怠速运转时，进气歧管真空度应符合原设计规定，其波动范围：6 缸汽油机一般不超过 3 kPa，4 缸汽油机一般不超过 5 kPa。

进气管真空度随海拔升高而降低。海拔每升高 1 000 m，真空度减小约 10 kPa。对于四冲程汽油机转速在 500 ~ 600 r/min 时，以海平面为准，进气歧管真空度应在 50 ~ 71 kPa（375 ~ 530 mmHg）范围内。因此，检测进气管真空度时，应根据所在地的海拔高度进行修正。

3. 万用表

汽车万用表（见图 3–3–5）是检测汽车电子电路时最常用的仪表之一。

（1）电阻测量

将功能选择开关转到电阻（Ω）挡的适当位置并校零后即可测量电阻值。汽车上很多电气设备的技术状态可用检测其电阻值的方法来判断，如检查电气元件和线路的断路、短路等故障。

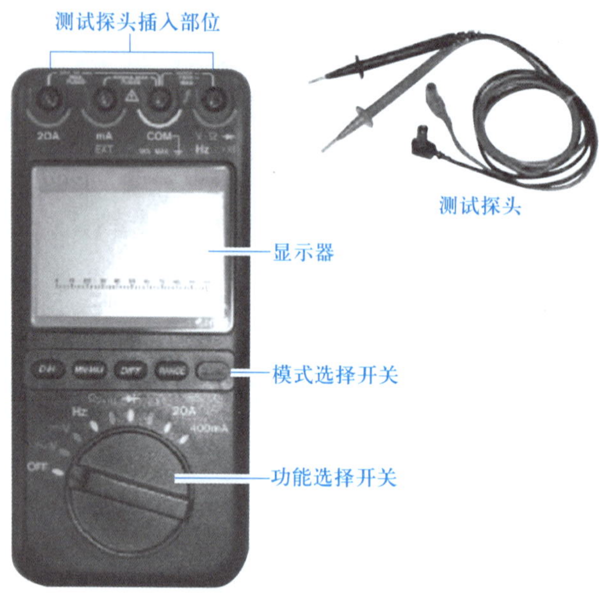

图3-3-5　汽车万用表

（2）直流电压测量

将功能选择开关转到直流电压（V）挡（选择合适的量程），将测试探头接至被测电压两端。用测量电压的方法可以检查电路上各点的电压（信号电压或电源电压）以及电气部件上的电压降。

（3）信号频率测试

将功能选择开关置于频率（Freq）挡。黑探头搭铁，红探头插 Hz 插孔，此时显示屏显示的数字为被测频率。注意，被测信号的有效值应在 200 mV ～ 5 V。

（4）温度检测

将功能选择开关置于温度（Temp）挡。黑探头搭铁，将探针引线插入汽车万用表温度测量座孔，探针触及被测物体，此时显示屏显示的数字为被测物体的温度。

（5）闭合角检测

将功能选择开关置于闭合角（Dwell）挡。黑探头搭铁，红探头一端接万用表的 V-Ω-Hz 插孔，另一端接点火线圈初级电流的正极（火线）端。当发动机工作时，显示屏显示的数字就是点火线圈初级电流的导通角，即闭合角。注意：测试过程中，发动机工作时的转速要保持稳定，待读出稳定、准确的数字后再改变转速，以进行不同转速下的闭合角测试。

（6）占空比测量

将功能选择开关置于占空比（Duty Cycle）挡。黑探头搭铁，红探头接电路信号，此时显示屏显示的数字为占空比的百分数。

（7）转速测量

将功能选择开关置于转速（RPM）挡。将测量转速的专用插头接在万用表的搭铁（COM）和 V-Ω-Hz 插孔，将感应式转速传感器（汽车万用表附件）夹在某一气缸的高压点火线上，在发动机工作时，显示屏上显示的数字就是发动机转速。

（8）起动机起动电流测量

将功能选择开关置于 400 mV 挡（一般 1 mV 相当于 1 A，即用测量传感器电压的方法测量起动机电流）。测试时，将霍尔式电流传感器夹钳夹在蓄电池正极接线柱上，将其引线插头插入电流测量座孔，按下最小 / 最大功能按钮，然后拆下点火线圈上中央插孔内的高压导线（发动机不能起动），用起动机带动发动机转动 2 ~ 5 s，此时显示屏上显示的数字即为起动机的起动电流。

（9）氧传感器测试

拆下氧传感器的线束连接器，用一根临时导线跨接霍尔传感器和氧传感器，然后将功能选择开关置于直流 DC 4 V 挡。黑探头接搭铁，红探头接两传感器之间的跨接线。测试时，以快怠速（约 2 000 r/min）运转发动机，使氧传感器工作温度在 360 ℃以上。此时，如混合气浓，氧传感器输出电压约为 0.8 V；如混合气稀，氧传感器输出电压为 0.1 ~ 0.2 V。当氧传感器工作温度低于 360 ℃时（发动机处于开环工作状态），氧传感器无电压输出。

（10）喷油器喷油脉冲宽度的测量

将功能选择开关置于占空比（Duty Cycle）挡，测出喷油器工作脉冲频率的占空比；然后将万用表的功能选择开关置于频率（Freq）挡，测出喷油器工作脉冲频率（Hz）；最后，按照下列计算公式算出喷油器喷油脉冲宽度：

$$S_{\mathrm{p}}=\frac{\eta}{f_{\mathrm{p}}}$$

式中　S_p——喷油脉冲宽度，s；

η——频宽比，%；

f_p——喷油频率，Hz。

4. 燃油压力表

燃油压力表（见图 3-3-6）是用来检测发动机燃油供给系统燃油压力的专用工具。

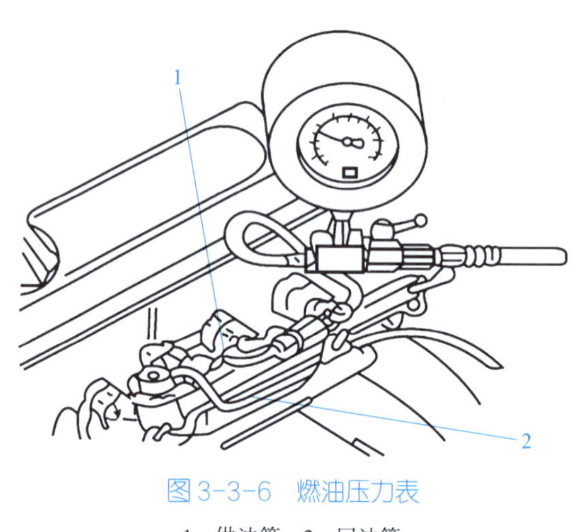

图 3-3-6　燃油压力表

1—供油管　2—回油管

在发动机管理系统中，燃油总管上通常设有一个专用燃油压力检测接口，检测接口用螺塞旋紧，内设单向阀，以防止灰尘进入燃油总管中及高压燃油从检测接口溢出。检查燃油压力时，将螺塞卸下，用相应的接头和软管将燃油压力表与检测接口连接好，再将接头拧紧。起动发动机，读取燃油压力表上的数据即可。

专用燃油压力表的测量范围为 6.9 ～ 690 kPa。

（1）检测步骤

1）泄压。先拔下燃油泵熔丝、继电器或油泵插头，再起动发动机，直至发动机自行熄火后，再次起动发动机 2 ～ 3 次，然后拆下蓄电池负极。

2）安装燃油压力表。将燃油压力表串接在进油管中，对于带检测接口的车辆，将燃油压力表连接到检测接口上，在拆卸油管时要用一块毛巾或棉布垫在油管接口下，防止燃油泄漏在地上。

3）检测燃油压力。需要检测的燃油压力有静态油压、怠速油压、最大油压和残余油压。

①静态油压：不起动发动机，用跨接线连接燃油泵检测接口上的两个端子，并将点火开关转至“ON”位置，使燃油泵工作，静态油压一般在 300 kPa 左右。若油压过高，需更换油压调节器（燃油压力调节器）；若油压过低，则检查燃油泵、燃油滤清器和油压调节器处有无泄漏。

②怠速油压：将点火开关置于“OFF”，拆下燃油泵跨接线，装复燃油泵熔丝或继电器。起动发动机，使燃油泵在怠速下运转，此时燃油压力表的读数为怠速工作油压。如压力不在规定范围，需检查真空管及油压调节器。

③最大油压：用包有软布的钳子夹住回油管，此时燃油压力表的读数为油泵最大供油压力，一般为正常工作油压的 2 ～ 3 倍。

④残余油压：松开油管夹钳，发动机熄火，燃油泵停止运转 10 min 后，油管残余油压应大于 150 kPa。如下降，应检查燃油泵和油压调节器有无泄漏。

4）记录燃油压力表读数。

5）测量结束，拆卸燃油压力表。先卸压，再拆下燃油压力表，将进油管重新连接好，起动发动机，检查油管是否渗漏。

（2）测量结果分析

燃油压力表读数有油压为零、油压正常、油压过高和油压过低四种情况。

1）若燃油压力为零，应检查油箱存油量，油道是否严重泄漏，燃油滤清器是否完全堵塞。排除可能性后，如果油压仍然为零，则需检查燃油系统的控制电路，如熔丝是否烧断、继电器是否不工作、油泵电路线束有否开路、油泵是否损坏等。

2）若燃油压力过高，应重点检查油压调节器顶部的真空管是否松脱或破裂、漏气，或油压调节器回油管是否堵塞等。

3）若燃油压力过低，或油泵停止工作 2 ～ 5 min 内油压仍迅速下降，如果在排除燃油油路泄漏故障的前提下，则可能是喷油器泄漏、油压调节器故障、燃油滤清器堵塞、油泵故障等。

二、发动机功率检测

发动机的有效功率是曲轴对外输出的功率，是一个综合性评价指标。通过该指标可以定性地确定发动机的技术状况，并定量地获得发动机的动力性。

1. 发动机功率检测方法

检测发动机有效功率有稳态测功和动态测功两种方法。

（1）稳态测功

稳态测功是指发动机在节气门开度一定、转速一定和其他参数保持不变的状态下，在测功器上测定功率的一种方法。稳态测功需由测功器对发动机施加外部负荷，故也称有负荷测功或有外载测功。常见的测功器有水力测功器、电力测功器和电涡流测功器等。

稳态测功时，其有效功率 P_e（kW）、有效转矩 M_e（N·m）和转速 n（r/min）之间具有下列关系：

$$P_e=\frac{M_e\times n}{9\,550}$$

稳态测定发动机最大有效功率是在节气门全开情况下，由测功器给发动机施加一定负荷，测出额定转速以及相应转矩，即可由上式计算出功率。稳态测功的结果比较准确、可靠，但该方法测功需要大型、固定安装的测功器，费时费力且成本较高，故多用于发动机设计、制造及院校和科研部门做性能试验，而在一般运输、维修企业和检测站中使用得不多。

（2）动态测功

动态测功是指发动机在节气门开度和转速等均变动的状态下，测定其功率的一种方法。动态测功时，无须对发动机施加外部负荷，故又称无负荷测功或无外载测功。

动态测功的基本方法是：当发动机在怠速或处于空载某一低速下运转时，突然全开节气门，使发动机克服惯性和内部阻力而加速运转，用其加速性能的好坏直接反映最大功率的大小。因此，只要测出加速过程中的某一参数，就可得出相应的最大功率。

由于动态测功时不加负荷，不需要大型设备，既可以在台架上进行，也可以就车进行，提高了检测速度和方便性，特别适用于在用汽车发动机功率的检测。但其测量精度较低，误差较大。

2. 无负荷测功仪

无负荷测功仪常用于检测发动机功率。

目前使用的无负荷测功仪主要有单一功能的便携式无负荷测功仪（见图 3-3-7）和与其他测试仪表组装在一起的发动机综合测试仪两种类型。

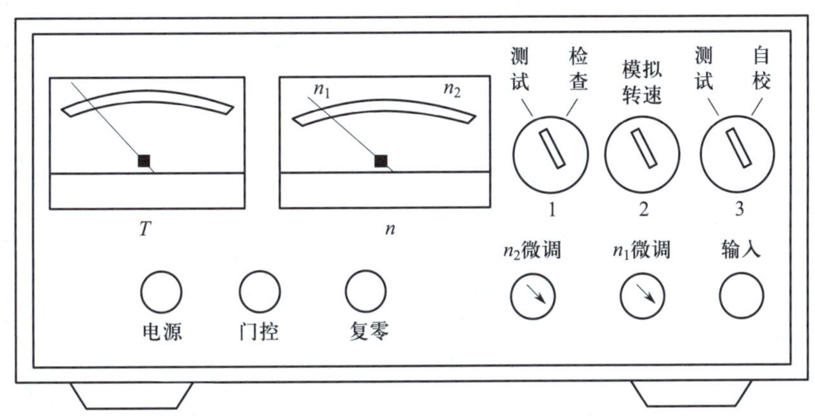

图 3-3-7　便携式无负荷测功仪

无负荷测功仪的使用方法如下：

（1）仪器自校、预热

按使用说明书将仪器预热 0.5 h，然后进行自校。

把计数检查旋钮 1 拨向“检查”位置，左边的时间（T）表头指针 1 s 摆动一次。把旋钮 1 拨向“测试”位置，把旋钮 3 拨向“自校”位置，再缓慢旋转模拟转速旋钮 2，注意转速（n）表头指针慢慢向右偏转（模拟增加转速）。当指针偏转至起始转速 n_1=1 000 r/min 位置时，门控指示灯点亮。继续增加模拟转速至 n_2=2 800 r/min 时，时间（T）表即指示加速时间，以表示模拟速度的快慢。按下复零按钮，仪器表针回零，门控指示灯熄灭，表示仪器调整正常。否则，应微调 n_1、n_2 电位器。

（2）预热发动机，安装转速传感器

预热发动机至正常工作温度（85 ~ 95 ℃），并使发动机怠速运转。将变速器置于空挡，然后将仪器转速传感器二接线卡分别连接在分电器低压接线柱和搭铁线路上。

（3）测加速时间

操作者在驾驶室内迅速地将加速踏板踩到底，发动机转速突然上升，当时间（T）表指针显示出加速时间（或功率）时，应立即松开加速踏板，切忌发动机长时间高速空转。记下读数后将仪器复零。重复操作三次，读数取平均值。

便携式无负荷测功仪带有伸缩天线，可收集发动机运转时的点火脉冲信号，而不必与发动机采用任何有线连接。使用时，用手拿着测功仪，只要面对发动机侧面拉出伸缩天线，发动机突然加速运转，即可遥测到加速时间和转速。然后翻转测功仪，查看壳体背面印制的主要机型的功率、时间对照表，便可知道发动机功率的大小。

不少无负荷测功仪还配备有检测柴油机的传感器，以便对柴油机功率进行检测。

3. 发动机无负荷测功原理

其测功原理是：对于某一结构的发动机，将其所有运动部件看作是一个绕曲轴中心线转动的简单回转体，当发动机在怠速或空载某一低速下运转，突然全开节气门或置供油拉杆于最大供油量位置（柴油机）时，此时发动机产生的动力除克服发动机各种阻力矩外，其有效扭矩将全部用来加速发动机运动部件的运动，即发动机以其自身运动部件为载荷加速运转。

因此，只要测出发动机在指定转速范围内急加速时的平均加速度，即可得知发动机的动力性能。或者说通过测量某一定转速时的瞬时加速度，就可以确定发动机的功率大小。瞬时加速度越大，则发动机功率越大。

4. 发动机功率检测及结果分析

在进行发动机功率检测时，常用检测设备为便携式无负荷测功仪（动态测功）。利用无负荷测功仪对发动机功率进行检测。

根据检测结果进行分析，对发动机技术状况做出判断。

在用车发动机功率不得低于额定功率的75%，大修后发动机功率不得低于额定功率的90%。

（1）若发动机功率偏低，表明燃料供给系统调整状况不良，点火系统技术状况不良，应对油路、电路进行调整。若调整后功率仍较低时，应结合气缸压力和进气歧管真空度检查，判断是否为发动机机械部分故障。

（2）对个别气缸技术状况有怀疑时，可对其进行断火后再测功率，从功率下降的程度来判断该气缸的工作情况；也可以利用在单缸断火情况下测得的发动机转速下降值来评价各缸工作情况。

工作正常的发动机在某一转速下稳定空转时，发动机的指示功率与摩擦功率是平衡的。此时，若取消某一气缸的工作，发动机转速会有相同的下降值，并要求最高与最低下降值之差不大于平均下降值的 30%。如果转速下降值低于规定值，说明断火气缸工作不良。转速下降值越小，则单缸功率越小，当下降值等于零时，单缸功率也等于零，表明该气缸不工作。

发动机单缸功率偏低，一般说明该气缸高压分火线或火花塞技术状况不佳、气缸密封性不良、燃烧室烧机油，应进行调整或检修。

（3）发动机功率与海拔高度有密切关系，无负荷测功仪所测结果是实际大气压力下的发动机功率，如果要校正到标准大气压下的功率，应进行系数修正。

5. 技术标准

发动机动力性能应符合《机动车运行安全技术条件》和《汽车修理质量检查评定方法》中的规定。发动机应动力性能良好、运转平稳、怠速稳定、无异响、机油压力和温度正常。发动机功率应大于等于其标牌（或产品使用说明书）上标明的发动机功率的 75%。

三、汽车制动性能检测

汽车制动系统技术状况的变化直接影响汽车行驶安全性。为了保证汽车具有良好的制动性能，制动系统一般应达到以下要求：

- 制动性能良好，即制动距离、制动力、制动减速度和制动协调时间应符合要求。
- 制动稳定性良好，即制动不跑偏、不侧滑。用制动距离检验制动性能时，要求车辆的任何部位不能超过规定的试车道宽度；在制动试验台上进行性能检验时，左右车轮制动力差应符合规定标准。
- 操纵轻便，即操纵制动系统的力不能过大，应符合标准规定。

• 工作可靠，即制动系统零部件必须十分可靠，并保证在遇到特殊情况时能够有足够的应急制动性能。

根据《机动车运行安全技术条件》中的规定，可通用制动距离、制动稳定性、充分发挥的平均减速度（MFDD）和制动协调时间来检验行车制动性能。对于驻车制动性能检验，在空载状态下，驻车制动装置应能保证机动车在坡度为 20%（对总质量为整备质量的 1.2 倍以下的机动车为 15%）、轮胎与路面之间的附着系数大于等于 0.7 的坡道上正、反两个方向保持固定不动，时间应大于等于 5 min。

1. 制动性能的检测方法

制动性能的检测方法可分为台试法和路试法两种。

用五轮仪和制动减速度仪检测汽车制动性能时，须在道路试验中进行，称为路试法；台试法使用制动试验台进行检测。与路试法相比，台试法具有迅速、准确、经济、安全、不受自然条件限制、试验重复性好以及能定量地指示出各车轮的制动力等优点。

（1）台试法

台试法常用滚筒式制动试验台（见图 3-3-8）对汽车制动性能进行检测。

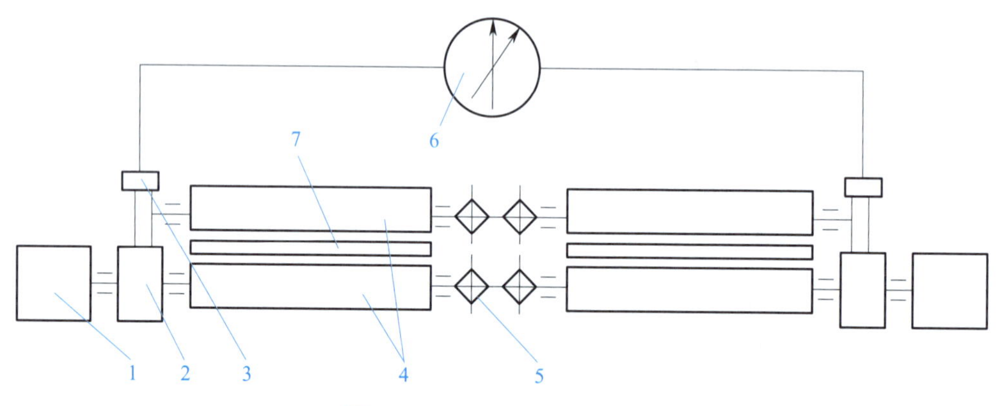

图 3-3-8　滚筒式制动试验台

1—电动机　2—减速器　3—测量装置　4—滚筒装置　5—链传动　6—指示与控制装置　7—举升装置

1）滚筒式制动试验台的组成

滚筒式制动试验台由框架、驱动装置、滚筒装置、测量装置、举升装置和指示与控制装置等组成。

驱动装置由电动机、减速器和传动链条等组成。电动机的转动通过减速器内的蜗轮蜗杆传动和一对圆柱齿轮传动后传递给主动滚筒，主动滚筒又通过链传动把动力传递给从动滚筒。减速器与主动滚筒共用一轴，减速器壳体处于浮动状态。车轮制动时，该壳体能绕轴摆动，把制动力矩传给测力杠杆。

滚筒装置由四个滚筒组成，左右各一对独立设置，滚筒相当于一个活动路面，被检车轮置于两滚筒之间，滚筒用来支承被检车轮并在制动时承受和传递制动力。

测量装置主要由测力杠杆、测力传感器等组成。测力杠杆一端与传感器连接，另一端与减速器壳体连接，装在测力杠杆前端的测力传感器能把测力杠杆的位移或力变成反映制动力大小的电信号，送入指示与控制装置。

为了便于汽车出入试验台，在两滚筒之间设有举升装置。举升装置一般由举升器、举升平板和控制开关等组成。

2）滚筒式制动试验台的检测原理

将被检车辆左右车轮置于每对滚筒之间，用电动机通过减速器、链传动使主、从动滚筒带动车轮旋转，然后用力踩下制动踏板，车轮给滚筒一个与其转动方向相反的摩擦作用力矩，该力矩的大小与滚筒对车轮的制动力矩相等，并驱动浮动的减速器壳体偏转，迫使连接在减速器壳体上的测力杠杆产生位移，通过测力传感器转换成反映制动力大小的电信号，由微机采集、处理后，指示电动机停转，并由指示装置指示或由打印机打印检测到的数值。

3）滚筒式制动试验台的检测方法

①将制动试验台指示与控制装置上的电源开关打开，按使用说明书上的要求预热至规定时间。

②如果指示装置为指针式仪表，检查指针是否在零位，否则应调零。

③检查并清洁制动试验台滚筒上的泥、水、砂、石等杂物。

④核实汽车各轴轴荷，不得超过制动试验台的允许载荷。

⑤检查并清除汽车轮胎上的泥、水、砂、石等杂物。

⑥检查汽车轮胎气压是否符合规定，若不符合则应充气至规定气压。

⑦升起制动试验台举升器。

⑧汽车被测车轴在轴重计或轮重仪上检测完轴荷后，应尽可能沿垂直于滚筒的方向驶入制动试验台。先前轴，再后轴，使车轮处于两滚筒之间。

⑨汽车停稳后将变速杆置于空挡位置，行车制动器和驻车制动器处于完全放松状态，能测量制动时间的试验台还应将脚踏开关套在制动踏板上。

⑩降下举升器，至举升器平板与轮胎完全脱离为止。

⑪如制动试验台带有内置式轴重测量装置，则应在此时测量轴荷。

⑫启动电动机，使滚筒带动车轮转动，先测出车轮阻滞力。

⑬用力踩下制动踏板，检测轴制动力。一般在 1.5 ~ 3.0 s 后或第三滚筒（如带有）发出信号后，制动试验台滚筒自动停转。

⑭读取并打印检测结果。

⑮升起举升器，驶出已测车轴，驶入下一车轴，按上述方法检测轴荷和制动力。

⑯当与驻车制动器相关的车轴在制动试验台上时，检测完行车制动性能后应重新启动电动机，在行车制动器完全放松的情况下，用力拉紧驻车制动器操纵杆，检测驻车制动性能。

⑰所有车轴的行车制动性能和驻车制动性能检测完毕，升起举升器，将汽车驶出制动试验台。

（2）路试法

制动性能路试检验常采用五轮仪和制动减速度仪来检测。汽车制动性能的路试检验项目包括制动距离、充分发挥的平均减速度（MFDD）、制动稳定性、制动协调时间、驻车制动性能等。其检测步骤如下：

1）应在平坦、硬实、清洁、干燥且轮胎与地面之间的附着系数大于等于 0.7 的混凝土或沥青路面上进行。

2）在试验路面上画出表 3-2-3 规定宽度的试验通道的边线，被测机动车沿着试验通道的中线行驶至高于规定的初速度后，置变速器于空挡（自动变速的机动车可置变速器于 D 挡），当滑行到规定的初速度时急踩制动，使机动车停止。

3）用检测仪测量和记录制动距离、充分发挥的平均减速度等参数值。

2. 检测技术标准

根据《机动车运行安全技术条件》，检验制动性能参数标准有以下规定：

（1）台试检测标准（制动力诊断参数标准）

1）行车制动性能检测

①制动力

汽车、汽车列车在制动试验台上测出的制动力应符合表 3-3-1 的要求，对空载检测制动力有质疑时，可用表中规定的满载检验制动力要求进行检测。

表 3-3-1 台试检测制动力要求

机动车类型	制动力总和与整车重量的百分比		轴制动力与轴荷[a]的百分比	
	空载	满载	前轴[b]	后轴[b]
三轮汽车	—		—	≥ 60[c]
乘用车、其他总质量不大于 3 500 kg 的汽车	≥ 60	≥ 50	≥ 60[c]	≥ 20[c]
铰接客车、铰接式无轨电车、汽车列车	≥ 55	≥ 45	—	—
其他汽车	≥ 60	≥ 50	≥ 60[c]	≥ 50[d]
普通摩托车	—	—	≥ 60	≥ 55
轻便摩托车	—	—	≥ 60	≥ 50

注：a 表示用平板制动检验台检验乘用车时应按左右轮制动力最大时刻所分别对应的左右轮动态轮荷之和计算。

b 表示机动车（单车）纵向中心线中心位置以前的轴为前轴，其他轴为后轴；挂车的所有车轴均按后轴计算；用平板制动试验台测试并装轴制动力时，并装轴可视为一轴。

c 表示空载和满载状态下测试均应满足此要求。

d 表示满载测试时对后轴制动力百分比不做要求；空载用平板制动检验台测试时应大于等于 35%；对于总质量大于 3 500 kg 的客车，空载用反力滚筒式制动试验台测试时应大于等于 40%，用平板制动检验台测试时应大于等于 30%。

②制动力平衡要求

在制动力增长全过程中同时测得的左右轮制动力差的最大值，与全过程中测得的该轴左右轮最大制动力中大者之比（对后轴及其他轴，制动力小于该轴轴荷的 60% 时为与该轴轴荷之比），对新注册车和在用车应分别符合表 3-3-2 的要求。

表 3-3-2　　台试检测制动力平衡要求

车型	前轴	后轴（及其他轴）	
		制动力大于等于该轴轴荷的 60% 时	制动力小于该轴轴荷的 60% 时
新注册车	≤ 20%	≤ 24%	≤ 8%
在用车	≤ 24%	≤ 30%	≤ 10%

③制动协调时间

制动协调时间是指在紧急制动时，从脚接触制动踏板（或手触动制动手柄）时起至机动车减速度（或制动力）达到表 3–3–3 所规定的机动车充分发挥的平均减速度的 75% 时所需的时间。汽车、汽车列车的制动协调时间对液压制动的汽车应小于等于 0.35 s，对气压制动的汽车应小于等于 0.60 s，对汽车列车、铰接客车和铰接式无轨电车应小于等于 0.80 s。

表 3-3-3　　制动减速度和制动稳定性要求

机动车类型	制动初速度 /（km/h）	空载检验充分发挥的平均减速度 /（m/s^2）	满载检验充分发挥的平均减速度 /（m/s^2）	试验通道宽度 /m
三轮汽车	20	≥ 3.8		2.5
乘用车	50	≥ 6.2	≥ 5.9	2.5
总质量不大于 3 500 kg 的低速货车	30	≥ 5.6	≥ 5.2	2.5
其他总质量不大于 3 500 kg 的汽车	50	≥ 5.8	≥ 5.4	2.5
铰接客车、铰接式无轨电车、汽车列车	30	≥ 5.0	≥ 4.5	3.0
其他汽车	30	≥ 5.4	≥ 5.0	3.0

④车轮阻滞力

车轮阻滞力是指行车和驻车制动装置处于完全释放状态，变速器置于空挡位置时，试验台驱动车轮所需的作用力。进行制动力检测时，汽车、汽车列车各车轮的阻滞力均应小于等于轮荷的 10%。

2）驻车制动性能检测

当采用制动试验台检测车辆驻车制动力时，车辆空载，乘坐一名驾驶员，使用驻车制动装置，驻车制动力总和应大于等于该车在测试状态下整车重量的 20%；对总质量为整备质量 1.2 倍以下的汽车，此值应为 15%。

（2）路试检测标准

1）行车制动性能检测

①制动距离

车辆在规定的初速度下的制动距离和制动稳定性要求应符合表 3–2–3 的要求，对空载检测制动距离有质疑时，可用表中满载检测的制动性能要求进行检测。

②充分发挥的平均减速度（MFDD）

汽车、汽车列车在规定的初速度下急踩制动时充分发挥的平均减速度和制动稳定性应符合表 3–3–3 的要求。对空载检测制动性能有质疑时，可用表中满载检测的制动性能要求进行检测。

③制动协调时间

制动协调时间是指在急踩制动时，从制动踏板开始动作至车辆减速度达到表 3–3–3 规定的车辆充分发挥的平均减速度的 75% 时所需的时间。对液压制动的汽车不应大于 0.35 s，对气压制动的汽车不应大于 0.6 s，对汽车列车、铰接客车和铰接式无轨电车不应大于 0.8 s。

2）驻车制动性能检测

依据《机动车运行安全技术条件》规定，当采用制动检验台检测汽车和正三轮摩托车驻车制动装置的制动力时，机动车空载，乘坐一名驾驶员，使用驻车制动装置，驻车制动力总和应大于等于该车在测试状态下整车重量的 20%，但对总质量为整备质量 1.2 倍以下的机动车应大于等于 15%。

四、汽车四轮定位检测

1. 汽车四轮定位

汽车车轮定位是指车轮、悬架系统元件以及转向系统元件，安装到车架（或车身）上的几何角度与尺寸须符合一定的要求，以保证汽车行驶稳定性和安全性，减少汽车的磨损和油耗。

汽车四轮定位主要包括前轮定位（包括主销内倾角、主销后倾角、前轮外倾角和前轮前束四个参数）和后轮定位（包括后轮外倾角和后轮前束），如图 3–3–9 所示。

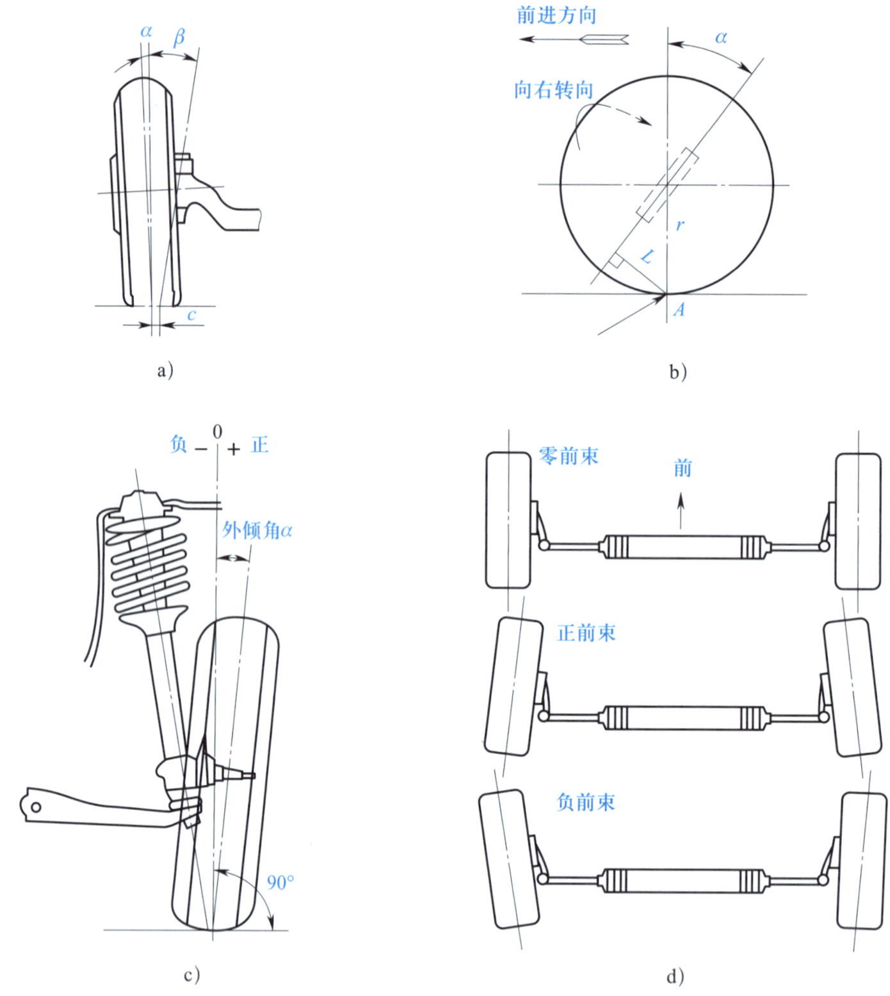

图 3-3-9　四轮定位参数

a）主销内倾角　b）主销后倾角　c）车轮外倾角　d）车轮前束

一般来说，主销后倾角和主销内倾角与车辆悬挂部件有关，在车辆设计时已经设计好不能改变；而前、后轮的前束和外倾角可以通过一定的机构调节。

（1）主销内倾角

主销内倾角是指从汽车的正前方看，主销（或转向轴线）的上端略向内倾斜的角度，如图 3-3-9a 所示。主销内倾角的作用是当车轮在受外力作用偏离直线行驶时，前轮会在前轮重力作用下自动回正。另外，主销内倾还可减少前轮传至转向机构上的冲击，并使转向轻便。但内倾角不宜过大，否则在转向时，会使轮胎磨损加快。主销内倾角一般在前轴制造时形成。

（2）主销后倾角

主销后倾角是指从汽车的侧面看，主销轴线（或车轮转向轴线）从垂直方向向后或向前倾斜的角度，如图 3–3–9b 所示。在纵向垂直平面内，向垂线后面倾斜的角度称为正后倾角；向垂线前面倾斜的角度称为负后倾角。通常，在汽车行驶过程中，主销后倾角应为正值。主销后倾角的获得一般是在安装时，通过悬架元件的相互位置来保证的。

主销后倾角的作用是当汽车直线行驶偶然受外力作用而稍有偏转时，主销后倾将产生与车轮转向反方向的力矩使车轮自动回正，可保证汽车直线行驶的稳定性。后倾角越大，车速越高，稳定力矩越大；但后倾角不宜过大，否则在转向时会导致转向沉重。

（3）车轮外倾角

车轮外倾角是指从汽车正前方看，汽车车轮的顶端向内或向外倾斜的角度，如图 3–3–9c 所示。通常情况下，如果从汽车正前方看，汽车车轮的顶端向外倾斜则称为正外倾角，如果向内倾斜则称为负外倾角。

车轮外倾角的作用是增加汽车直线行驶的安全性。当具有外倾角时，可使车轮在转向时偏移量减小，以减小转向力。另外，由于主销外倾在垂直载荷作用下产生一个施加于轴心上的分力，使车轮向内压在轴承上，以防止车轮甩脱。

（4）车轮前束

车轮前束是指从汽车的正上方向下看，轮胎的中心线与汽车的纵向轴线之间的夹角，如图 3–3–9d 所示。轮胎中心线前端向内收束的角度为正前束角，反之为负前束角。

前束的作用是消除车轮外倾造成的不良后果。车轮外倾使前轮有向两侧张开的趋势，由于受车桥约束不能向外滚开，导致车轮边滚边滑，增加了磨损。有了前束后可使车轮在每瞬间的滚动方向接近于正前方，减轻了轮毂外轴承的压力和轮胎的磨损。

2. 汽车四轮定位仪

汽车四轮定位参数通常用四轮定位仪来检测。目前，常用的四轮定位仪有拉线式、光学式、电脑拉线式和电脑激光式四种，它们的测量原理一致，只是采用的测量方法或使用的传感器类型及数据记录与传输方式不同。

四轮定位仪检测的项目包括前轮前束、前轮外倾角、主销后倾角、主销内倾角、后轮前束、后轮外倾角、轮距、轴距、左右轴距差、转向20°时的前张角和推力角等。

3. 检测技术标准

不同车辆的四轮定位参数值不同。四轮定位仪电脑中存储了很多车型的车轮定位标准值，可以人工调取，与实际测量值进行比较，从而对被检测车辆的车轮定位状况给出正确的鉴定。

五、汽车尾气排放检测

1. 汽车排放污染物的主要成分及其危害

汽车排放污染物主要是一氧化碳（CO）、碳氢化合物（HC）、氮氧化合物（NO_x）、硫化物（主要是SO_2）、碳烟及其他有害物质。其中，CO、HC、NO_x和碳烟主要来自汽车尾气排放，少部分来自曲轴箱窜气，其中，部分HC来自燃油箱和整个供油系统的蒸发与滴漏，如图3-3-10所示。

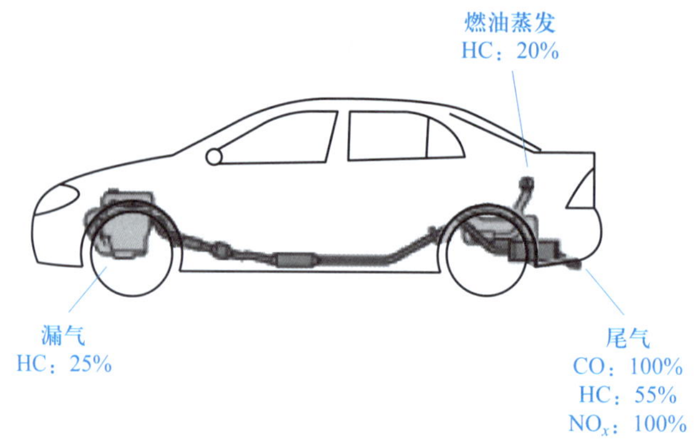

图3-3-10　汽车排放污染物及其来源

在相同工况下，汽油机排放的CO、HC和NO_x的排放量比柴油机大。因此，目前的排放法规对汽油机主要是限制CO、HC和NO_x的排放量。柴油机对大气的污染较汽油机轻得多，主要是产生碳烟污染。因此，排放法规对柴油机主要是限制排气的烟度。

汽车排放污染物中，CO是燃料不完全燃烧的产物，是汽车尾气中浓度最大的有害成分，是一种无色、无味的有毒气体。它进入人体后极易与血液中担负运输氧气责任的血红蛋白结合，妨碍血红蛋白的输氧能力，造成人体各部分缺氧，引起头痛、头晕、呕吐等中毒症状，严重时会导致死亡。

HC 是发动机未燃尽的燃料分解出来的产物。当 HC 浓度较高时，会使人出现头晕、恶心等中毒症状。而且，HC 和 NO_x 在强烈的太阳光作用下，能反应生成一种有害的光化学烟雾，这种光化学烟雾滞留在大气中，会造成大气严重污染，对人的眼睛、呼吸道及皮肤均有强烈的刺激性。

NO_x 是汽油机和柴油机排放的主要污染物，是发动机大负荷工作时进气中的 N_2 与 O_2 在高温、高压条件下反应而生成的。NO_x 主要是 NO 和 NO_2。NO 与血液中血红蛋白的亲合力比 CO 还强，通过呼吸道及肺进入血液，使其失去输氧能力，产生与 CO 相似的中毒后果。NO_2 会侵入肺深处的肺毛细血管，引起肺水肿，同时还能刺激眼、鼻黏膜，麻痹嗅觉。

碳烟以柴油机排放为主，它是柴油机燃烧不完全的产物，其内含有大量的黑色碳颗粒。碳烟能影响道路能见度，并因其含有少量带有特殊臭味的乙醛，往往会引起恶心和头晕等症状。

硫化物主要为 SO_2，由燃料中含有的硫与氧反应而生成。SO_2 具有强烈的刺激性气味，可刺激人的咽喉与眼睛，甚至会使人中毒。若大气中含 SO_2 过多，还会形成“酸雨”，使土壤与水源酸化，影响自然界的生态平衡。

2. 汽油车排放污染物的检测

（1）汽油车排放污染物的检测方法

对于装配点燃式发动机的汽车（汽油车），我国现行的在用车排放检测方法主要有怠速法和双怠速法。由于怠速法、双怠速法规定测量 HC、CO 的排放浓度，所以无法适应现今汽车的发展需要。为满足更高的排放检测要求，常采用工况法检测，其检测方法主要有稳态工况法（ASM）、瞬态工况法（IM）和简易瞬态工况法（IG）三种。

《汽油车污染物排放限值及测量方法（双怠速法及简易工况法）》（GB 18285—2018）中规定了汽油车双怠速法、稳态工况法、瞬态工况法和简易瞬态工况法排气污染的排放限值及测量方法；同时，对汽油车外观检测、OBD 检查、燃油蒸发排放控制系统检测方法和判断依据进行了规定。该标准适用于新生产的汽车下线检验、注册登记检验和在用汽车检验。

检测汽油车排气污染物的仪器为废气分析仪。废气分析仪有两气体、四气体、五气体之分。两气体废气分析仪只检测汽车排气中的 CO 和 HC 两种气体；四气体分析仪检测汽车排气中的 CO、HC、CO_2 和 O_2 四种气体；五气体废气分析仪检测汽车排气中的 CO、HC、CO_2、O_2 和 NO_x 五种气体。目前，广泛采用的废气分析仪是不分光红外线两气体分析仪。

不分光红外线两气体分析仪是一种能够从汽车排气管中采集气样，并对其中所含 CO 和 HC 的浓度进行连续测量的仪器，如图 3–3–11、图 3–3–12 所示。它由废气取样装置、废气分析装置、废气浓度指示装置和校准装置等组成。

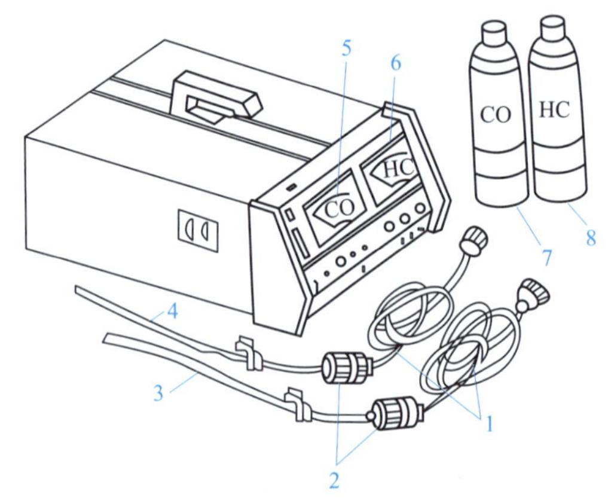

图 3–3–11　不分光红外线两气体分析仪的组成

1—导管　2—滤清器　3—低浓度取样探头　4—高浓度取样探头　5—CO 指示仪表
6—HC 指示仪表　7—标准 CO 气样瓶　8—标准 HC 气样瓶

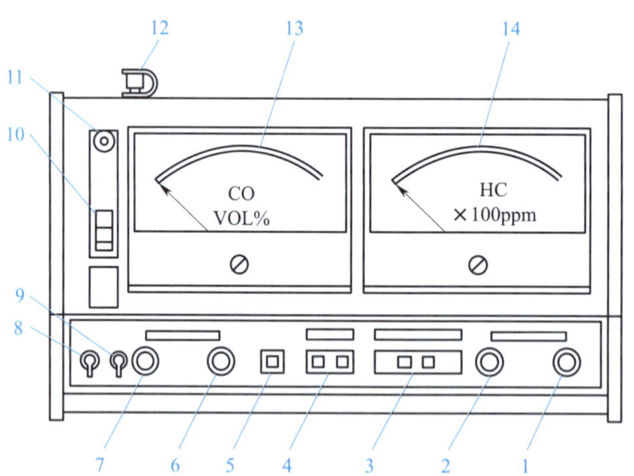

图 3–3–12　不分光红外线两气体分析仪的控制面板

1—HC 标准调整旋钮　2—HC 零点调整旋钮　3—HC 量程转换开关　4—CO 量程转换开关
5—简易校正开关　6—CO 标准调整旋钮　7—CO 零点调整旋钮　8—电源开关　9—泵开关
10—流量计　11—电源指示计　12—标准气样注入口　13—CO 指示表　14—HC 指示表

汽车排气中的 CO、HC、NO 和 CO_2 等气体对红外线分别具有吸收一定波长的性质，而且红外线被吸收的程度与废气浓度之间有一定的关系。不分光红外线分析法就是根据这一原理，即废气吸收一定波长红外线能量的变化，来检测废气中各种污染物的含量。

（2）汽车排放污染物的检测步骤

1）单怠速尾气排放检测

①检测前的准备工作

在进行汽车排放污染物检测时必须做好检测前的准备工作，包括测量仪器的准备和被测车辆的准备。

仪器的准备：仪器使用前应先接通电源，预热 30 min 以上，然后进行仪器相应部位的检查。

a. 在未通电状态下，检查指针的机械零点，若偏离时，调节零点校准螺钉，直至合格。

b. 从气体入口取下导管，右手遮住进气口，检查流量计动作状态，当发现不能正常动作时，应由专业厂家修理。

c. 检查探测器和导管是否有压扁、割坏、堵塞、污染等情况，当发现已压扁、割坏时应更换新件，如有污染和堵塞时，应用布和压缩空气清洁。

d. 检查滤清器的脏污程度，若脏污则应更换。

e. 检查连线有无损伤和接触不良的地方，若发现有接触不良和断线处，应更换新线。

车辆的准备：

a. 排气系统应装有排气消声器，且不得泄漏。

b. 应保证取样探头插入排气管的深度不小于 300 mm，否则排气管应加连接管，并应保证接口不漏气。

c. 发动机冷却系统和润滑系统工作温度应达到规定的热状态。

d. 按汽车制造厂使用说明书规定的调整法，调至规定的怠速和点火正时。

②检测步骤

a. 发动机由怠速工况加速到中等转速，维持 60 s 后降至怠速状态。

b. 把指示仪表的读数转换开关置于最高量程挡位。

c. 将取样探头插入汽车排气管中，深度不小于 300 mm，并固定在排气管上。

d. 使发动机在怠速状态维持 15 s 后开始读数，一边观看指示仪表，一边用读数转换开关选择适于废气浓度的量程挡位，待指针稳定后，读取 30 s 内的最大值和最小值，其平均值即为测量结果。若为多排气管时，则取各管测量值的算术平均值。

e. 检测工作结束后，把取样探头从排气管中取出来，将之搁置在新鲜空气中 5 min 左右，待仪器指针回到零点后再关掉电源。

2）双怠速尾气排放检测

①检测步骤

a. 发动机由怠速工况加速到中等转速，维持 60 s 后降至高怠速状态。

b. 把指示仪表的读数转换开关置于最高量程挡位。

c. 将取样探头插入汽车排气管中，深度不小于 300 mm，并固定在排气管上。

d. 使发动机在高怠速状态维持 15 s 后开始读数，一边观看指示仪表，一边用读数转换开关选择适于废气浓度的量程挡位，待指针稳定后，读取 30 s 内的最大值和最小值，其平均值即为高怠速排放测量结果。

e. 使发动机从高怠速状态降至怠速状态，维持 15 s 后开始读数，一边观看指示仪表，一边用读数转换开关选择适于废气浓度的量程挡位，待指针稳定后，读取 30 s 内的最大值和最小值，其平均值即为怠速排放测量结果。

f. 若为多排气管时，分别取各排气管高、低怠速排放测量值的算术平均值。

②检测技术标准

依据《汽油车污染物排放限值及测量方法（双怠速法及简易工况法）》（GB 18285—2018），双怠速法检验排放污染物排放限值见表 3-3-4。

表 3-3-4　双怠速法检验排放污染物排放限值

类别	怠速		高怠速	
	CO（%）	HC（$\times 10^{-6}$）①	CO（%）	HC（$\times 10^{-6}$）①
限值 *a*	0.6	80	0.3	50
限值 *b*	0.4	40	0.3	30

注：① 对以天然气为燃料的点燃式发动机汽车，该项目为推荐性要求。

3）简易瞬态工况法尾气排放检测

简易瞬态工况法是将车辆置于底盘测功机上，根据车辆的基准质量和试验工况，通过控制系统控制底盘测功机对车辆加载，使被测车辆在有负荷的条件下，尽量以符合道路行驶的条件运行，以检测出车辆排放的实际状况。

该方法是在计算机控制下，通过模拟机动车在路面行驶时的加载、减速等运行状况下最能对大气造成污染的行驶速度区间内采集汽车排放的尾气样品，参照汽车尾气排放限值标准进行鉴定的一种方法。相对于目前采用的怠速检测法，它能够全面检测到车辆在路上加速、减速、怠速、匀速四种行进状态下的尾气排放情况，并通过技术叠加，计算出汽车单位行驶里程的污染物排放量，有利于机动车排放因子的计算，以及建立机动车排放清单，大大减少车主“作弊”的可能。不仅如此，它还可以准确地检测出怠速法检测不到的氮氧化合物的排放量。

依据《汽油车污染物排放限值及测量方法（双怠速法及简易工况法）》，简易瞬态工况法检验排放污染物排放限值见表 3-3-5。

表 3-3-5　简易瞬态工况法检验排放污染物排放限值

类别	CO（g/km）	HC（g/km）①	NO_x（g/km）
限值 *a*	8.0	1.6	1.3
限值 *b*	5.0	1.0	0.7

注：① 对以天然气为燃料的点燃式发动机汽车，该项目为推荐性要求。

3. 柴油车烟度的检测

（1）滤纸式烟度计

对装配压燃式发动机的汽车，我国现行的在用车排放检测方法主要是自由加速试验排气可见污染物测量（用不透光烟度计）或自由加速试验烟度测量（用滤纸式烟度计），其中滤纸式烟度计使用较广。根据《柴油车自由加速烟度排放标准》（GB 14761.6—1993）的规定，柴油车排气烟度检测时，应采用滤纸式烟度计。滤纸式烟度计结构简单、调整方便、测定值可靠性高、价格低廉；滤纸试样直观性好，便于保存，适宜于稳态工况下的测定。

图 3-3-13 所示为滤纸式烟度计，由废气取样装置、染黑度检测指示装置和控制装置等组成。

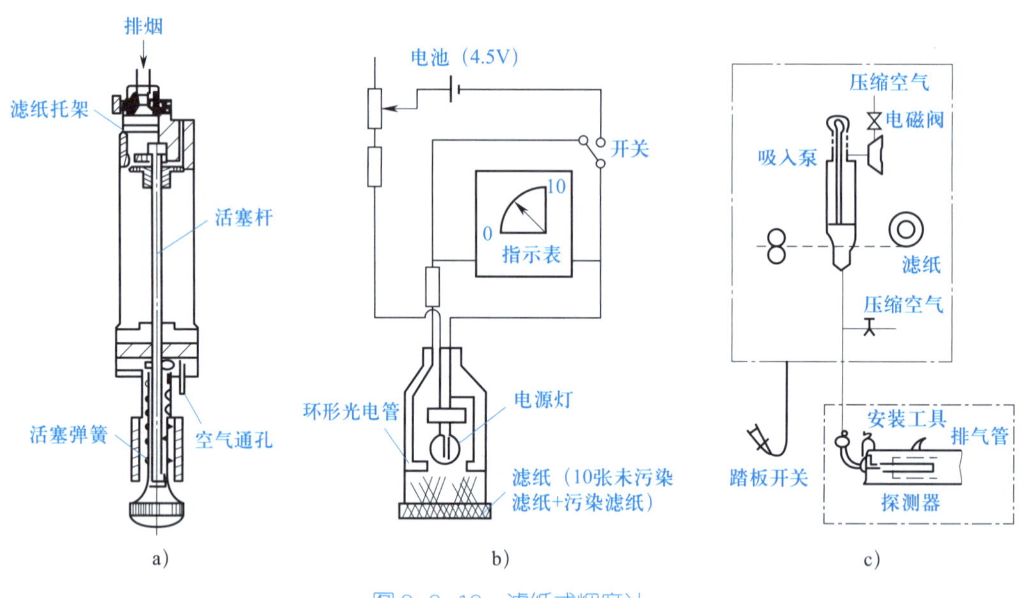

图 3-3-13　滤纸式烟度计

a）废气取样装置　b）检测指示装置　c）废气取样路径

废气取样装置由取样探头、取样软管和活塞式吸入泵等构成。活塞式吸入泵由活塞泵、手柄、活塞弹簧、锁止装置、电磁阀和滤纸托架等组成。取样前，将探头插入排气管内，手动或自动压下吸入泵手柄，直至克服活塞弹簧的张力使活塞到达最下端，并由锁止机构锁紧；当需要取样时，踩下踏板开关或按下“手动抽气”按钮，使发动机急加速运转，操纵电磁阀使压缩空气解除锁止机构对活塞的锁止作用，活塞在弹簧张力作用下上升至顶端；在固定的 1.4 s 时间内，吸进 300 mL 的排烟，由于滤纸设置于排烟吸入通路中，所以，排烟中的碳粒子就被吸附到滤纸上，完成取样过程。

检测指示装置由光电传感器、指示仪表等组成。光电传感器由光源（白炽灯泡）、光电元件（环形硒光电池）和电位器等组成。检测指示装置将已经收取到黑烟的滤纸对着检测部分的光电传感器，从灯泡发出的光被滤纸反射，用环状的光电元件接受其反射光，产生电流并使指示针动作，当滤纸的污染度较高时，反射的光量就少，指针向满刻度“10”偏移，滤纸的污染度较低时，指针就向“0”偏移。

（2）柴油车自由加速烟度检测

根据《柴油车自由加速烟度排放标准》（GB 14761.6—1993）的规定，柴油车自由加速烟度的检测应在自由加速工况下，采用滤纸式烟度计按测量规程进行。

自由加速工况是指柴油发动机在怠速运转（发动机运转、离合器处于接合位置，加速踏板处于松开位置，变速器置于“N”挡位）时，将加速踏板迅速踩踏到底，维持 4 s 后松开的工况。

1）仪器的准备

认真阅读滤纸式烟度计的使用说明书，在仪器使用前做好以下准备工作：

①在未接通电源时，先检查指示电表指针是否在机械零点上。若指针失准，可用零点调整螺钉使指针与“10”刻度重合。

②接通电源，进行必要的预热，打开测量开关，在光电传感器垂直方向下面垫上 10 张洁白的滤纸，然后调节电位器旋钮使表头指针与“0”刻度重合。

③在 10 张清洁滤纸上放 1 张标准烟样，将光电传感器对准烟样中心垂直放置在其上。此时表头指针应指在标准烟样所代表的染黑度数值上，否则须调节小型电位器旋钮。

④检查取样装置和控制装置中各部分机件的工作性能，特别要注意脚和手控制的抽气泵开关与抽气泵动作是否同步。

⑤检查控制用压缩空气的压力和清洗用压缩空气的压力是否符合要求。

⑥检查滤纸是否合格，洁白、无污点。

2）车辆的准备

①排气系统不得有泄漏。

②排气管应能保证取样探头插入深度不小于 300 mm。否则排气管应加连接管，并保证接口不漏气。

③必须采用生产厂家规定的柴油机油和未添加消烟剂的柴油。

④柴油机应预热到说明书规定的热状态。

3）检测步骤

①将取样探头逆气流固定在排气管内，插入深度约为 300 mm，并使其中心线与排气管轴线平行。

②将踏板开关固定在加速踏板上方。

③将吸气泵活塞推到最前端锁止，并装入滤纸。

④按图 3–3–14 所示的测量规程进行检测。由怠速工况将加速踏板迅速踩到底，约 4 s 后迅速松开，重复三次，以清除排气管内的炭渣积存物。

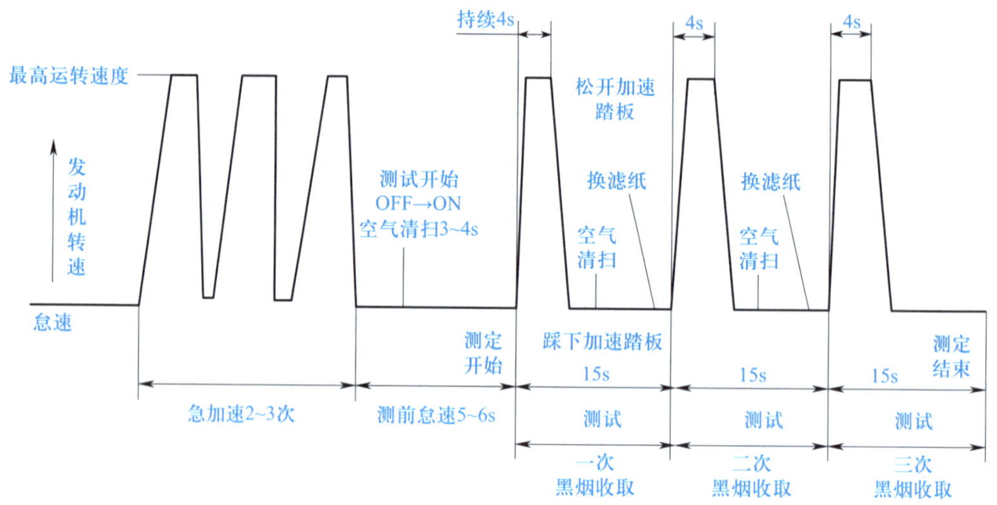

图 3–3–14　柴油车排气烟度测量规程

⑤怠速运转约 11 s。在此期间要用压缩空气清洗机构对取样软管和取样探头吹洗 3 ~ 4 s，并把踏板开关固定在加速踏板上。

⑥将加速踏板与踏板开关一并迅速踩到底，4 s 后迅速松开加速踏板。

⑦维持 11 s。在此期间用压缩空气清洗机构对取样软管和取样探头吹洗 3 ~ 4 s，并将抽气泵的活塞压至吸气开始位置。

⑧第二次重新踩下加速踏板与踏板开关时，距前一次的时间间隔为 15 s，如此重复三次。

⑨将已染黑的三张滤纸分别放在 10 张为一叠的白色滤纸上，将光电传感器对准其中心垂直放置，打开指示装置的指示开关，读取表头指针的指示值。三次读数的算术平均值即为该工况下的排气烟度值。

检测中被染黑的滤纸，最好能在其边缘处记下试验序号、试验工况和试验日期，以便保存。

柴油机自由加速烟度超标的主要问题有柴油机供油系统调整不当，可通过喷油泵试验台进行高压油泵调校；发动机活塞与气缸配合间隙超差、活塞环磨损严重造成气缸压力下降，这种情况只有通过大修或更换活塞环来解决。有时，柴油品质差也会造成燃烧不完全，从而导致烟度超标。

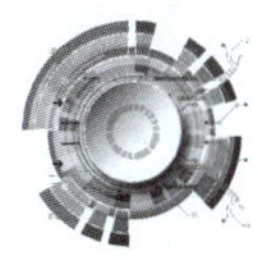

思考与练习

1. 对二手车进行仪器检查时，常用的检查设备有哪些？

2. 简述用气缸压力表进行气缸压力检测的操作步骤。

3. 简述二手车制动性能的检测方法。

模块四

事故车判别与评估

任务 1 事故车的认知

学习目标

- 掌握事故车的定义和类型。
- 掌握汽车碰撞损伤的类型。

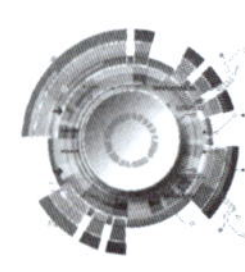

任务引入

机动车因碰撞、水淹、火灾、维修不当、使用不当等非自然损耗因素造成的严重损伤事故，随着机动车保有量的增加、自然灾害的频增及人类生存环境的变化而越来越普遍。

任务分析

一般的二手车可通过正常的车辆技术状况鉴定和价值评估，但是机动车经过碰撞、水淹、火灾、维修不当、使用不当等非自然损耗因素造成严重损伤后，不论修复情况如何，都将对机动车的机械性能和交易价值造成不利影响，从而使对各类事故车的鉴定不同于一般二手车的鉴定。

相关知识

如何对事故车进行技术鉴定和价值评估关系到保护消费者合法权益、道路交通安全和司法诉讼等问题。因此，在工作实践中除了能够应用自己的专业知识，对正常车辆技术状况进行鉴定评估外，还应对事故车有一定的认知，并通过有效分析对拟鉴定评估车辆的事故损伤情况和原因进行判别。

一、事故车的定义

汽车发生碰撞后，人们常称之为发生了事故，但不一定发生了事故就一定会产生事故车。可以从我国目前主要的机动车法律、规范、标准中来理解事故车的含义。

1. 依据《二手车鉴定评估技术规范》（GB/T 30323—2013）定义事故车

当表 4-1-1 中任何一个检查项目存在表 4-1-2 中对应的缺陷时，即对车辆的车体左右对称性进行检查，对左侧三车柱、右侧三车柱、左前纵梁、右前纵梁、左前减振器悬挂部位、右前减振器悬挂部位、左后减振器悬挂部位、右后减振器悬挂部位等 12 个车体部位进行检查，如果有一项存在变形、扭曲、更换、烧焊、褶皱中的任何一种缺陷状态，就应认定该车辆为事故车。

表 4-1-1 车体部位代码表

序号	检查项目	序号	检查项目
1	车体左右对称性	3	左 B 柱
2	左 A 柱	4	左 C 柱

续表

序号	检查项目	序号	检查项目
5	右A柱	10	左前减振器悬挂部位
6	右B柱	11	右前减振器悬挂部位
7	右C柱	12	左后减振器悬挂部位
8	左前纵梁	13	右后减振器悬挂部位
9	右前纵梁		

表 4-1-2　　车辆缺陷状态描述对应表

代表字母	BX	NQ	GH	SH	ZZ
缺陷描述	变形	扭曲	更换	烧焊	褶皱

2. 依据《道路交通事故车辆安全技术检验鉴定》（GA/T 642—2020）定义事故车

《道路交通事故车辆安全技术检验鉴定》（GA/T 642—2020）是我国主要的事故车辆鉴定工作的规范性文件。根据该文件规定，按照车辆损坏状况，将事故车分为具有行驶能力的事故车辆和失去行驶能力的事故车辆两类。具有行驶能力的事故车辆是指不改变事故车辆原始安全技术状况即可恢复行驶能力的机动车；失去行驶能力的事故车辆是指因交通事故前发生故障或在事故发生过程中形成整车、某一系统或某零部件损坏，导致丧失行驶能力的机动车。

3. 依据《中华人民共和国道路交通安全法》定义事故车

在《中华人民共和国道路交通安全法》中，将已发生交通事故的机动车统称为事故车。

4. 从二手车鉴定评估实践角度定义事故车

在二手车鉴定评估实践工作中，事故车通常是指汽车在使用过程中，曾发生严重碰撞、倾翻、泡水、火烧等非自然损耗的事故所造成的车辆损伤，虽经修复并在使用，但仍存在安全隐患的车辆总称。

事故的发生导致车辆机械性能、经济价值下降，并存在结构性损伤，水淹车、火烧车等属于“特殊事故车”。一般情况下，将经轻微撞击、刮擦，只损伤到前、后保险杠及其相关附件（包括车身外覆盖件）的车辆，称为非事故车。

二、常见事故车的类型

一般来说，二手车事故按照发生的原因一般可分为碰撞事故、火烧事故和水淹事故。

1. 碰撞事故车

碰撞事故车是事故车中最常见的一种。汽车碰撞事故可分为单车事故和多车事故，其中单车事故又可分为翻车事故和与障碍物碰撞事故。

翻车事故一般是驶离路面或高速转弯造成的，其严重程度主要与事故车辆的车速和翻车路况有关。

与障碍物碰撞事故又可分为前碰、尾碰和侧碰，其中，前碰和尾碰比较常见，而侧碰较少发生。一般车辆正面碰撞和侧面相撞都具有极大的危险性，且占事故的70%以上；尾碰（追尾事故）在市区内发生时，一般相关碰撞速度较低，但追尾事故易造成被撞车辆中乘员颈部严重损伤和致残。

单车事故中汽车可受到前后、左右、上下的冲击载荷，且对汽车施加冲击载荷的障碍物可以是有生命的人或动物体，也可以是无生命的物体。显然，障碍物的特性和运动状态对汽车事故的后果影响较大。

多车事故是指两辆以上的汽车在同一事故中发生碰撞。

2. 火烧事故车

从机动车保险角度定义车辆火灾，是指被保险机动车本身以外的火源引起的、在时间和空间上失去控制的燃烧（有热、有光、有火焰的剧烈的氧化反应）所造成的灾害损失。自燃及不明原因火灾造成的损失属于责任免除范围。

近年来因火灾引起的车辆事故时有发生，按照起火原因，汽车火灾可分为自燃、引燃、碰撞起火、雷击起火和爆炸起火五种类型。

（1）自燃

自燃是指在没有外界火源的情况下，由于本车电器、线路、供油系统等车辆自身原因发生故障或所载货物自身原因起火燃烧。

（2）引燃

引燃是指车辆被其本身以外的火源引起的、在时间或空间上失去控制的燃烧（有热、有光、有火焰的剧烈的氧化反应）。一般来说，建筑物起火引燃、周边可燃物起火引燃、其他车辆起火引燃、被人为纵火烧毁等，都属于汽车被引燃的范畴。

（3）碰撞起火

碰撞起火是指车辆与外界物体直接接触并发生意外撞击所引起的起火。当汽车发生追尾或迎面撞击时，由于基本不具备起火的条件，一般情况下不会起火。只有当撞击后导致易燃物（如汽油）泄漏且与火源接触时，才会导致起火。如果一辆发动机前置的汽车发生了较为严重的正面碰撞，水箱的后移可能使油管破裂，由于此时发动机尚处于运转状态，一旦高压线因脱落或漏电引起跳火，发生火灾的可能性就很大。

当汽车因碰撞或其他原因导致翻滚倾覆时，极易发生油箱泄漏事件，一旦遇上电火花或摩擦产生的火花，就会起火爆炸。

（4）雷击起火

雷击起火是指在雷雨天气，露天停放的汽车因遭遇雷击而引发的击穿或燃烧。在雷雨天气，露天停放的汽车有可能遭遇雷击。由于雷击的电压非常高，完全可以在流着雨水的车体与地面之间构成回路，从而将汽车上的某些电气设备（如车用电脑）击穿，严重者可以引起汽车起火。

（5）爆炸起火

爆炸起火是指由车内所载物品或车体上安装的爆炸物本身发生爆炸所引发的汽车爆炸。

车辆在使用过程中，无论是由于自燃还是外燃，只要发动机舱或乘员舱发生过严重火烧，燃烧面积较大，机件损坏较严重，就属于火烧事故车。车辆一旦发生火烧后机件很难修复。但对于局部着火的车辆，过火的只是个别非主要零部件，并在极短的时间内被熄灭，经修复换件后能正常使用的，就不属于火烧事故车。

3. 水淹事故车

汽车的水淹事故大多发生于暴雨积水造成的水淹，或汽车由于意外事故掉入河塘中造成水淹，即水淹事故车是指被水淹过的车辆，一般分为停驶时被淹和涉水行驶时被淹两种。

车辆停驶时被淹是指在车辆停驶的静止状态下，被暴雨或洪水侵入甚至被淹导致的发动机气缸进水且未再次起动发动机。车辆停驶时被淹造成的损伤常根据水淹高度不同而不同。

车辆涉水行驶时被淹是指汽车在水中行驶过程中，发动机气缸由于吸入大量的水而引起熄火，或汽车强行涉水未果、发动机熄火被淹，导致发动机直接损坏。

水淹车晾干后由于其没有碰撞修复的痕迹，所以一般人很难看出来。但是车辆在泡水后，由于雨水腐蚀性很强，会造成各系统电子控制单元 ECU 内部 IC 电路板短路及插头端子产生锈斑，进而慢慢对金属部分产生锈蚀现象，对电路产生接触不良现象，严重的甚至会引起短路烧毁现象，使整车的电子控制系统和线路受到严重损伤，如安全气囊关键时刻无法弹出、高速行驶时发动机突然熄火、线路短路而引发自燃等安全隐患，且易造成车内声音设备损坏、门饰板内隔音棉被水浸泡后失去原有的隔音功效，车内的内饰地毯、门饰板、座椅等经过浸泡后材质易变形和霉变等。除此之外，车辆底盘、悬挂系统、制动系统甚至齿轮等都有发生锈蚀的可能，严重的锈蚀会对车辆行驶安全带来一定的隐患。

一般来说，保险公司在对水淹车定损时，常会根据水淹高度的不同情况来确定损失。

（1）一级：车厢内未进水（或少量进水，仅表现为潮湿）。

积水刚刚没至车辆底盘，车辆底盘可能会受潮，这种情况下大量进水的可能性较低，同时对车内电气设备的影响较小。

（2）二级：车厢内进水，水位线超过地毯，但未淹到座椅底部。

积水没过车轮一半，此时由于车辆的不完全密封性，车内开始进水，对于车身较低的轿车，车内的水位可能会影响车辆座椅的调节电动机以及加热通风等电器部件。

（3）三级：车厢进水，水位线超过座椅底部到转向盘下缘以下。

积水几乎完全没过轮胎，此时车内的水位会将车辆座椅的坐垫、中央扶手区完全淹没，同时影响大量电气设备。

（4）四级：车厢进水，水位线在转向盘下缘以上至仪表板上台面。

积水没至发动机舱盖，此时车内的水位上升至车辆仪表板；同时车辆前照灯、发动机舱内的发动机进气管开始进水。

（5）五级：车厢进水，水位线超过仪表板上台面，顶棚以下。

积水完全没过发动机舱盖，此时几乎所有的车内电器设备都将受到积水的影响。

（6）六级：车厢内全部浸泡，浸水水面超过车顶。

积水没过车顶，车辆顶棚、天窗模块将受到影响，车内各部件无一幸免。

三、汽车碰撞损伤的类型

在路上行车中，当驾驶员突然发现障碍物的瞬间，驾驶员的本能反应是躲避障碍物和踩刹车（制动）。驾驶员为躲避障碍物，快速旋转转向盘以避免正面碰撞（见图 4-1-1a）；踩刹车紧急制动，致使汽车前沿向下俯冲（见图 4-1-1b）。这类碰撞一般发生在汽车的前沿，比正常接触位置低。在众多的碰撞类型中，应首先了解这种碰撞类型损坏。

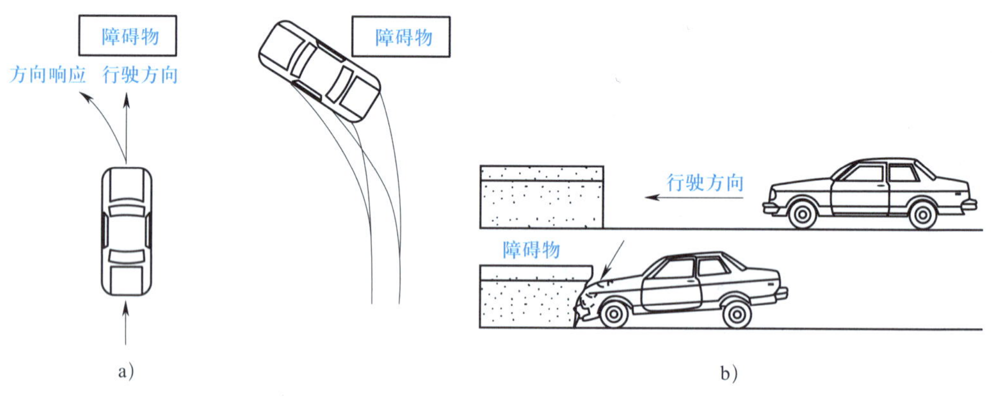

图 4-1-1　驾驶员反应对车辆碰撞方向的影响

a）第一反应—避让　b）第二反应—制动

不同车身结构的汽车发生碰撞事故时，其损伤或损坏程度也不同。非承载式车身遭受碰撞后，可能是车架损伤，也可能是车身损伤，或车架和车身都受损。车架和车身都损伤可通过更换车架来实现车轮定位及主要总成的定位。对于承载式车身车型来说，遭受碰撞后通常会造成车身结构件的损伤。通常，非承载式车身的修理只需满足形状要求就好，而承载式车身的修理既要满足形状要求，还要满足车轮定位及主要总成定位要求。

因此，对于碰撞事故车，除了要对其车辆结构熟悉外，还应弄清楚碰撞是如何发生的，掌握事故车鉴别的基本方法和技巧，才能更好地判定车辆损伤程度。

1. 按汽车碰撞行为分类

按汽车碰撞行为分类，可将汽车碰撞损伤分为直接损伤（一次损伤）和间接损伤（二次损伤）。

（1）直接损伤

直接损伤也称为一次损伤，是指车辆直接碰撞部位出现的损伤。例如，直接碰撞点为车辆左前方，推压前保险杠、车辆左前翼子板、散热器护栅、发动机舱盖、左前照灯等零部件使其变形、开裂，以及零部件破碎等。

（2）间接损伤

间接损伤也称为二次损伤，是指离碰撞点有一段距离的损伤。通常是因为碰撞力传递而导致的，如车架横梁、行李舱底板、护板和车轮外壳等弯曲变形和各种钣金件的扭曲变形等。

2. 按汽车碰撞损伤现象分类

按照汽车碰撞后导致的损伤现象不同，汽车碰撞损伤可分为五类，即侧弯、凹陷、褶皱或压溃、错位损伤和扭曲，如图 4-1-2 所示。

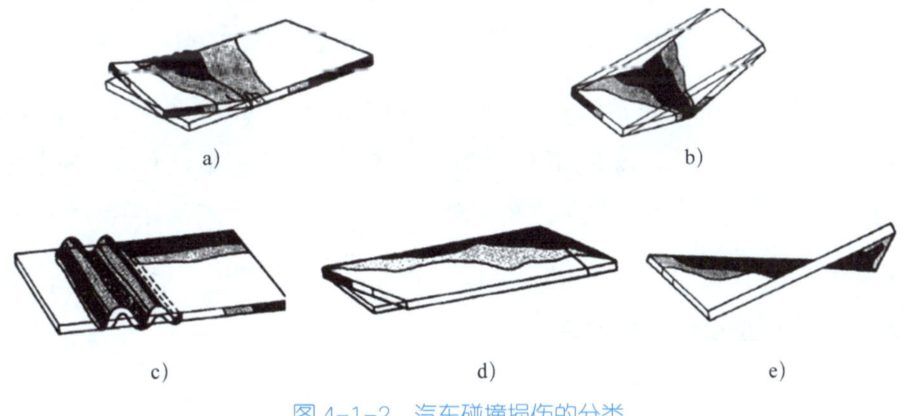

图 4-1-2　汽车碰撞损伤的分类

a）侧弯　b）凹陷　c）褶皱或压溃　d）错位损伤　e）扭曲

（1）侧弯

汽车前部、中部或后部在冲击力的作用下，偏离原来的行驶方向发生的碰撞损伤称为侧弯（见图 4–1–2a）。造成车身结构部件侧弯的冲击力常使汽车的一边伸长，一边缩短，伸长侧面常见一条刮痕，缩短侧面会有褶皱迹象。

（2）凹陷

凹陷是指汽车的前罩区域出现比正常规定低的情况（见图 4–1–2b）。损坏的车身或车架背部呈现凹陷形状。凹陷一般是由正面碰撞或追尾碰撞引起的，有可能发生在汽车的一侧或两侧。凹陷是一种普通的碰撞损伤类型，常见于大量交通事故中。

（3）褶皱或压溃

褶皱是指在车架上（非承载式车身汽车）或侧梁上（承载式车身汽车）微小的弯曲；压溃是一种简单、具有广泛性的褶皱损坏（见图 4–1–2c）。

（4）错位损伤

错位损伤即菱形损坏，是一辆汽车的一侧向前或向后发生位移，使车架或车身不再是矩形（见图 4–1–2d）。主要原因是由车辆碰撞发生在前部或尾部的一角或偏离质心方向所造成的。明显的痕迹就是发动机舱盖和行李舱盖发生了位移。一般来说，错位损伤常发生在非承载式车身车辆上，导致车架的一边边梁相对于另一边边梁向前或向后位移。

（5）扭曲

扭曲即汽车的一角比正常的要高，而另一角比正常的要低（见图 4–1–2e）。对非承载式车身车辆来说，当发生扭曲时，车架的一端垂直向上变形，而另一端垂直向下变形。从一侧观察，会看到两侧纵梁在中间处交叉。对于承载式车身车辆来说，因汽车前、后横梁并没有连接，故不存在真正意义上的“扭曲”。

3. 按汽车碰撞损伤程度分类

按碰撞损伤程度不同，汽车碰撞损伤可分为一般损伤、严重损伤和报废。

（1）一般损伤

一般损伤又称轻微损伤，是指只需要更换或修理少数零部件，通过喷漆即可修复的损伤。

（2）严重损伤

严重损伤是指通过更换、修理和校正较大的车身部件，再通过喷漆修复的损伤，有时甚至需要对损坏零件进行切割，再焊接新件。此种损伤虽然损伤严重，但修理费用仍低于更换零部件的费用或车辆本身的价值。

（3）报废

报废是指碰撞损伤程度十分严重，足够达到全损标准的损伤。

由《机动车强制报废标准规定》可知，已注册机动车有下列情形之一的应当强制报废。

1）已达到规定使用年限的。

2）经修理和调整仍不符合机动车安全技术国家标准对在用车有关要求的。

3）经修理和调整或者采用控制技术后，向大气排放污染物或者噪声仍不符合国家标准对在用车有关要求的。

4）在检验有效期届满后连续 3 个机动车检验周期内未取得机动车检验合格标志的。

在事故车鉴定评估实际工作中，汽车在意外事故中因撞车、翻车、烧毁等，造成主要总成及零部件大部分损坏，没有修复价值时；或车架、车身、前轴、后轴四个底盘总成中，车架（车身）和其他任何一个主要总成严重损坏，无法修复时，均可由相关部门进行技术鉴定，并按照规定程序报交通主管部门审批报废，其车辆所有人将机动车交付给报废机动车回收拆解企业，由报废机动车回收拆解企业按规定进行登记、拆解、销毁等处理，并将报废机动车登记证书、号牌、行驶证交公安机关交通管理部门注销。

思考与练习

1. 依据《二手车鉴定评估技术规范》，应如何定义事故车？

2. 常见事故车有哪些类型？

3. 简述汽车碰撞损伤的类型。

任务 2　事故车的判别

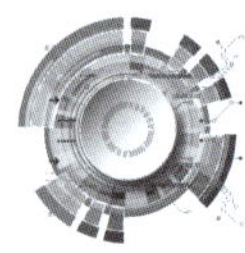

学习目标

- 掌握事故车判别的基本标准。
- 掌握事故车判别的基本步骤。
- 能对事故车的损伤状况及事故原因进行分析。

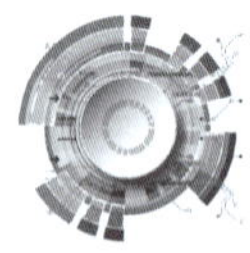

任务引入

张某由于怀疑欲购买的奥迪 A6L2014 款 TFSI 舒适型轿车（见图 4-2-1）可能发生过交通事故，在与卖方进行价格协商过程中产生了分歧。为调解价格纠纷，买卖双方于 2021 年 1 月 31 日来到某二手车鉴定评估机构，拟对该奥迪 A6L2014 款 TFSI 舒适型轿车进行技术状况鉴定和可能的事故损伤鉴定，以深入了解该车车况，为交易提供价格依据。

图 4-2-1　拟鉴定评估车辆

任务分析

在道路交通事故中，由于碰撞产生的撞击力使部分零部件或总成丧失部分或全部功能，即使这些零部件或总成修复一新，其技术性能也很难恢复如初，尤其是严重、恶性的事故会影响汽车的性能，即使修复完好仍会存在一定的安全隐患。因此，准确地判别被评估车辆是否发生过事故，明确事故的性质及严重程度，能对二手车公平、公正的交易提供可靠的技术依据。

相关知识

一、事故车判别的基本标准

汽车发生事故会极大地损害车辆的技术性能，但由于二手车在交易之前往往会进行整修、修复，因此，正确判断二手车是否发生过事故对于准确判断二手车的技术状况、合理评估二手车交易价格具有重要的意义。《二手车鉴定评估技术规范》（GB/T 30323—2013）中对如何判别事故车做出了专门性规定，并规定了事故车判别的具体操作标准。

1. 对车辆的车体左右对称性检查

使用漆面厚度检测设备对车体结构部件进行检测，使用车辆结构尺寸检测工具或设备检测车体左右对称性。

2. 对车体 12 个部位进行检查

对左侧三车柱、右侧三车柱、左前纵梁、右前纵梁、左前减振器悬挂部位、右前减振器悬挂部位、左后减振器悬挂部位、右后减振器悬挂部位等车体部位进行检查，如果有一项存在变形、扭曲、更换、烧焊、褶皱中的任何一种缺陷状态，就应认定车辆为事故车，即通过参照车体部位，按照要求检查车辆外观（参见表 4-1-1），从而判别车辆是否发生过碰撞、火烧，确定车体结构是否完好无损或者有事故痕迹。

二、事故车判别的基本步骤

通常二手车鉴定评估人员对碰撞部位直接造成的零部件损伤都能做出判别，但是对于与这些损伤相关联零部件的影响以及发生在碰撞部位附近的损伤常常会被忽略。因此，在事故车鉴别过程中，较大的碰撞损伤只用目测来鉴别是不够的，还必须借助相应的现代化工具及仪器设备。

事故车损伤判别工作流程如图 4-2-2 所示。

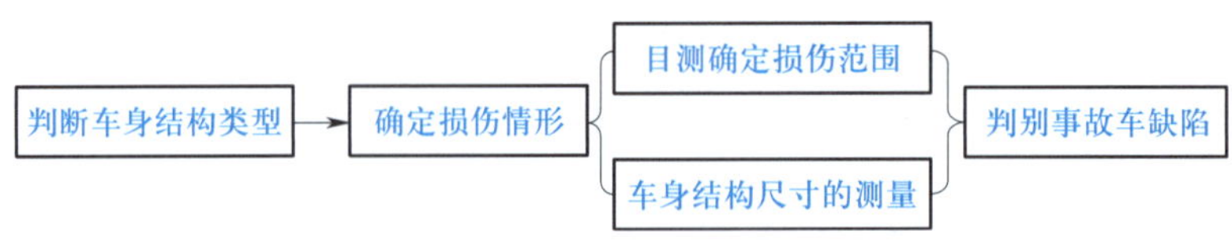

图 4-2-2　事故车损伤判别工作流程

1. 判断车身结构类型

现代汽车车身结构既要经受行驶过程中的振动，还要在碰撞时能够给乘员提供安全防护。根据车身结构受力情况不同，汽车车身结构有两种基本类型，即非承载式车身和承载式车身。

（1）非承载式车身

非承载式车身又称车架式车身（见图 4-2-3），车身和车架是两个独立的部件，车身本体悬置于车架上，用弹性元件连接；发动机、变速器、悬架系统等总成也安装在车架上。车架的振动通过弹性元件传到车身上，大部分振动被减弱或消除，发生碰撞时车架能吸收大部分冲击力，在颠簸路面上行驶时对车身起到保护作用。正是由于非承载式车身用弹性元件（橡胶垫）支撑固定在车架上，一旦受到严重碰撞就可能导致车身与车架之间连接螺栓和橡胶支架弯曲或断裂，在车身和车架之间形成缝隙。

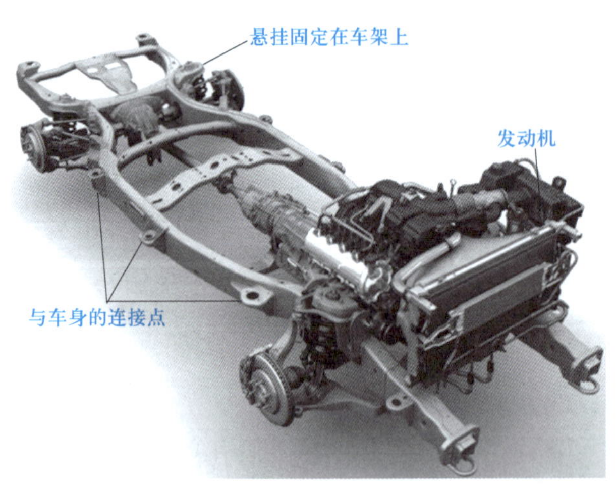

图 4-2-3　非承载式车身结构图

（2）承载式车身

承载式车身（见图 4-2-4）没有车架，发动机、变速器、悬架系统等总成直接安装在车身上，整车重量和路面载荷主要由车身结构承载。在承载式车身结构中，车身板件、横梁和纵梁通过点焊或激光焊焊接或粘接在一起，形成一个整体式车身结构。车身上的焊缝可作为汽车结构的刚性连接点，当车辆发生碰撞时，这些刚性连接点将冲击力传递给整个汽车上与之连接的钣金件和相关零部件。因此，大大降低了汽车车身结构的变形，最大限度地保护乘客舱中乘员的安全。

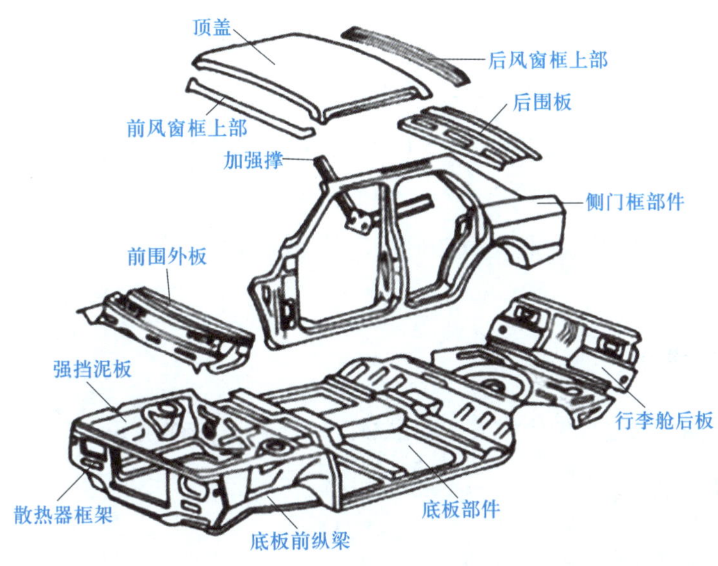

图 4-2-4 承载式车身结构图

对于承载式车身结构而言，当车辆发生碰撞时，车身由于吸收撞击能量而产生变形，先对车身构件产生挤压作用，使构件中部产生弯曲变形；碰撞消失后可能会部分或全部恢复原状。当碰撞变形出现明显褶皱时，将进一步吸收碰撞能量，碰撞力沿着车身传递导致远离碰撞点部位也可能发生褶皱、撕裂或拉松等变形。承载式车身发生变形，一般是使驾驶室的构件向外鼓，以保护乘员的安全，这种变形称为扩宽变形。当碰撞点不通过车身结构质心时，产生的碰撞力矩会使车身发生扭转变形，扭转变形通常是最后发生的一种变形。

因此，按一般碰撞损伤的顺序，承载式车身结构最先出现弯曲变形，然后出现褶皱变形和扩宽变形，最后出现扭曲变形。

2. 确定损伤情形

在确定拟鉴定评估车辆损伤情形时，可先通过查阅车辆维修记录，了解车辆维修项目或维护状况，然后通过目测方式确定可能碰撞的位置，检查可能的损伤，确定损伤是否限制在车身范围内，是否包括功能性部件或元件（如车轮、悬架、发动机等）；

对难以确定的损伤配件或总成内部零部件，应拆卸后确认；不能通过检视确认的功能性配件，应利用相关仪器设备测量后确认。

（1）目测确定损伤范围

1）碰撞事故的判别与检查

车辆发生碰撞、倾翻等交通事故时，车身因直接承受撞击力而造成不同程度的损伤，同时由于诱发和惯性力作用，一些质量较大的部件、总成固定件，如发动机、底盘等各总成也会存在受损伤的可能，但由于结构的原因造成的损伤往往不直观，且发生过事故的二手车，车主往往已进行了很好的修复或可能会对事故加以隐瞒。所以，在事故车判别与检查时，专业人员必须认真仔细地检查、分析、判断，才能更好地鉴别车辆。

①追尾事故车的判别与检查

追尾是车辆行驶过程中经常发生的事故之一，具体检查如下：

a. 发动机舱的检查

汽车最容易发生碰撞事故的地方是车头，且大部分车辆是前置发动机，一旦发动机舱发生碰撞，很多重要部件都会连带受损。

首先打开发动机舱盖，以手指触摸发动机舱盖边缘，应自然平直、滑顺不粗糙、一体成型。如发现发动机舱盖的边缘胶条不平整或者触摸感偏软，可能是修复过发动机舱盖；如果发动机舱盖锁止机构变形错位、液压支撑杆失效或者不到位，则表明曾经发生过碰撞。

检查贯穿整个发动机舱的两根纵梁有无焊接或开裂的痕迹。如果是追尾或侧面撞击的事故，车架会受挤压而弯曲或开裂，维修时需要焊接。若条件允许，将车辆在举升机上升起，大部分轿车底盘上都有加强筋，可以通过检查加强筋是否平直来判断车况。车身的主梁和副车架是判定是否发生重度追尾事故的主要来源地，如果发现主梁上有焊口则该车肯定发生过重度撞击。

在减振器上的两个旋转盖也必须是原厂胶，如果非原厂胶，也可能发生过追尾事故。此外，散热器和散热器支架上的铆钉全都应该是由机器敲打进去，材质为铁，如发现换为铝制铆钉，也可判定为发生过事故。若修理或更换过散热器及散热器支架，说明汽车前部发生过碰撞事故。汽车前部发生的严重碰撞可能殃及发动机、车架（车身），需进一步检查有关零部件。

b. 底盘的检查

整个底盘脏污程度大致相同，一般不应有特别干净或者特别脏的部分。如果发现有的地方与周围存在差异，则该处有可能被修理过。进一步检查此处车轴是否平直、有无敲打痕迹。如果发现有敲打或烧焊痕迹，则车轴可能发生过弯曲变形甚至断裂，基本可以确定该车发生过严重碰撞事故。

c. 汽车尾部的检查

在判断和检查二手车是否为追尾事故车时，车尾部分是判断车辆是否发生追尾事故的重点部位。

检查行李舱盖。行李舱盖边缘应平直，内侧应平直、顺滑。检查时重点查看行李舱盖与车身固定处的螺栓，如螺栓有拧过的痕迹或者颜色与行李舱盖有差别，同时查看行李舱盖是否整片换新，如有则说明可能发生过追尾事故。

检查行李舱内后翼子板上缘。重点查看行李舱后翼子板上缘内侧与车身结合处的焊点，是否有重新烧焊的痕迹。

检查行李舱底板。正常情况下，行李舱底板应平整，不应有点焊痕迹；各接缝线条应平直、自然。重点查看行李舱底板是否平整，有无烧焊痕迹；行李舱内部接缝线条是否平顺。

检查后翼子板。如果汽车后部发生过严重追尾碰撞，那么后翼子板肯定会损坏，可通过检查后翼子板是否被切割、更换过来判断汽车尾部是否发生过严重碰撞。发生追尾事故时，维修人员要为其做喷漆处理，敲击后翼子板及其周围，正常情况下会发出特别清脆的声音，如果声音发闷，基本上该车就维修过；也可以观察后翼子板烤漆是否有色差，如有色差则说明做过喷漆处理。

d. 车架（车身）的检查

检查车架（车身）是判断二手车是否有碰撞事故的方法之一。因为大部分出过事故的车辆的车架都会留下痕迹。

事故造成车身的损坏特征主要是骨架扭曲变形、断裂和钣金件面板的刮裂、凹陷、褶皱等。

大部分轿车采用承载式车身结构，车身受到撞击变形后在行驶中会出现一些不良反应，可以通过试车来判断。例如，转向不均匀、不稳定，直行过程中有车轮响动，轮胎有偏磨痕迹，制动时跑偏等。

目测检查时，应检查发动机舱盖和翼子板、车门与翼子板接缝处、车门与车门的间隙是否对称，否则很可能是已经更换过发动机舱盖和车门。检查左、右两侧的前、后轮是否呈一条直线，不呈直线说明整体车架弯曲了，也可以测量左、右两侧的前、后轮轮距，如果其差值超出允许范围，说明车架弯曲变形，可能发生过较严重的侧撞。或者测量每个车轮后侧与轮罩的间隙，应大致相同，否则说明车架或整体车身有弯曲迹象。

打开车门，拉下车门原厂密封条，门框和门柱应平直，应特别注意 A 柱、B 柱、C 柱与车体结合处的原厂焊点，应略呈真圆和略微凹陷，由车顶延伸至门槛的线条平直且呈自然弧度。如果车门打开或关合非常困难，不用力关不拢，密封条有破损且松动，说明拆卸过多次。A 柱、B 柱、C 柱的各个焊点粗糙、排列不均匀，对于 A 柱、B 柱、C 柱受损的车辆而言，如果发现这些部位发生了变形或修补痕迹，或是某一段的漆面和其他部分的漆面摸上去感觉不一样，或 A 柱、B 柱、C 柱内外侧漆面存在色差，可以判断车辆受过撞击，且伤及车身 A 柱、B 柱、C 柱。

②翻车事故车的判别与检查

要想知道是否翻过车很简单，如果一辆车翻车之后，维修人员在修复完成后肯定要为其做喷漆处理。敲击车顶部，正常情况会发出特别脆的声音；如果声音发闷则是因为喷过漆，基本上就是翻过车。

2）火烧事故的判别与检查

大部分汽车的火烧事故发生在发动机舱内，所以应重点检查发动机舱是否有火烧事故的痕迹。

火烧过的地方通常有比较明显的痕迹，只要仔细检查就能发现。一是发动机舱内管线的新旧程度与汽车整体新旧程度不符，有明显更换过的迹象；而且火烧过的金属会出现像排气管一样的蓝黑颜色。火烧过的汽车很难完全修复，严重的应做报废处理。因为火烧过的金属会变脆或退火，其金属内部的金相组织发生变化，导致机件的功能和性能都发生很大的变化，所以不能继续使用，否则将事故不断。

3）水淹事故的判别与检查

被水淹的车辆一般会造成车内装饰浸水，电线短路，排气管、进气管和发动机泡水生锈等损失。在进行二手车评估时，判断被评估二手车是否为水淹事故车的检查步骤如下：

①打开发动机舱盖，查看散热器及散热器前半部（从下往上看）等处是否留有水渍污物。

②检查发电机、起动机、电线插座以及左、右轮罩的接缝处是否留有水渍污物。

一般来说，水淹车发动机舱电线等处的污泥，是没有办法清洗干净的。这是鉴别二手车是否被水淹过最为简单的方法之一。另外，将该车的地毯掀开，检查从门边经过的线束是否粘有泥浆干涸后的痕迹。如有，则可以确定为水淹车。水淹后的车辆（不点火的情况下）也许影响最大的就是电源问题。电源故障不能完全修复，而且修复后的电路也会在以后使用中不断地出现问题，具体症状是没有故障也会亮起故障灯、前照灯无故打开等。

在二手车评估时，一定要留意发动机的金属质地和其他金属部件是否存在一些霉点，如果全车金属都有霉点，则很大程度上说明该车是水淹车。但是，如果只是部分金属出现这样的问题，也有可能只是车辆长期放置在潮湿的地方才导致这样的问题。另外，对于水淹车，有一些砂石是没有办法清理干净的，会留在某些齿轮或者传动带处。

③检查内部的座椅和地毯是否有发霉的味道。

一般来说，水淹车的内饰被更换或处理彻底，也会隐藏大部分迹象。如晒干后的水淹车座椅的霉臭味是没办法用光触媒完全清除的，将车门关闭会闻到一阵霉臭味。将安全带全部拉出查看有无被水泡过的痕迹。若怀疑车辆被水淹过，要仔细检查地毯下面是否有细沙或者泥土；翻倒前后排座椅，检查弹簧及内套内是否留有水渍污物；中央控制台的皮质材料在经过水泡后颜色会变深，而且会出现颜色深浅不一的地方，仔细闻还会发出一点霉味。

④检查行李舱内的备胎座内是否留有水渍污物。

⑤检查前、后门之间的B柱。

若是水淹事故车，将塑料饰板轻轻撬开，可以查看B柱内死角接缝不易清洗处的污泥和水线痕迹；如果门柱塑料饰板没有更换过，不需要撬开饰板就可以发现水淹高度痕迹。

⑥检查前、后风窗玻璃的橡胶封条。由车内将其拉开，如果内有污泥，则肯定是水淹事故车。

值得注意的是，水淹事故车经过修复后，很难检查到潜在故障风险，即使是专业人员也只能凭经验和感觉发现。遗憾的是，被水淹过的车的电子系统经常出现故障，而且使用过程中随时都可能发生故障。因此，对水淹事故车的检查十分必要。

（2）车身结构尺寸的测量

由于车辆发生碰撞事故时，碰撞冲击波在车身的各个构件上传播，且其传播能量还会产生间接损伤（二次损伤），最终冲击能量不断被其构件吸收、衰减，以侧弯、凹陷、褶皱或压溃、错位损伤、扭曲等变形损伤形式表现出来。

因此，熟练掌握车身结构类型和特点，准确地测量碰撞事故车的车身尺寸，尤其是承载式车身尺寸，是做好碰撞损失评估的重要工作。

1）车身结构划分

为了更好地了解车身主要结构件的安装位置，常将车身结构划分为三部分，即前部、中部和后部（见图 4-2-5）。

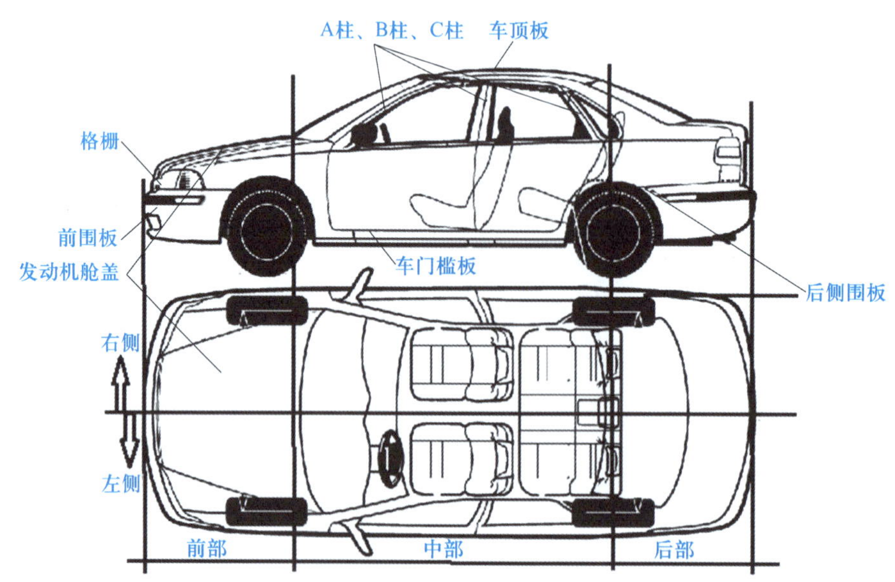

图 4-2-5　车身结构划分

①前部即车身的车头部分，又称前段或鼻部，包括前保险杠到前围板之间的所有部件。通常，发动机也属于车身前部的一部分。前部部件主要有车架纵梁、前横梁、前罩板、前围板、减振器支座、散热器支架、发动机舱盖、发动机支架、前隔板、前翼子板、保险杠总成等。

当车辆前部发生碰撞时，若碰撞较轻，前保险杠会被向后推，使前纵梁及内轮壳体、前翼子板、前横梁及散热器框架变形。碰撞程度较重时，前翼子板会弯曲变形并移位触到车门；发动机舱盖铰链会向上弯曲并移位触到前围板盖板；前纵梁变形加剧造成副梁变形。碰撞程度更剧烈时，前立柱会产生变形，车门开关困难，甚至造成车门变形。如果碰撞从侧向来，由于前横梁的作用，前纵梁会产生变形。前部碰撞常伴随着灯具及护栅破碎，冷凝器、散热器及发动机附件损伤，车轮移位等。

②中部即车身的中间部分，又称中段，主要包括车底板、车顶板、前罩板、车门、车门A柱、车门B柱、车门C柱、风窗玻璃、车窗玻璃及相关部件等。

当车辆发生侧面碰撞，汽车遭受的侧向力较大时，惯性力作用会使另一侧车身变形。对于严重的碰撞，车门A柱、车门B柱、车门C柱以及车身底板都会变形；如前后翼子板中部遭受严重碰撞，还会造成前后悬架系统的损伤。前翼子板中后部遭受严重碰撞时，还会造成转向系统横拉杆、转向器齿轮齿条损伤。

若车身底部与路面或异物发生碰撞，会使汽车底部零部件、车身底板损伤。常见的损伤有前横梁、发动机下护板、发动机油底壳、变速器油底壳、悬架下托臂、副梁、后桥、车身底板等损伤。若汽车顶部受损为空中坠物所致，常以顶部面板及骨架变形为主；若汽车倾覆，除了车身顶部受损外，还常伴随车身立柱、翼子板和车门变形，车窗玻璃破碎等。

③后部又称尾部或后箱、后段。通常由后侧围板、行李舱或后地板、后车架纵梁、行李舱盖、后翼子板、后保险杠及相关部件组成。

当车身后部发生碰撞时，如碰撞较轻，通常后保险杠、行李舱后围板、行李舱底板可能压缩变形；如果碰撞较重，C柱下部前移，C柱上端与车顶接合处会产生折曲，后门关闭困难，后风窗玻璃与C柱分离甚至破碎；碰撞更严重时，会造成B柱下端前移，在车顶B柱处产生凹陷变形。后部碰撞常伴随着后部灯具的破碎。

2）车身变形的特点

承载式车身结构由许多薄钢板连接而成，碰撞引起的振动大部分被车身壳体吸收。车身的变形常由侧向碰撞而产生，即使较轻度的侧向碰撞也会使车身壁板受到损伤。较为严重的碰撞还会使车门、中柱、车顶盖等发生变形，使前、后车身偏移等。尤其是车身前部或后部受到垂直方向上的重度碰撞时，所产生的碰撞冲击波还会传播至车身的另一侧，产生二次损伤。如果车身前部的中部（相当于横梁位置）受到冲击时，车轮将被推向内侧并诱发悬架横移，使轮距、轴距、前轮定位参数等发生变化，造成的损坏更严重。

侧向碰撞时还会影响到发动机、转向系统等结构及部件的正确装配位置。

对于车身中部发生的碰撞，其碰撞冲击力的传播也会通过车门中柱和前后窗柱殃及车顶盖；对车顶盖影响最大的是倾翻或落物，不仅会使车顶盖、顶梁和边梁弯曲，还会使前后窗柱、中柱变形。

3）车身结构变形的测量

①车身扭曲变形的测量

扭曲是车身的一种总体变形。当车身一侧的前端或后端受到向上或向下的撞击时，另一侧就以相反的方向变形，这时，就会呈现扭曲变形。扭曲变形常发生在车身中部，车身中部是测量车身扭曲变形的基础，且扭曲变形是最后出现的变形，应先进行检测，否则，在车身前部或后部的其他变形部位测量的数据不准确。

②车身前部的测量

车身前部的变形主要是由正面碰撞事故造成的，其变形倾向与碰撞冲击力的大小、方向和碰撞对象有关。当车身前部因碰撞损坏时，应测量前部钣金件的尺寸，以确定损坏程度。对于较严重的前部碰撞，应检查前风窗玻璃立柱与车门窗框上角区域之间的缝隙是否增大；检查外板是否翘曲，严重碰撞通常会导致车顶盖从中心向后翘曲；开启发动机舱盖和行李舱盖，检查漆面是否存在油漆皱纹，覆盖焊点的保护层是否开裂。最常用的方法是测量车身前部上面两个悬架支撑座至另一侧散热器框架上控制点的距离是否一致；在车身前部下面测量前横梁两定位控制点至另一侧副梁后控制点的距离是否一致。一般来说，检查的尺寸越长，测量越准确。如果利用每个基准点进行两个或更多位置尺寸的测量，就能保证所得到的结果更准确，同时还有助于判断车身损伤的范围和方向。

③车身侧面的测量

车身侧面结构的任何毁坏和变形都能在打开或关闭车门时发现，应注意因变形位置不同而可能造成的漏水问题。因此，车身侧面变形常采用追踪式滑规测尺进行测量。利用车身结构左右对称性，通过测量可以进行车身挠度变形的检测，但该方法不适用于测量车身的扭曲变形和左、右两侧车身对称受损情况。

④车身后部的测量

车身后部的变形主要是由倒车或追尾事故造成的。发生追尾事故时不仅会使保险杠、行李舱发生严重损坏，还会使拱形梁弯曲、后悬架失准。若发生严重追尾事故，更大的碰撞冲击波会导致车身壁板、底板、后围板乃至车顶盖、窗柱、门柱等变形。车身后部的变形大致可通过行李舱盖开关的灵活度，以及与行李舱接合的密封性来判定。

3. 判别事故车缺陷

《二手车鉴定评估技术规范》中对事故机动车只是从判别角度给予了解释，对事故车的技术鉴定和价值评估的明确说明不在该规范的范围内，该规范是推荐性国标而非强制性国标，在法律、行政法规对认定事故车没有规定的前提下，具有一定的参考价值。

因此，在二手车鉴定评估实践中，应借鉴《二手车鉴定评估技术规范》（GB/T 30323—2013），并结合实际经验和典型案例，根据检查结果来判别拟鉴定评估的车辆是否为事故车，如被评估车辆符合下列任何一项检查项目对应的缺陷状态，无论修复与否，该车即属于事故车。

（1）经过严重撞击，损伤到发动机舱和驾驶舱的车辆。

（2）散热器（水箱）支架有碰撞损伤的车辆。

（3）车身后翼子板撞击损伤超过其二分之一的车辆。

（4）减振器座有焊接、切割、整形、变形的车辆。

（5）A、B、C 柱有焊接、切割、整形、变形的车辆。

（6）纵梁有焊接、切割、整形、变形的车辆。

（7）车身经水浸泡超过车身高度二分之一的，或积水进入驾驶舱的车辆。

（8）车身经火焚烧面积超过 0.5 m^2，经修复仍存在安全隐患的车辆。

（9）因撞击造成汽车安全气囊弹出的车辆。

（10）其他不可拆卸部分有严重焊接、切割、整形、变形的车辆。

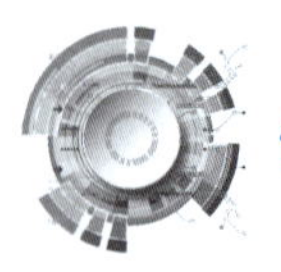

任务实施

根据任务引入的描述，二手车鉴定评估机构接受了买卖双方的评估委托，根据委托方的要求，二手车鉴定评估人员按照事故车判别基本标准和步骤，对拟评估奥迪 A6L2014 款轿车进行了现场勘查及路试检查，经判断该车发生过严重交通事故，为事故车；同时，工作人员调阅了该车的维修记录，进一步确认该车为事故车。

一、业务洽谈、受理委托

通过与交易双方的沟通，明确了鉴定评估目的，二手车鉴定评估机构接受了交易双方的鉴定评估委托。

二、查验可交易车辆

通过查验，该车机动车登记证书、行驶证、机动车安全技术检验合格标志、车辆购置税完税证明、车船使用税缴付凭证、车辆保险单等法定证明、凭证齐全，符合鉴定评估要求。依据《二手车鉴定评估技术规范》判别该车为可交易车辆。二手车鉴定评估机构与交易双方签订了二手车鉴定评估委托书。

三、车辆技术状况检查及事故车的判别

接受委托后，二手车鉴定评估人员对拟评估奥迪 A6L2014 款 TFSI 舒适型轿车按照车身、发动机舱、驾驶舱、起动、路试、底盘等项目顺序对车辆技术状况进行了静态和动态现场勘查，并填写了二手车技术状况鉴定作业表。

1. 静态检查

二手车鉴定评估人员通过静态检查发现了以下问题：

（1）该车更换过散热器及散热器支架；前减振器支架高度左、右相差 3 cm，严重超出国家标准，说明汽车前部可能发生过碰撞追尾事故。

（2）将汽车用举升机举起后，对汽车底盘各部件进行检查，发现车身有明显的碰撞后的焊痕。

（3）打开行李舱盖查看行李舱底板，发现有烧焊痕迹；行李舱内后翼子板上缘内侧与车身结合处的焊点有重新烧焊的痕迹。故可判断该车尾部可能发生过追尾事故。

（4）打开车门再关闭车门时，发现声音异常，说明车门骨架有碰撞变形。

2. 动态检查

为进一步证实该车可能发生过重大交通事故，对该车进行了动态检查。

路试过程中发现，当车速达到 100 km/h 时，车身明显感觉有晃动，与其他奥迪汽车相比缺少安全舒适感；转向不均匀，汽车行驶不稳定；直行过程中有汽车摇晃现象；轮胎有偏磨痕迹；制动时有跑偏现象。因此，判断该车可能发生过重大交通事故，为事故车。

四、调阅维修记录，收集资料

为确保客观、公正地评估该车，鉴定评估人员通过走访汽车 4S 店，调阅该车的各项维修记录，发现该车曾发生过两次重大事故，汽车 4S 店和保险公司提供了相关清单。至此，更进一步确认该车为事故车。

五、估价计算

略。

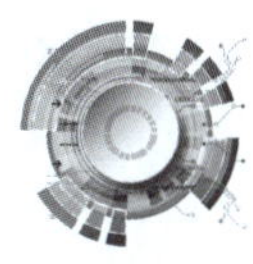

思考与练习

1. 简述事故车判别的基本标准。

2. 简述承载式车身变形的特点。

3. 简述事故车损伤判别工作流程，并说明工作流程中每一步骤的主要内容。

任务 3　事故车鉴定评估

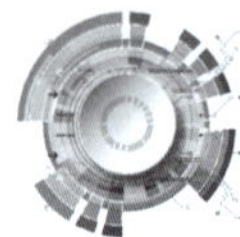

学习目标

- 掌握事故车鉴定评估的定义及流程。
- 能对事故车进行鉴定评估。

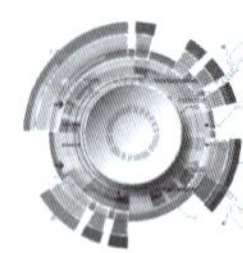

任务引入

由模块四任务 2 中的“任务实施”可知，二手车鉴定评估人员判定拟评估奥迪轿车曾发生过重大交通事故，为事故车。为进一步明确事故的性质以及事故的严重程度，解决客户的疑虑，还需对事故车进行定量的客观鉴定评估，根据事故状况，提供公正交易的可靠技术、价格依据，给出买卖双方认可的交易估价。

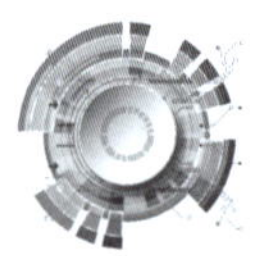

任务分析

在二手车鉴定评估工作中，经常会遇到曾发生重大交通事故且已经修复的车辆，这就要求鉴定评估人员能够鉴别事故的大小、严重程度对车辆的技术状况和价值的影响。

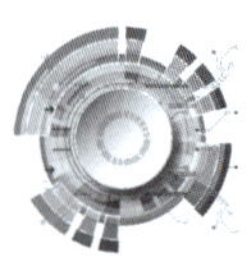

相关知识

一、事故车鉴定评估的定义

依据《二手车鉴定评估技术规范》中的术语定义，二手车鉴定评估是指对二手车进行技术状况检测、鉴定，确定某一时点价值的过程。从定义来看，二手车鉴定评估包含两项工作内容，一是二手车技术状况的鉴定，二是二手车价值的评估。二手车技术状况的鉴定是对车辆技术状况进行缺陷描述、等级评定；二手车价值的评估是根据二手车技术状况鉴定结果和鉴定评估目的，对目标车辆价值进行评估。

所以，事故车鉴定评估是指根据鉴定评估目的，对事故车进行技术状况鉴定，确定某一时点价值的过程。

二、事故车鉴定评估的流程

事故车鉴定评估的流程如图 4–3–1 所示。

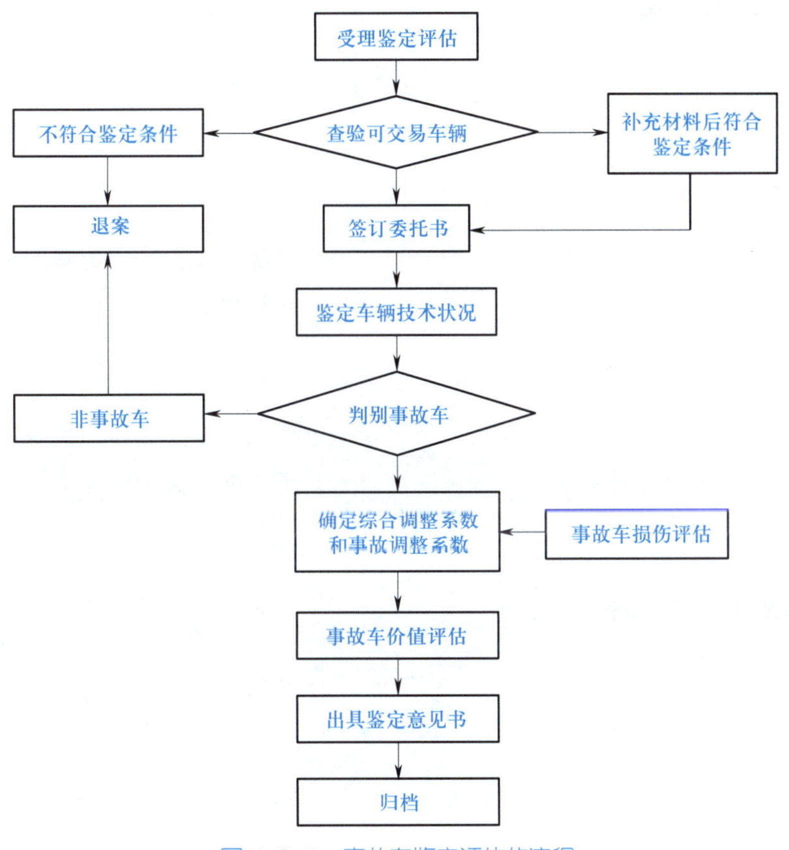

图 4–3–1　事故车鉴定评估的流程

1. 受理鉴定评估

了解委托方及其车辆的基本情况，明确委托方要求，主要包括委托方要求的评估目的、评估基准日、期望完成评估的时间等。

2. 查验可交易车辆

交易车辆的查验依据《二手车鉴定评估技术规范》进行。如查验中发现法定证明、凭证不全，或者发现拟交易车辆为达到国家强制报废标准的车辆，为通过盗窃、抢劫、诈骗等违法犯罪手段获得的车辆，为法律法规禁止经营的车辆，应及时报告公安机关等执法部门。

3. 签订委托书

对相关证照齐全、符合“可交易车辆”的判别或者司法机关委托等特殊要求的车辆，可签署二手车鉴定评估委托书。

4. 鉴定车辆技术状况

按照车身、发动机舱、驾驶舱、起动、路试、底盘等项目顺序检查车辆技术状况，并填写二手车技术状况鉴定作业表。

5. 判别事故车

依据步骤 2 查验可交易车辆的检查结果，并结合实践经验和典型案例来判别拟鉴定评估的车辆是否为事故车（详见任务 2“事故车的判别”）。

6. 事故车损伤评估

拟交易的车辆被确认为事故车后，二手车鉴定评估人员应确定损伤类型、损伤范围和损伤程度，勘验更换的配件、修理的项目及与事故的关联性，从而为价值评估确定综合调整系数和事故调整系数。

7. 事故车价值评估

在事故车价值评估时，一般情况下推荐使用重置成本法对车辆价值进行估算。

8. 出具鉴定意见书

根据车辆技术状况鉴定和价值评估结果出具事故机动车鉴定评估意见书。

9. 归档

将鉴定评估意见书、附件和工作底稿等独立汇编成册，存档备查。档案保存期限为 10 年，法律法规另有规定的，从其规定。

任务实施

二手车鉴定评估人员在对拟评估奥迪轿车进行事故车判别时，调阅了该车的维修记录，通过对维修项目的分析，可以定量、客观地对拟评估奥迪轿车事故损伤的程度进行评估，补充车辆评估资料。根据事故状况，鉴定评估人员进行了该车价值的估算，给出了买卖双方认可的交易估价。

一、业务洽谈、受理委托

略（详见任务 2）。

二、查验可交易车辆

略（详见任务 2）。

三、车辆技术状况检查及事故车的判别

略（详见任务 2）。

四、事故车损失评估

通过走访及与汽车 4S 店沟通，二手车鉴定评估人员调阅了拟评估奥迪轿车的各项维修记录，发现该车曾有两次重大事故。其中，一次追尾事故，造成的损失约为 11 万元；另一次被追尾事故，造成的损失接近 8 万元。汽车 4S 店和保险公司提供了相关清单。

清单显示，两次碰撞造成的修理换件项目大致有：散热器、冷凝器、稳定杆、前保险杆、前照灯壳体、左前翼子板、车门骨架焊接总成、安全气囊传感器、防盗器传感器等，修理项目达 200 多项，总计损失约为 19 万元。

市场调研结果表明：2021 年 1 月，一汽大众奥迪 A62014 款 TFSI 舒适型轿车的新车含税价格为 48.48 万元。其基本配置包括：发动机 2.0T 180 马力 L4、配气机构 DOHC、AVS 可变气门升程系统、国Ⅳ/ 国Ⅴ；变速箱 CVT 无级变速（模拟 8 挡）、前置前驱、电动助力、承载式车身、五连杆独立前悬架系统、梯形连杆式独立后悬架系统、前后通风盘式制动系统、电子驻车；主副驾驶座安全气囊、前后排侧气囊、前后排头部气囊（气帘）；车内中控锁、遥控钥匙、发动机启动防盗锁装置等。

五、估价计算

工作人员在进行价格评估过程中采用了重置成本法，并综合考虑交通事故所造成的车辆贬值损失对车辆市场价格的影响。注：重置成本法相关计算公式详见模块五任务1。

1. 确定重置成本

根据市场调查，该车型新车含税价格为48.48万元。故重置成本价格 = 新车售价 + 上牌税费 =48.48万元。

2. 确定成新率

经了解，该车注册登记时间为2015年10月，行驶里程为12.24万km，该车已使用5年3个月，共63个月。根据现行《机动车强制报废标准规定》可知，取消了家用轿车使用年限的限制，但由《二手车鉴定评估技术规范》中“评估车辆价值”的规定，对非营运乘用车使用年限按15年计算，共计180个月，则

$$成新率 = \left(1-\frac{已使用年限（月）}{规定使用年限（月）}\right)\times 100\% = \left(1-\frac{63}{180}\right)\times 100\% = 65\%$$

3. 确定综合调整系数

该车技术状况一般，车辆技术状况调整系数 $K_1=0.8$。

该车维修保养一般，发生过两次交通事故，取车辆使用和维护状态调整系数 $K_2=0.7$。

该车为国产名牌轿车，考虑地域因素，取车辆制造质量调整系数 $K_3=0.9$。

该车工作性质为公务生活消费，取车辆工作性质调整系数 $K_4=0.7$。

该车工作条件一般，取车辆工作条件调整系数 $K_5=0.8$。

则综合调整系数为：

$$K=K_1\times 30\%+K_2\times 25\%+K_3\times 20\%+K_4\times 15\%+K_5\times 10\%$$

$$=0.8\times 30\%+0.7\times 25\%+0.9\times 20\%+0.7\times 15\%+0.8\times 10\%=78\%$$

4. 确定综合成新率

$$综合成新率 = \left(1-\frac{已使用年限（月）}{规定使用年限（月）}\right)\times 综合调整系数 \times 100\%$$

$$=65\%\times 78\%\times 100\%=50.7\%$$

5. 确定事故折损率

由于事故车修复后对车辆的技术状况有影响，因此，需确定事故折损率。根据评估人员的经验确定，该车事故折损率为 30%。

6. 评估价值计算

评估价值 = 重置成本 × 综合成新率 ×（1– 事故折损率）

=48.48 万元 ×50.7%×（1–30%）

≈ 17.2 万元

六、撰写二手车鉴定评估报告

略。

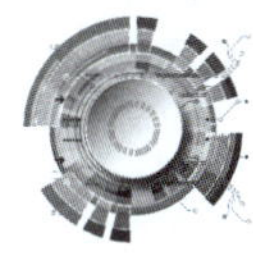

思考与练习

1. 简述事故车鉴定评估的定义。

2. 简述事故车鉴定评估的流程。

模块五

二手车价值评估

任务 1　重置成本法

学习目标

- 掌握重置成本法的定义及计算公式。
- 掌握重置成本法的价格评估步骤。
- 了解重置成本法的特点及运用条件。
- 能按照重置成本法的操作步骤进行二手车的价值评估。

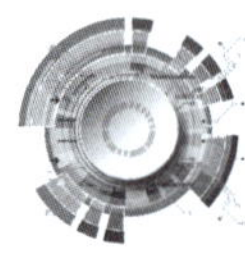

任务引入

张先生于 2013 年 4 月在某 4S 店购买了一辆大众－迈腾 2013 款 2.0 TSI 尊贵型轿车（见图 5-1-1），作为平时上下班代步用车。2021 年 10 月，张先生到本地二手车交易市场委托某二手车鉴定评估机构对该车价格进行评估。

图 5-1-1 待评估的汽车

任务分析

二手车价值评估是根据二手车技术状况鉴定结果和鉴定评估目的，对目标车辆价值进行评估的过程，其价值评估方法主要有重置成本法、现行市价法、收益现值法和清算价格法四种。重置成本法具有收集信息便捷、操作简单、评估结果更接近车辆的实际工作状况、易于被委托人接受等特点。所以，二手车鉴定评估机构的工作人员采用重置成本法对拟评估车辆进行了价格评估。

相关知识

一、重置成本法的定义及计算公式

1. 定义

重置成本法是指在现时条件下重新购置一辆全新状态的被评估车辆所需的全部成本（完全重置成本，简称重置全价），减去该被评估车辆的实体性贬值、功能性贬值和经济性贬值后的差额作为被评估车辆现时价格的一种方法。

2. 计算公式

计算公式如下：

被评估车辆的评估值 = 重置成本 − 陈旧贬值（实体性贬值 + 功能性贬值 + 经济性贬值） （5-1-1）

或者　　　　被评估车辆的评估值 = 重置成本 × 成新率　　　　（5–1–2）

被评估车辆的评估值 = 重置成本 × 成新率 ×（1– 折扣率）　　（5–1–3）

在公式（5–1–1）中，除了要准确了解二手车的重置成本和实体性贬值外，还要对二手车的功能性贬值和经济性贬值进行准确的判断，而这两种贬值因素要求评估人员对未来影响二手车的营运成本、收益、经济寿命等要有较准确的把握。在实际工作中，各种贬值的确定比较难，弹性较大，可操作性较差。

在公式（5–1–2）或公式（5–1–3）中，成新率综合考虑了二手车的实体性贬值、功能性贬值、经济性贬值等陈旧贬值因素对二手车价值的影响，并具有收集便捷、操作简单的优点，评估结果更接近车辆的实际工作状况，易于被委托人接受，是鉴定估价的常用方法。

公式（5–1–3）较公式（5–1–2）而言，引入了折扣率，考虑了二手车市场价值变化较为迅速，汽车（新车）价格呈日益下滑的趋势等复杂因素的影响，使评估更趋于公平、合理，可操作性更强。

3. 术语解释

（1）重置成本

重置成本是购买一辆全新的与被评估车辆相同的车辆所支付的最低金额，即被评估车辆在评估基准日时的全新车辆价格（包括上牌的各种税费）。

按照重新购置车辆所用材料、技术的不同，重置成本分为复原重置成本和更新重置成本两种形式。

1）复原重置成本是指用与被评估车辆相同的材料、制造标准、设计结构和技术条件等，以现时价格复原购置相同的全新车辆所需的全部成本。

2）更新重置成本是指利用新型材料、新技术标准、新设计等，以现时价格购置相同或相似功能的全新车辆所支付的全部成本。

一般来说，复原重置成本大于更新重置成本。在进行重置成本计算时，应选用更新重置成本。因为，随着科学技术的进步、劳动生产率的提高，新工艺、新设计的采用被社会普遍接受；另外，使用新型设计工艺制造的车辆无论从使用性能方面还是成本耗用方面都优于原有车辆。如果不存在更新重置成本，则再考虑复原重置成本。

（2）陈旧贬值

汽车与其他大部分商品一样，购买并使用了一段时间后，会不同程度地变得陈旧，发生各种贬值。由于购买新车的成本和使用过程中发生的各种损耗以及其他各种贬值因素的影响，二手车的交易价格一般会明显低于新车的购买价格，两者之差值即反映了车辆的贬值程度。影响车辆贬值程度的主要因素有实体性贬值、功能性贬值和经济性贬值等。

1）实体性贬值

实体性贬值也称有形损耗，是指汽车在停放期间和使用过程中，由于暴露于自然环境中、管理不善、维护保养不善，以及车辆各总成和零部件因摩擦、振动、疲劳、腐蚀、剐蹭、碰撞等物理和化学原因而导致车辆本身实体发生的价值损耗（贬值），即由于自然力的作用而发生的损耗（贬值）。车辆的实体性贬值会随着车辆使用时间的延长而不断积累。

2）功能性贬值

功能性贬值是由于科学技术的发展与进步和生产力水平的提高而导致原车辆的贬值，即无形损耗。功能性贬值又细分为一次性功能贬值和营运性功能贬值。

一次性功能贬值是由于汽车制造技术的进步引起劳动生产率的提高，现在再生产制造与原功能相同的车辆所需的社会必要劳动时间将会减少，制造成本也会相应地降低，而造成原车辆的价值贬值。

营运性功能贬值是由于设计水平和制造技术的提高，出现了新的、性能更优的车辆，致使原有车辆的功能相对于新车型已经落后，从而导致车辆营运成本增加，增加的营运成本即为车辆的营运性贬值。

3）经济性贬值

经济性贬值是指由于外部经济环境变化所造成的车辆贬值。外部经济环境包括宏观经济政策、市场需求、通货膨胀、环境保护等。经济性贬值是由于外部环境而不是车辆本身或内部因素所引起的达不到原有设计的获利能力而造成的贬值。

（3）成新率

二手车成新率是反映二手车新旧程度的指标，是表示二手车的功能或使用价值占全新车辆的功能或使用价值的比率，即是指二手车的现时实物状态或现时整车性能状态与全新状态时的比率。它反映二手车的实物状态，如外观、主要运动零部件磨损情况、车辆技术状况等。

（4）折扣率

折扣率是根据人们对新旧机动车的偏好不同以及市场实现的难易程度，在二手车基础价值（重置成本 × 成新率）的基础上再减去一定的折扣，从而估算出被评估二手车的价值。

二、重置成本法的价格评估步骤

重置成本法的价格评估步骤如图 5–1–2 所示。

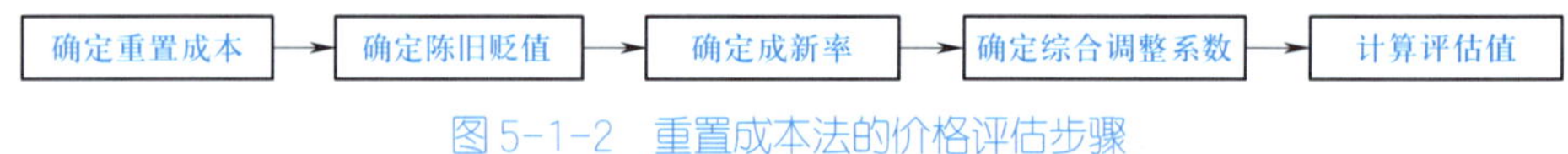

图 5-1-2　重置成本法的价格评估步骤

1. 确定重置成本

重置成本的估算方法很多，对于二手车鉴定评估来说，常采用的方法有直接法和物价指数法两种。

（1）直接法

直接法也称重置核算法，是指按照被评估车辆的成本构成，以现行市价为标准进行估算。直接成本是指直接可以构成车辆成本的支出部分。具体来讲，就是按照现行市价的购买价，加上运输费、购置附加费、消费税、人工费等。间接成本是指购置车辆发生的管理费、专项贷款发生的利息、注册登记手续费用等。

以直接法取得的重置成本，无论国产或进口车辆，应尽可能采用国内现行市场价格作为车辆评估的重置成本全价。根据评估目的的不同，二手车重置成本全价的构成一般分为下述两种情况考虑：

1）属于所有权转让的经济行为或司法、执行部门提供证据的鉴定行为，可以按照被评估车辆的现行市场成交价格作为被评估车辆的重置成本全价，其他费用省略不计。

2）属于企业产权变动的经济行为（如企业合资、合作和联营，企业分设、合并和兼并等），其重置成本构成除了考虑被评估车辆的现行市场购置价格以外，还应考虑国家和地方政府对车辆加收的其他税费（如车辆购置附加费、教育附加费、车船使用税等），一并计入重置成本全价。

（2）物价指数法

物价指数法是在二手车原始成本基础之上，通过现时物价指数确定其重置成本，即

$$车辆重置成本=车辆原始成本\times\frac{被评估车辆评估时的物价指数}{被评估车辆购买时的物价指数} \tag{5-1-4}$$

或者

$$车辆重置成本=车辆原始成本\times(1+物价变动指数) \tag{5-1-5}$$

当被评估车辆属于淘汰车型、进口车型或新车型时，由于二手车市场交易车辆很少或尚未出现，其价格信息有时不易获得，查询不到现时市场价格，这时采用物价指数法是一种很好用的方法。

2. 确定陈旧贬值

（1）实体性贬值的确定

车辆实体性贬值（有形损耗）的一部分可以通过修理消除，另一部分则不能通过修理消除，这时就必须更换有关零部件。因此，在二手车技术鉴定中，要能确定需要马上更换或在不久的将来更换的零部件，并估算出更换这些零部件所需的费用，这些费用就是车辆实体性贬值的一部分，应在二手车交易价格中反映出来。另外，还要仔细检查车辆是否发生过碰撞事故，如果发生过，即使车辆已经修复好，也要考虑车辆因此而承受的实体性贬值。

确定实体性贬值通常依据被评估二手车新旧程度（成新率），包括表体及内部构件、部件的损耗程度来确定。二手车实体性贬值的评估常常采用观察法和使用年限法。

观察法是二手车鉴定评估人员通过对被评估二手车各主要总成、部件进行实际观测和技术鉴定，并综合分析车辆的制造、使用、磨损、维护、修理等情况和车辆剩余使用寿命等因素，将被评估车辆与其全新车辆相比较取得二手车的有形损耗率，以有形损耗率来判断被评估二手车的新旧程度，从而估算出被评估车辆的实体性贬值。其计算公式为

$$被评估车辆实体性贬值=重置成本\times有形损耗率 \tag{5-1-6}$$

或者

$$被评估车辆实体性贬值=重置成本\times(1-成新率) \tag{5-1-7}$$

使用年限法是根据被评估二手车的实际已使用年限与二手车规定使用年限之比来

确定被评估二手车的实体性损耗率，其计算公式为

$$被评估车辆实体性贬值 = 重置成本 \times（实际已使用年限 / 规定使用年限） \quad （5-1-8）$$

（2）功能性贬值的确定

对于目前市场上能够购买到与被评估车辆相同的，且制造厂家继续生产的全新汽车，那么被评估车辆原购车价格与全新车辆当前的市场价格之间的差值，即可以看成该被评估车辆的功能性贬值；但是，对于已经淘汰或停产的被评估二手车，无法得到该车型新车的当前市场价格，在这种情况下只能参照车辆的价格利用类比法来进行评估。

（3）经济性贬值的确定

经济性贬值是指由于外部经济环境变化所造成的车辆贬值。外界因素对车辆价值的影响不仅是客观存在的，如商业银行收紧贷款政策、提高贷款门槛，燃油价格的提高、排放标准的提高等，对二手车市场价值的影响是相当大的。所以，经济性贬值在二手车评估中不可忽视。

经济性贬值的计算公式为

$$经济性贬值 = 重置成本 \times（1- 被评估车辆实际生产能力 / 被评估车辆设计生产能力） \quad （5-1-9）$$

在二手车评估实践中，由于影响经济性贬值的因素多且复杂，工作中难以把握，故只能统筹考虑或不考虑经济性贬值。

3. 确定成新率

二手车成新率的确定是运用重置成本法的关键，直接影响二手车的估算价格。

机动车贬值率与机动车成新率之间的关系如下

$$C=1-\lambda \quad （5-1-10）$$

式中　C——成新率；

λ——贬值率，是实体性贬值率、功能性贬值率和经济性贬值率之和。

在二手车鉴定评估实践中，成新率的确定不仅需要根据一定的客观资料和鉴定手

段，还需要依靠二手车鉴定评估人员的专业能力和评估经验来判断。成新率常用的估算方法有使用年限法、综合分析法、行驶里程法、整车观测法和部件鉴定法等。在实际使用中，可以根据被评估对象的不同选择不同的方法。一般来说，对于重置成本不高的老旧车辆，可采用使用年限法估算其成新率；对于重置成本价值中等的车辆，可采用综合分析法估算其成新率；对于重置成本价值高的车辆，可采用部件鉴定法估算其成新率。

（1）使用年限法

依据《机动车强制报废标准规定》，机动车使用年限起始日期按照注册登记日期计算，但自出厂之日起超过 2 年未办理注册登记手续的，按照出厂日期计算。

车辆的使用年限一般用年来计算。使用年限反映车辆的使用时间折旧程度、行驶损耗和停驶期间的自然损耗。使用年限法是假设被评估车辆的成新率与其剩余使用时间呈线性正比关系，它主要反映二手车的使用时间对其实体性贬值（有形损耗）的影响。

在使用年限法中，二手车成新率的计算公式为

$$\text{成新率}=\left(1-\frac{\text{已使用年限(月)}}{\text{规定使用年限(月)}}\right)\times 100\% \qquad (5\text{-}1\text{-}11)$$

1）规定使用年限

机动车的规定使用年限即机动车的使用寿命。机动车使用寿命分为技术使用寿命、经济使用寿命和合理使用寿命，这里所指的机动车规定使用年限是指机动车的合理使用寿命，不考虑延期报废的延长使用年限。

由《机动车强制报废标准规定》可知，按照车辆类型和用途，对各类机动车使用年限分别进行了规定，且取消了“小、微型非营运载客汽车，大型非营运轿车，轮式专用机械车”的使用年限限制，详见模块二任务 2 中的表 2-3-2。

2）已使用年限

已使用年限是代表机动车运行量或工作量的一种计量，是指机动车从登记日期开始到评估基准日所经历的时间。

值得注意的是：

①利用使用年限法得到的二手车成新率，实际上反映的是二手车的使用时间折旧率，与车辆的技术状况无关，计算简单、容易操作，一般用于二手车交易价格的粗估

或对价值不太高的中、低档汽车的鉴定评估。

②已使用年限计算的前提条件是车辆的正常使用条件和正常使用强度。

在实际评估中，运用已使用年限指标时，应特别注意车辆的实际使用情况，而不是简单的日历天数。例如，对于某些以双班制运行的车辆，其实际使用时间为正常使用时间的两倍。因此，该车辆的已使用年限应是车辆从开始使用到评估基准日所经历时间的两倍。

③在二手车价格评估的实际计算中，常将已使用年限和规定使用年限换算成月份数量。

（2）综合分析法

综合分析法是以使用年限法为基础，以调整系数方式综合考虑影响二手车价值和使用寿命的多种因素，确定成新率的一种方法。其计算公式为

$$成新率=\left(1-\frac{已使用年限(月)}{规定使用年限(月)}\right)\times 综合调整系数\times 100\% \qquad (5\text{-}1\text{-}12)$$

综合调整系数的计算公式为

$$K=K_1\times 30\%+K_2\times 25\%+K_3\times 20\%+K_4\times 15\%+K_5\times 10\% \qquad (5\text{-}1\text{-}13)$$

式中 K_1——车辆技术状况调整系数，取值范围为 0.6 ~ 1.0，技术状况好的取上限，反之取下限；

K_2——车辆使用和维修状态调整系数，该系数直接影响车辆的使用寿命和成新率，取值范围为 0.7 ~ 1.0；

K_3——车辆制造质量调整系数，取值范围为 0.7 ~ 1.0；

K_4——车辆工作性质调整系数。车辆工作性质不同，其繁忙程度不同，使用强度也不同，取值范围为 0.7 ~ 1.0；

K_5——车辆工作条件调整系数，取值范围为 0.6 ~ 1.0。若车辆长期在国家级、省级等道路条件较好的路上行驶，工作条件调整系数可取 1.0 或 0.8；若车辆长期在差路或特殊使用条件下工作，其工作条件调整系数可取 0.6。

一般来说，综合调整系数可采用以下两种方法确定：

1）二手车无须进行项目修理或换件的，可采用表 5-1-1 中推荐的综合调整系数，

用加权平均的方法进行微调。

2）二手车需要进行项目修理或换件的，或需要进行大修的，综合考虑表 5–1–1 中的影响因素，可采用“一揽子”评估方法确定一个综合调整系数。

表 5–1–1 二手车成新率综合调整系数

影响因素	因素分级	调整系数	权重 /%
技术状况	好	1.0	30
	较好	0.9	
	一般	0.8	
	较差	0.7	
	差	0.6	
维护	好	1.0	25
	较好	0.9	
	一般	0.8	
	较差	0.7	
制造质量	进口车	1.0	20
	国产名牌车	0.9	
	进口非名牌	0.8	
	国产非名牌、走私罚没车	0.7	
工作性质	私用	1.0	15
	公务、商务	0.7	
	营运	0.5	
工作条件	较好	1.0	10
	一般	0.8	
	较差	0.6	

综合分析法较为详细地考虑了影响二手车价值的各种因素，并用一个综合调整系数指标来调整车辆成新率，评估值准确度较高，因而适用于具有中等价值的二手车评估。

值得注意的是，实际上在确定二手车成新率时除了上述五种影响因素外，还有其他因素对二手车成新率有一定的影响，如车辆的大修情况、重大事故情况和地域因素等。

（3）行驶里程法

行驶里程是指从汽车开始投入运行到报废期间内的累计行驶里程。行驶里程可以反映汽车的使用强度，但不能反映汽车运行条件的差别和汽车停驶期间的自然损耗。采用行驶里程法计算被评估车辆成新率的前提是被评估车辆使用强度大，累计行驶里程超过年平均行驶里程。

采用行驶里程法确定成新率时，计算公式为

$$\text{成新率}=\left(1-\frac{\text{机动车累计行驶里程(km)}}{\text{机动车报废标准规定的行驶里程(km)}}\right)\times 100\% \qquad (5\text{-}1\text{-}14)$$

年平均行驶里程按下式计算

$$\text{年平均行驶里程}=\frac{\text{机动车报废标准规定的行驶里程(km)}}{\text{机动车报废标准规定的使用年数(年)}} \qquad (5\text{-}1\text{-}15)$$

由《机动车强制报废标准规定》可知，国家对机动车使用年限及行驶里程均给出了参考值，见表 5-1-2。因此，在实际评估实践中，评估人员必须能够准确识别行驶里程是否人为被更改，判断里程表的记录与实际车辆的物理损耗是否相符。否则，评估结果可能不准确。

表 5-1-2　　我国各类汽车年平均行驶里程

汽车类别	年平均行驶里程 / 万 km
私家车	1 ~ 3
行政、商务用车	2 ~ 5
出租车	10 ~ 15
租赁车	5 ~ 8
微型、轻型货车	3 ~ 5
中型、重型货车	6 ~ 10
旅游车	6 ~ 10
中、低档长途客运车	8 ~ 12
高档长途客运车	15 ~ 25

（4）整车观测法

整车观测法是二手车评估人员凭借职业经验，依靠感觉（视觉、听觉、触觉）或借助检测工具，对鉴定车辆的状态和损耗程度做出职业判断、分级，以确定成新率的一种方法。

整车观测法主要采用人工观察方法，辅以简单的检测仪器设备，对被评估二手车的技术状况进行鉴定。对二手车技术状况分级的办法是先确定两头，即先确定刚投入使用不久的车辆和即将报废的车辆，再根据车辆评估的精细程度要求在两者之间分成若干等级。

二手车技术状况分级参考见表 5–1–3。

表 5–1–3　　二手车技术状况分级参考

车况等级	新旧情况	有形损耗 /%	技术状况描述	成新率 /%
1	使用不久	0 ~ 10	刚使用不久，行驶里程一般为 3 万 ~ 5 万 km，在用状态较好，车辆没有缺陷，没有修理和买卖的经历，能够按汽车设计状况要求正常使用	100 ~ 90
2	较新车	11 ~ 35	使用 1 年以上，行驶里程为 15 万 km 左右，一般没有经过大修，在用状态良好，故障率低，可随时出车使用	89 ~ 65
3	一般	36 ~ 60	使用 4 ~ 5 年，发动机或整车经过一次大修，但较好地恢复了原设计性能；使用中有一些机械方面的明显缺陷，需要进行某些修理或更换一些易损部件，可随时出车，但动力性能下降、油耗增加	64 ~ 40
4	尚可使用	61 ~ 85	使用 5 ~ 8 年，发动机或整车经过两次大修，动力性、经济性、工作可靠性都有所降低；漆面晦暗，锈蚀严重，有多处机械缺陷，可能存在不容易修复的问题，需要维修换件，可靠性很差，使用成本增加，但车辆符合《机动车运行安全技术条件》的规定，在用状态一般或较差	39 ~ 15
5	待报废车	86 ~ 100	基本达到或已达到使用年限，通过检查，能使用但不能正常使用，动力性、经济性、可靠性下降，燃料费、维修费、大修费用增长速度快，车辆效益与支出基本持平甚至下降，排放污染和噪声污染达到极限	<15
6	报废	100	使用年限已达到报废期，只有基本材料的回收价值	0

整车观测法对二手车技术状况的评估，其成新率的确定是否符合客观规律、是否与市场实际相符，取决于二手车鉴定评估人员的专业水准和工作经验。整车观测法简单易行，一般用于初步估算中、低档二手车的价格，或作为综合分析法的辅助手段，用来确定二手车技术状况调整系数。

（5）部件鉴定法

部件鉴定法是在确定二手车各组成部分技术状况的基础上，对二手车按其组成部分对整车的重要性和价值大小来加权评分，最后确定成新率的一种方法。

计算步骤如下：

1）将车辆分成发动机及离合器总成，变速器及传动轴总成，前桥及转向器、前悬架总成，后桥及后悬架总成和制动系统等几个总成部件，再根据各总成部件的构建成本、车辆构建成本的比重，按一定的百分比确定权重（见表 5-1-4）。

表 5-1-4　　机动车各总成部件价值权重

总成部件名称	权重 /%		
	轿车权重	客车权重	货车权重
发动机及离合器总成	25	28	25
变速器及传动轴总成	12	10	15
前桥及转向器、前悬架总成	9	10	15
后桥及后悬架总成	9	10	15
制动系统	6	5	5
车架总成	0	5	6
车身总成	28	22	9
电气设备及仪表	7	6	5
轮胎	4	4	5

2）以全新车辆对应的功能标准为满分 100 分，其功能完全丧失为 0 分，再根据若干总成部件的技术状况估算各总成部件的成新率。

3）将各总成部件的成新率与权重相乘，即得到各总成部件的权分成新率。

4）将各总成部件的权分成新率相加，即得到被评估车辆的成新率。

注意：采用部件鉴定法计算成新率时，部件成新率的取值一般不能超过公式计算得出的整车成新率。

一般采用部件鉴定法时，操作烦琐、工作量大、费时费力，二手车各组成部分权重较难掌握，特别是各车型及各种品牌，其车辆各组成部分权重也各不相同。但是用部件鉴定法计算出的二手车评估值更接近客观实际，可信度较高，一般适用于价值较高的二手车评估。

4. 确定综合调整系数

在采用使用年限法和行驶里程法估算二手车成新率时，还要考虑二手车的技术状况、使用和维修状态、原始制造质量、工作性质、工作条件等因素对被评估二手车成新率的影响，再考虑其对应的权重，确定综合调整系数。

5. 计算评估值

选择适当的重置成本法计算公式进行评估值的估算。

三、重置成本法的特点及运用条件

1. 特点

（1）重置成本法比较充分地考虑了被评估车辆的各种损耗，评估结果更趋于公平、合理，有利于二手车的评估。

（2）重置成本法是二手车鉴定评估中经常采用的评估方法，在不易计算二手车未来收益或难以获取二手车交易市场现时参照车辆的条件下可广泛使用。其评估结果更接近二手车的实际，是一种容易被接受的评估方法。

（3）评估工作量较大，且不易准确计算经济性贬值。

（4）在用重置成本法评估时，一般不考虑残值。

2. 运用条件

（1）重置成本法适用于车辆正处于在用状态，车辆已经投入使用或车辆能够继续使用前提下的二手车鉴定评估。对在用车辆，可直接运用重置成本法进行评估，无须做较大的调整。重置成本法可广泛应用于价值较高的中、高档车辆的评估。

（2）重置成本法以被评估车辆过去的使用状况、已使用年限等历史判断和记录作为评估基础，并与现时价格进行比较得出评估结论。

（3）运用重置成本法时，需要一个或几个类似的参照车辆与被评估车辆进行对比分析。

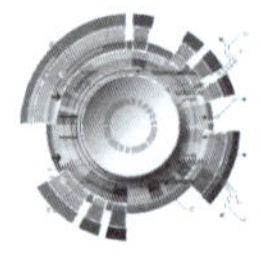

任务实施

张先生拟评估的家用大众 – 迈腾 2013 款 2.0 TSI 尊贵型轿车属于新车销售市场和二手车交易市场的主流、畅销车型，故该车型的相关市场交易价格信息较容易收集。另外，该车已使用 8 年 6 个月，累计行驶 12.8 万 km，使用条件较好，维护保养较好。因此，基于对车辆过去使用状况和技术状况的分析，采用重置成本法对该车价格进行估算较为合适。

一、确定重置成本

二手车鉴定评估机构接受委托后，了解到该车初次登记日期为 2013 年 4 月 12 日，累计行驶 12.8 万 km，通过对被评估车辆技术状况的鉴定，该车使用条件、维护保养、整车整体技术状况良好。通过走访汽车流通市场，对相关车型市场价格信息的收集得知：2021 年该车的市场新车含税价格为 29.07 万元。

故选择重置成本法进行价格估算，该车的重置成本为 29.07 万元。

二、确定成新率

拟评估车辆已使用 8 年 6 个月，共 102 个月，根据《机动车强制报废标准规定》可知，取消了家用轿车使用年限的限制，但由《二手车鉴定评估技术规范》中的“评估车辆价值”规定，对非营运乘用车使用年限按 15 年计算，共计 180 个月。采用使用年限法计算被评估车辆的成新率，计算公式如下：

$$成新率=\left(1-\frac{已使用年限(月)}{规定使用年限(月)}\right)\times100\%$$

$$=\left(1-\frac{102}{180}\right)\times100\%\approx43.3\%$$

三、确定综合调整系数

该车技术状况良好，取车辆技术状况调整系数 K_1=0.9。

该车维护保养较好，取车辆使用和维修状态调整系数 K_2=0.8。

该车属于国产名牌汽车，取车辆制造质量调整系数 K_3=0.9。

该车工作性质为私用，累计行驶 12.8 万 km，使用条件较好，取车辆工作性质调整系数 K_4=1.0。

该车工作条件较好，主要在城市内使用，取车辆工作条件调整系数 K_5=1.0。

综合调整系数 K 为

$$K=K_1\times 30\%+K_2\times 25\%+K_3\times 20\%+K_4\times 15\%+K_5\times 10\%$$

$$=0.9\times 30\%+0.8\times 25\%+0.9\times 20\%+1.0\times 15\%+1.0\times 10\%=0.9$$

经过对被评估车辆的技术鉴定和全面了解，考虑各种因素对被评估车辆成新率的影响，利用综合分析法确定该车的成新率为

$$\text{成新率}=\left(1-\frac{\text{已使用年限(月)}}{\text{规定使用年限(月)}}\right)\times\text{综合调整系数}\times 100\%$$

$$=\left(1-\frac{102}{180}\right)\times 0.9\times 100\%\approx 39\%$$

四、计算评估值

被评估车辆的评估值 = 重置成本 × 成新率

=29.07 万元 × 39%

≈ 11.34 万元

因此，通过重置成本法对张先生的家用汽车进行鉴定评估，该二手车的评估价格为 11.34 万元。

1. 什么是重置成本法？
2. 简述重置成本法价格评估的基本步骤。
3. 重置成本法有什么特点？

任务 2　现行市价法

学习目标

- 掌握现行市价法的定义及计算方法。
- 掌握现行市价法的价格评估步骤。
- 了解现行市价法的特点及运用条件。
- 能按照现行市价法的操作步骤进行二手车价值评估。

任务引入

2021 年 5 月，北京市的张先生有一辆大众－速腾 2015 款 230 TSI 自动舒适型家用轿车（见图 5-2-1）欲转让，委托某二手车鉴定评估机构对该车进行价格评估。

图 5-2-1　待评估的汽车

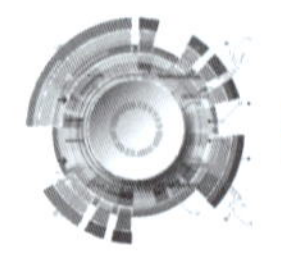

任务分析

张先生欲转让的一汽大众－速腾 2015 款 230 TSI 自动舒适型轿车在二手车市场的交易量较大，市场认可度、市场占有率和市场保值率也较高，易于收集到可参照的相同或类似车辆交易信息进行对比分析。参照车辆具有较高的参照性，评估结果易于被客户接受。因此，采用现行市价法对该车进行价格评估。

相关知识

一、现行市价法的定义及计算公式

1. 定义

现行市价法又称市场法、市场价格比较法，是指通过比较被评估二手车与市场上最近售出的相同或相似车辆的差异，并根据相同或相似车辆的市场价格进行调整，从而确定被评估车辆价值的一种方法。

2. 计算公式

现行市价法通过市场调查，选择一个或者几个与被评估车辆相同或相似的车辆作为参照物，分析参照车辆的结构、功能、新旧程度、地域、市场环境，并与被评估车辆逐一比较，找出两者的异同（差异量），以及这种异同对被评估车辆的价格影响，经过调整（差异调整系数），计算出被评估车辆的市场价格。其计算公式为

$$\text{被评估车辆的评估值} = \text{参照车辆现行市价} \times \sum \text{差异量} \tag{5-2-1}$$

或者

$$\text{被评估车辆的评估值} = \text{参照车辆现行市价} \times \text{差异调整系数} \tag{5-2-2}$$

3. 计算方法

在二手车价格评估实际工作中，运用现行市价法确定单台车辆价值时，通常采用直接法和类比法。

（1）直接法

直接法是指在二手车交易市场上能找到与被评估车辆完全相同车辆的现行市场价格，并将其价格直接作为被评估车辆评估价格的一种方法。所谓车辆完全相同是指它们的型号、使用条件和技术状况相同，生产和交易时间相近。一般来说，参照车辆与被评估车辆类别相同、主要参数相同、结构性能相同，只是生产序号不同并做局部改动，交易时间相近的车辆，即可作为评估过程中的参照车辆，其二手车的评估价值与参照车辆的现行市场价格相同。

（2）类比法

类比法是指评估二手车时，在公开的二手车市场上找不到与被评估车辆完全相同的车辆，但在公开市场上能找到与之相类似的车辆，以此参照车辆的市场交易价格为基础，通过比较被评估车辆与参照车辆之间的新旧程度、功能效用等因素方面的差异，按照比较法做出比较调整，从而确定被评估车辆价格的一种方法。

所选参照车辆与被评估二手车的比较因素越接近越好，若比较因素相差较大，就应做出价格的修正。就时间而言，参照车辆的交易时间与被评估车辆的评估基准日越接近越好。但若无近期的参照车辆，也可选择远期的，并做时间上的调整。

采用类比法估算评估车辆评估值的计算公式为

评估值 = 参照车辆现行市价 + 评估对象比参照车辆优异的价格差额 −
参照车辆比评估对象优异的价格差额　　（5–2–3）

或者　　评估值 = 参照车辆现行市价 × 差异调整系数　　（5–2–4）

为减少比价调整的工作量，减少调整时因主观因素产生的误差，所选择的参照车辆应尽可能与被评估二手车相似，在地域上尽可能相近。另外，被评估二手车与参照车辆应具有较强的可比性，在车辆实体状况方面应比较接近。

运用类比法进行二手车价格评估时，因其核算的评估价依据市场销售价格而定，没有考虑车辆本身的技术状况，而且二手车不同于新车，车辆状况不可能完全一致。因此，这种方法计算的结果缺乏一定的科学性和客观性，在现实工作中很少使用。

运用类比法评估车辆价格时必须收集大量的交易案例，准确掌握正常的市场价格行情，根据市场上类似参照车辆的市场价格分析比较它们各方面的差异，按照一定的方法做出调整，从而确定被评估车辆的价值。

二、现行市价法的价格评估步骤

现行市价法的价格评估步骤如图 5–2–2 所示。

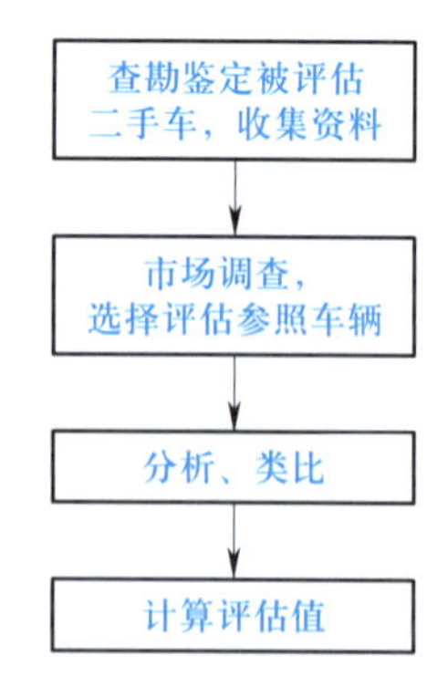

图 5–2–2　现行市价法的价格评估步骤

1. 查勘鉴定被评估二手车，收集资料

查勘待评估二手车，并对车辆结构、性能、新旧程度等

做必要的技术鉴定，以获得该二手车的基本技术参数，为市场数据资料的收集及参照车辆的选择提供依据。

收集被评估车辆的资料主要包括车辆的类别名称、车辆型号和性能、生产厂家及出厂年月，了解车辆目前的使用情况、实际技术状况以及尚可使用的年限等。

2. 市场调查，选择评估参照车辆

根据评估的特定目的、待评估车辆的有关技术参数，选定二手车交易市场上可进行类比的参照车辆。所选定的类比车辆必须具有可比性，可比性因素应包括以下内容：

（1）车辆型号和制造年份。

（2）车辆制造商。

（3）车辆来源，如私用、公务、商用、营运车辆等。

（4）车辆使用年限及行驶里程。

（5）车辆技术状况。

（6）市场状况。

（7）交易动机和目的。

（8）车辆所处的地理位置。

（9）成交数量。

（10）成交时间。

参照车辆的选择一般应在两个以上，应先考虑市场上已成交的交易案例中的车辆作为参照车辆。

3. 分析、类比

被评估车辆和参照车辆之间在车辆的结构、功能、新旧程度、地域、销售数量、付款方式等方面必然存在一定的差异，这些差异在评估时必须进行量化并调整，以使评估结果更可靠。

（1）车辆结构性能的差异及量化

被评估车辆和参照车辆之间在车辆型号、结构、性能上的差异，具体表现在功能

和性能上，从而对二手车价格产生影响。其差异的量化调整值为

$$量化调整值 = 结构性能差异值 \times 成新率 \qquad (5\text{–}2\text{–}5)$$

（2）销售时间的差异及量化

在选择参照车辆时应选择评估基准日的成交案例，若参照车辆的交易时间在评估基准日之前，可采用价格指数法将销售时间差异量化并调整。

价格指数法是以参照车辆的成交价为基础，考虑参照车辆的成交时间与被评估车辆评估基准日的时间差异对二手车价值的影响，利用价格指数调整被评估车辆的价值，即

$$评估值 = 参照车辆成交价 \times (1+物价变动指数) \qquad (5\text{–}2\text{–}6)$$

物价变动指数是指通过已掌握的历年车辆价格指数计算得到的反映车辆价格变动趋势的指标。一般选择与被评估车辆已使用年限相当，近五年内市场占有率为前三名的品牌车型，分别以其现时购买价与原始购买价之比的算术平均值作为物价变动指数。

值得注意的是，物价变动指数要尽可能选用有法律依据的国家统计部门或物价管理部门以及政府机关发布和提供的数据。

（3）新旧程度的差异及量化

被评估车辆与参照车辆在新旧程度上不一定完全一致，参照车辆也未必是全新的。这就要求评估人员对被评估车辆与参照车辆的新旧程度的差异进行量化。

$$新旧程度的差异量 = 参照车辆价格 \times (被评估车辆成新率 - 参照车辆成新率) \qquad (5\text{–}2\text{–}7)$$

（4）销售数量的差异及量化

销售数量多少会对车辆的成交单价产生影响。对销售数量差异的调整常采用未来收益的折现方法解决。

（5）付款方式的差异及量化

付款方式也会对车辆的成交单价产生影响。对付款方式差异的调整，被评估车辆通常是以一次性付款方式为假定前提，若参照车辆采用分期付款方式，则可按当时银

行存款利率将各期分期付款额折现累加，即可得到一次性付款总额。

4. 计算评估值

通过被评估车辆与参照车辆之间差异性的分析，进行差异调整，并给出被评估车辆的评估值。

三、现行市价法的特点及运用条件

1. 特点

（1）现行市价法能够客观地反映二手车目前的市场情况，符合市场经济规律，其评估的参数、性能指标等可直接从市场获得，评估值能反映二手车交易市场的现时价格。

（2）评估结果易于被各方面理解和接受，但需要有一个成熟的市场环境，需要存在大量的评估参照物。

2. 运用条件

（1）现行市价法需要一个充分发育、活跃的二手车交易市场，有充分的参照车辆可取。在二手车交易市场上，二手车交易越频繁，与被评估车辆相似的车辆价格越容易被获得。否则，如果市场发育不充分，缺少足够的可对比数据，则难以运用该方法，有一定的局限性。

（2）参照车辆及其与被评估车辆可比较的性能指标、技术参数、配置差异、使用年限等资料是可收集的，并且价值影响因素明确，可以量化。

现行市价法要求二手车鉴定评估人员经验丰富，熟悉车辆的评估鉴定程序、鉴定方法和市场交易情况。运用现行市价法时，要能找到与被评估车辆相同或相类似的参照车辆，并且参照车辆是近期的、可比较的。

任务实施

根据现行市价法的评估步骤，对张先生欲转让的一汽大众－速腾 2015 款 230 TSI 自动舒适型轿车进行价格评估。

一、查勘鉴定被评估二手车，收集资料

二手车鉴定评估机构工作人员通过对车主的调查，了解了被评估二手车的基本情况。被评估车辆基本情况见表 5–2–1。

表 5–2–1　　被评估车辆基本情况

车辆类型	国产	品牌型号	一汽大众 – 速腾 2015 款 230 TSI 自动舒适型
变速系统	7 挡干式双离合（自动）	排量	1.4 L
车辆颜色	白色	原车用途	家用
行驶里程	5.18 万 km	初次登记时间	2016 年 4 月
保险至	2022 年 4 月	年检至	2022 年 4 月
环保标准	国 V	新车含税价格	16.77 万元
成新率	91.4%	物价指数	0.97

经对该车技术状况鉴定发现：该车外观未发现钣金件色差，但有局部喷漆；外观有少量瑕疵；灯光系统正常，内饰整洁；电子系统正常；发动机、变速器工况正常，怠速规律、无抖动，转向灵活；车辆维护保养正常，无碰撞记录。结论：车辆综合技术状态良好。

二、市场调查，选择评估参照车辆

二手车鉴定评估机构接受委托后，对北京的二手车市场进行了调查：一汽大众 – 速腾 2015 款 230 TSI 自动舒适型轿车在二手车市场的交易量尚好，市场认可度、市场占有率和市场保值率也较高。因此，选取了三宗交易案例作为评估参照车辆，其基本信息见表 5–2–2。

表 5–2–2　　参照车辆基本信息

基本信息	参照车辆 1	参照车辆 2	参照车辆 3
车辆类型	一汽大众 – 速腾 2015 款 230 TSI 自动舒适型	一汽大众 – 速腾 2015 款 230 TSI 自动舒适型	一汽大众 – 速腾 2015 款 230 TSI 自动舒适型
初次登记时间	2015 年 12 月	2016 年 8 月	2016 年 8 月
成交时间	2021 年 5 月	2021 年 5 月	2021 年 4 月
行驶里程	11.44 万 km	6.82 万 km	6.17 万 km

续表

变速系统	7 挡干式双离合（自动）	7 挡干式双离合（自动）	7 挡干式双离合（自动）
发动机	1.4T 131 马力 L4	1.4T 131 马力 L4	1.4T 131 马力 L4
排量	1.4 L	1.4 L	1.4 L
环保标准	国 V	国 V	国 V
车辆颜色	棕色	棕色	白色
原车用途	家用	家用	家用
成新率	80.9%	88.6%	89.7%
物价指数	0.97	0.97	0.98
交易价格	7.80 万元	8.68 万元	9.05 万元
新车含税价格	16.77 万元	16.77 万元	16.77 万元

三、分析、类比

因收集到的参照车辆交易时间与被评估车辆的评估基准日接近，参照车辆与被评估车辆的结构型号、性能指标及技术参数完全一样，使用条件和技术状况也相近，所以参照车辆的成交价格具有较高的参考性。故采用现行市价法中的类比法来确定该车辆的评估价值，并通过被评估车辆与参照车辆之间差异性的分析进行差异调整，给出被评估车辆的评估值。

1. 以参照车辆 1 为参照对象做各项差异量化与调整

（1）结构性能差异量化与调整

参照车辆 1 与被评估车辆的结构型号、性能技术参数完全相同，故不做差异量化与调整。

（2）销售时间差异量化与调整

采用价格指数法对销售时间进行差异量化与调整。

差异调整系数 = 车辆评估时的物价指数 / 车辆购买时的物价指数 =0.97 ÷ 0.97=1.0。

（3）新旧程度量化与调整

新旧程度的差异量 = 参照车辆价格 ×（被评估车辆成新率 – 参照车辆成新率）

利用行驶里程法计算被评估车辆、参照车辆的成新率。根据《机动车强制报废标准规定》可知，非营运乘用车达到报废规定的行驶里程参考值为60万km。所以

$$被评估车辆的成新率=\left(1-\frac{机动车累计行驶里程(km)}{机动车报废标准规定的行驶里程(km)}\right)\times100\%$$

$$=\left(1-\frac{51\ 800}{600\ 000}\right)\times100\%\approx91.4\%$$

$$参照车辆1成新率=\left(1-\frac{机动车累计行驶里程数(km)}{机动车报废标准规定的行驶里程数(km)}\right)\times100\%$$

$$=\left(1-\frac{114\ 400}{600\ 000}\right)\times100\%\approx80.9\%$$

新旧程度的差异量 = 参照车辆价格 ×（被评估车辆成新率 – 参照车辆成新率）

=7.80 万元 ×（91.4%–80.9%）=0.819 万元

（4）销售数量和付款方式差异量化与调整

销售数量和付款方式无差异，不需要量化与调整。

（5）计算评估值

被评估车辆的评估值 = 参照车辆现行市价 × 差异调整系数

=（7.80+0.819）万元 ×1.0 =8.619 万元

2. 以参照车辆 2 为参照对象做各项差异量化与调整

（1）结构性能差异量化与调整

参照车辆2与被评估车辆的结构型号、性能技术参数完全相同，故不做差异量化与调整。

（2）销售时间差异量化与调整

参照车辆2交易时间与被评估车辆的欲交易时间相一致，故不作差异量化与调整，调整系数为1.0。

（3）新旧程度量化与调整

新旧程度的差异量 = 参照车辆价格 ×（被评估车辆成新率 – 参照车辆成新率）

$$参照车辆2成新率=\left(1-\frac{机动车累计行驶里程(km)}{机动车报废标准规定的行驶里程(km)}\right)\times100\%$$

$$=\left(1-\frac{68\ 200}{600\ 000}\right)\times100\%\approx88.6\%$$

所以，

新旧程度的差异量 = 参照车辆价格 ×（被评估车辆成新率 – 参照车辆成新率）

=8.68 万元 ×（91.4%–88.6%）≈ 0.243 万元

（4）销售数量和付款方式差异量化与调整

销售数量和付款方式无差异，不需要量化与调整。

（5）计算评估值

被评估车辆的评估值 = 参照车辆现行市价 × 差异调整系数

=（8.68+0.243）万元 ×1.0 =8.923 万元

3. 以参照车辆 3 为参照对象做各项差异量化与调整

（1）结构性能差异量化与调整

参照车辆 3 与被评估车辆的结构型号、性能技术参数完全相同，故不做差异量化与调整。

（2）销售时间差异量化与调整

参照车辆 3 交易时间与被评估车辆的欲交易时间相近，故不作差异量化与调整，调整系数为 1.0。

（3）新旧程度量化与调整

新旧程度的差异量 = 参照车辆价格 ×（被评估车辆成新率 – 参照车辆成新率）

$$参照车辆3成新率=\left(1-\frac{机动车累计行驶里程(km)}{机动车报废标准规定的行驶里程(km)}\right)\times100\%$$

$$=\left(1-\frac{61\ 700}{600\ 000}\right)\times100\%\approx89.7\%$$

所以，

新旧程度的差异量 = 参照车辆价格 ×（被评估车辆成新率 – 参照车辆成新率）

=9.05 万元 ×（91.4%–89.7%）≈ 0.154 万元

（4）销售数量和付款方式差异量化与调整

销售数量和付款方式无差异，不需要量化与调整。

（5）计算评估值

$$被评估车辆的评估值 = 参照车辆现行市价 \times 差异调整系数$$

$$=（9.05+0.154）万元 \times 1.0 =9.204 万元$$

四、计算被评估车辆的评估值

综合参照车辆 1、2、3，被评估车辆评估值为

$$车辆评估值 = \frac{8.619万元+8.923万元+9.204万元}{3} \approx 8.92万元$$

二手车鉴定评估机构工作人员运用现行市价法，计算出该车评估值为 8.92 万元，为张先生提供了该车转让的合理参考底价。

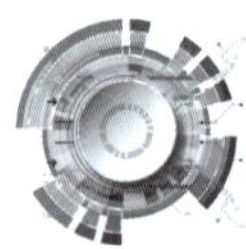

思考与练习

1. 什么是现行市价法？
2. 简述现行市价法价格评估的基本步骤。
3. 现行市价法有什么特点？

任务 3　收益现值法

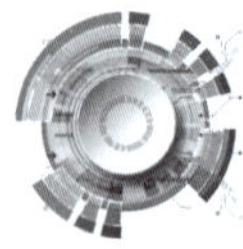

学习目标

- 掌握收益现值法的定义及计算公式。
- 掌握收益现值法的价格评估步骤。
- 了解收益现值法的特点及运用条件。
- 能按照收益现值法的操作步骤进行二手车价值评估。

任务引入

李先生欲购置一辆在用车况良好的载重货车用于物流经营。假定该载重货车全年可使用 300 天，每天平均毛收入为 1 000 元，耗油量为 200 元 / 天，年维修费用为 3 万元，人员劳务费用为 6 万元 / 年，每年的保险及各项杂费支出为 4 万元。试为李先生评估该载重货车的价值。

任务分析

由上述任务引入可知，李先生欲购买的载重货车主要用于物流经营，所以该评估过程实际上是对被评估车辆未来预期收益进行折现的过程。所以，采用收益现值法对该车价值进行评估。

相关知识

一、收益现值法的定义及计算公式

1. 定义

收益现值法是指运用适当的折现率，将被评估物未来的预期收益折算成现值，来估算被评估物价值的一种方法。

对于二手车鉴定评估而言，收益现值法是指将被评估的车辆在剩余经济使用寿命期内每个收益期的预期收益，用适当的折现率折现为评估基准日的现值，再将每个收益期的现值累加求和，并以此确定评估价格的一种方法。采用收益现值法对二手车进行评估所确定的价值，是从二手车购买者的角度出发，认为购买被评估车辆的产权或者购买被评估车辆在其剩余经济使用寿命期内的获利能力所需要支付的金额。如果被评估车辆预期收益少，那么该车的交易价格就不可能高；反之，该车的价格就比较高。

2. 计算公式

收益现值法评估值的计算，实际上就是对被评估二手车未来预期收益进行折现的过程。被评估车辆的评估值等于被评估二手车在剩余经济使用寿命期内各期的收益现值之和。其基本计算公式为

$$P=\sum_{t=1}^{n}\frac{A_t}{(1+i)^t}=\frac{A_1}{(1+i)}+\frac{A_2}{(1+i)^2}+\cdots+\frac{A_n}{(1+i)^n} \quad (5\text{-}3\text{-}1)$$

式中　P——评估值；

A_t——未来第 t 个收益期的预期收益额，收益期有限时（机动车的收益期是有限的），A_t 中还包含期末车辆的残值（在估算时，残值一般忽略不计）；

n——收益年期（剩余经济使用寿命的年限）；

i——折现率；

t——收益期，一般以年计。

当 $A_1=A_2=\cdots=A_n=A$ 时，即 t 从 1 ～ n 未来收益分别为 A 时，则有

$$P=A\cdot\left[\frac{1}{1+i}+\frac{1}{(1+i)^2}+\cdots+\frac{1}{(1+i)^n}\right]=A\cdot\frac{(1+i)^n-1}{i\cdot(1+i)^n} \quad (5\text{-}3\text{-}2)$$

其中，$\frac{1}{(1+i)^t}$为现值系数，$\frac{(1+i)^n-1}{i\cdot(1+i)^n}$为年金现值系数。

3. 术语定义

（1）剩余经济使用寿命期

剩余经济使用寿命期是指从评估基准日到车辆到达报废的年限。对于各种车辆来说，该参数按《机动车强制报废标准规定》来确定。

（2）预期收益额

预期收益额是指被评估车辆在其剩余经济使用寿命期内的使用过程中可能带来的年纯收益额。预期收益额是通过预测分析获得的，对于买卖双方来说，判断车辆是否能带来收益，对其收益的判断不仅看现在的收益能力，更重要的是预测未来的收益能力。为估算方便，常选择企业所得税后利润来反映预期收益额，即

预期收益额 =（年预期总收入 – 年预期支出）×（1– 所得税率）

年预期支出可以根据本行业的状况，分析被评估车辆的可能支出项目、支出额，

列出预计支出清单。

（3）折现率

折现率是将未来预期收益折算成现值的比率。折现率越大，折算的现值越少，否则就越多。折现率是一种特定条件下的收益率，说明车辆取得该项收益的收益率水平。收益率越高，二手车评估值越低。在收益一定的情况下，收益率越高，单位资产的增值率越高，所有者拥有资产价值越低。

二、收益现值法的价格评估步骤

收益现值法的价格评估步骤如图 5-3-1 所示。

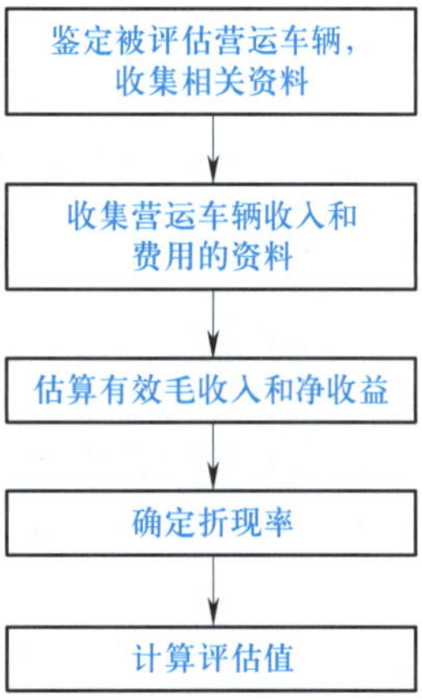

鉴定被评估营运车辆，收集相关资料
↓
收集营运车辆收入和费用的资料
↓
估算有效毛收入和净收益
↓
确定折现率
↓
计算评估值

图 5-3-1 收益现值法的价格评估步骤

1. 鉴定被评估营运车辆，收集相关资料

通过对拟评估车辆的技术状况鉴定，了解车辆的使用情况，确定车辆的剩余经济使用寿命期。

2. 收集营运车辆收入和费用的资料

即了解营运车辆的经营行情和消费结构。

3. 估算有效毛收入和净收益

即了解和估算营运车辆的运营费用。

4. 确定折现率

折现率必须谨慎确定，折现率的微小差异会带来评估值的很大差异。在计算折现率时，必须考虑风险因素的影响，否则，就可能过高地估算车辆的价值。一般来说，折现率应包括无风险收益率、风险报酬率和通货膨胀率等风险因素，即

$$\text{折现率} = \text{无风险收益率} + \text{风险报酬率} + \text{通货膨胀率} \tag{5-3-3}$$

折现率一般不好确定，确定原则是其应该不低于国家银行存款利率。因此，在实际应用中，如果其他因素不好确定，可取折现率 = 存款利率。

5. 计算评估值

选择收益现值法求出待评估车辆评估值。

三、收益现值法的特点及运用条件

1. 特点

（1）收益现值法的评估要素完全基于对未来的分析，与投资决策相结合，容易被交易双方接受。

（2）收益现值法能真实、较准确地反映车辆本金化的价格。

（3）预期收益额预测难度大，受较强的主观判断和未来不可预测因素的影响。

2. 运用条件

（1）被评估二手车必须是营运车辆，具有继续经营能力，并且能不断获得收益。它考虑和侧重的是被评估车辆未来能给投资者带来多少收益。因此，家用轿车、消防车、救护车等非营运二手车不能用收益现值法评估。

（2）被评估二手车的继续经营收益能够并且必须用货币金额方式来表示。

（3）影响被评估二手车未来经营风险的各种因素能够转化为数据加以计算，并体现在二手车折现率中。

运用收益现值法进行评估时，是以车辆投入使用后持续稳定获利为前提条件的。如果人们购买二手车的目的不是车辆本身，而是二手车在剩余经济使用寿命期内的获利能力，就应该选择收益现值法来估算二手车的交易价格。因此，收益现值法适用于投资营运车辆的评估。

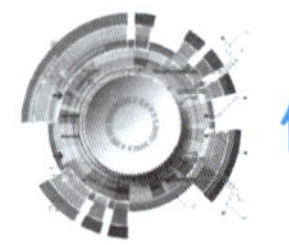

任务实施

一、鉴定被评估营运车辆，收集车辆相关资料

经对被评估载重货车外观和发动机等技术状况鉴定，该车维护保养正常，整车技术状况良好。经查验该载重货车为可交易车辆，无重大事故、无泡水事故、无火烧事故等。通过沟通及资料收集，了解了李先生欲购买的载重货车的登记日期为 2016 年 4 月，评估基准日为 2018 年 4 月，该车投入运营已有 2 年时间。根据《机动车强制报废标准规定》可知，该货车规定的使用年限为 10 年，所以

$$该载重货车剩余经济使用寿命\ n=10\ 年-2\ 年=8\ 年$$

二、预期收益额的确定

1. 毛收入的确定

由已知条件可知，假定该载重货车全年可使用300天，每天平均毛收入为1 000元，耗油量为200元/天，年维修费用为3万元，人员劳务费用为6万元/年，每年的保险及各项杂费支出为4万元。对该载重货车的运营情况及经济收支情况进行分析。

预计年收入=1 000元 ×300天=30万元

预计年支出费用=0.02万元 ×300天（年耗油量）+3万元（年维修费用）+4万元（年相关杂费）+6万元（年人员劳务费）=19万元

预计年毛收入=30万元−19万元=11万元

2. 税后净收益（年）

因该营运载重货车适用所得税率为10%，则

税后年净收益A=11万元 ×（1−10%）=9.90万元

三、折现率的确定

根据银行存款利率、道路货运行业的收入水平，确定资金预期收益率为6%，风险报酬率为2%，将折现率取值为8%。

四、计算被评估载重货车的评估值

该载重货车剩余经济使用寿命为8年，折现率取值为8%，假设每年的纯收入相同且为9.90万元，根据收益现值法计算收益现值，即该载重货车的评估值P的计算公式为

$$P=A\cdot\left[\frac{1}{1+i}+\frac{1}{(1+i)^2}+\cdots+\frac{1}{(1+i)^n}\right]=A\cdot\frac{(1+i)^n-1}{i\cdot(1+i)^n}$$

因收益A=9.90万元，折现率i=8%，收益年期n=8年，所以

$$\begin{aligned}P&=A\cdot\frac{(1+i)^n-1}{i\cdot(1+i)^n}\\&=9.90\text{万元}\times\frac{(1+0.08)^8-1}{0.08\times(1+0.08)^8}\\&\approx56.86\text{万元}\end{aligned}$$

因此，根据被评估营运性载重货车的相关信息及技术状况，采用收益现值法对该车辆进行价格评估，其评估价格约为 57 万元。

思考与练习

1. 什么是收益现值法？

2. 简述收益现值法价格评估的基本步骤。

3. 收益现值法有什么特点？

任务 4　清算价格法

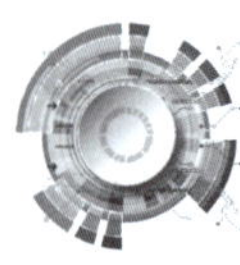

学习目标

- 掌握清算价格法的定义及计算方法。
- 掌握清算价格法的价格评估步骤。
- 了解清算价格法的特点、运用条件及影响因素。
- 能按照清算价格法的评估步骤进行二手车的价值评估。

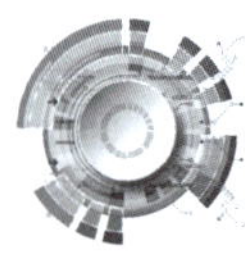

任务引入

有一辆大众宝来 2018 款 230 TSI DSG 舒适型轿车（见图 5-4-1），登记日期为 2018 年 3 月（出厂日期为 2018 年 2 月 1 日），行驶里程为 6.2 万 km。车主因欠款问题，该车被法院扣押，在规定期限内车主仍未还款。2021 年 6 月，法院要求二手车鉴定评估机构对该车进行技术鉴定和价值评估，以尽快变现，冲抵欠款。

图 5-4-1　待评估的汽车

任务分析

根据任务引入描述，大众宝来 2018 款 230 TSI DSG 舒适型轿车因车主欠款，被法院扣押，在规定期限内车主仍未还款。2021 年 6 月，法院要求二手车鉴定评估机构对该车进行技术鉴定和价值评估，以尽快变现，冲抵欠款。该任务符合清算价格法对车辆进行评估的条件，故采用清算价格法对该车进行价格评估。

相关知识

一、清算价格的定义及计算方法

1. 定义

清算价格法是指企业由于破产、抵押、法院扣押或其他原因，要求在一定期限内将车辆变现的情况下，在企业清算之日预期出售车辆可收回的快速变现价格的一种方法。

（1）企业破产

企业破产是指企业或个人因经营不善造成严重亏损，不能清偿到期债务时，企业依法宣布破产，法院以其全部财产依法清偿其所欠债务，不足部分不再清偿。

（2）抵押

抵押是指以所有者资产为抵押物进行融资的一种经济行为，是合同当事人一方用自己的特定资产，向对方保证履行合同的一种担保方式。提供资产的一方为抵押人，接受抵押资产的一方为抵押权人。抵押人不履行合同时，抵押权人有权将抵押资产在法律允许的范围内，从变卖抵押物价款中优先获得赔偿。

（3）停业清理

停业清理是指企业由于经营不善导致严重亏损，已临近破产边缘或因其他原因将无法继续经营，为明确企业财务现状，对全部财产进行清点、整理和查核，为经营决策（破产清算或继续经营）提供依据，以及因资产损毁、报废而进行清理、拆除等经济行为。

清算价格法在原理上与现行市价法基本相同，所不同的是迫于停业或破产，急于将车辆拍卖和出售。因此，清算价格往往大大低于现行市场价格。

2. 计算方法

清算价格法主要根据二手车技术状况，运用现行市价法估算其正常价格，再根据车辆处置情况和变现要求，乘以一个折扣率，最后确定评估价格。

二手汽车评估清算价格的计算方法主要有以下几种：

（1）现行市价折扣法

现行市价折扣法是指对清理车辆，首先在二手车市场上寻找一个相适应的参照物；然后根据快速变现原则估定一个折扣率并据此确定其清算价格。

折扣率须根据具体情况，在 0.5 ~ 0.85 范围内确定。

（2）模拟拍卖法

模拟拍卖法也称意向询价法，是根据向被评估车辆的潜在购买者询价的方法取得市场报价信息，然后经二手车鉴定评估人员分析确定其清算价格的一种方法。用这种方法确定的清算价格受供需关系影响较大，要充分考虑其影响程度。

（3）竞价法

竞价法是由法院按照法定程序（破产清算），或由卖方根据评估结果提出一个拍卖底价，在公开市场上由买方竞争出价，价高者得。

二、清算价格法的价格评估步骤

清算价格法的价格评估步骤如图 5-4-2 所示。

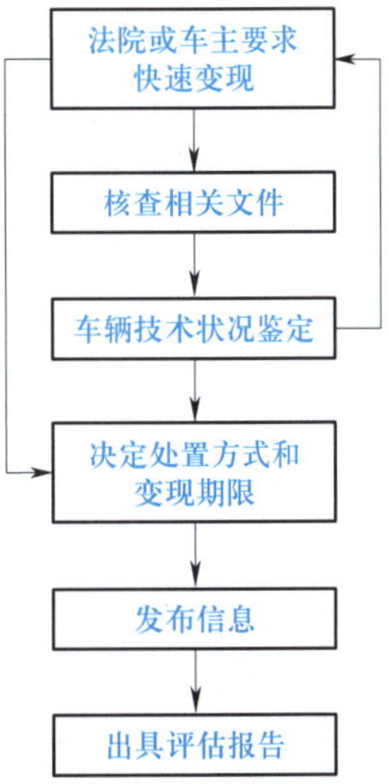

1. 法院或车主要求快速变现

清算价格法不是一种主流的价值评估方式，只有在法院和车主的要求下才能选择这种方法。

2. 核查相关文件

需要提供该车的合法手续、保险手续、具有法律效力的破产处理文件或抵押合同及其他有效依据。

3. 车辆技术状况鉴定

通过对被评估车辆的车辆技术状况鉴定了解车辆的车况。

4. 决定处置方式和变现期限

通报车辆处置方式，描述基本车况，要求提供变现期限及处置方式。

图 5-4-2 清算价格法的价格评估步骤

5. 发布信息

根据处置方式的意见，在一定范围内发布二手车处置信息。

6. 出具评估报告

根据信息发布情况，决定快速变现的最终价格或拍卖底价，完成并出具评估报告。

三、清算价格法的特点、运用条件及影响因素

1. 特点

（1）清算价格法受其适用条件的局限，主要用于企业破产、抵押、停业清理或个人无还贷能力时要出售的二手车。

（2）清算价格法从车辆资产债权人的角度出发，以车辆快速变现为目的进行评估。

2. 运用条件

（1）清算价格法以具有法律效力的破产处理文件、抵押合同及其他有效文件为依据。

（2）车辆在现时市场上可以快速出售变现。

（3）清算价格法所卖收入足以补偿出售车辆本身的附加支出总额。

3. 影响因素

在二手车价值评估时，影响清算价格的因素主要有以下几个方面：

（1）破产形式

如果企业丧失车辆处置权，出售车辆的一方无讨价还价的可能，则以买方出价决定车辆售价；如果企业未丧失处置权，出售车辆的一方尚有讨价还价的余地，则以双方议价决定售价。

（2）债权人处置车辆方式

按抵押时的合同契约规定执行，如公开拍卖或收归己有。

（3）清算费用

在破产等待评估车辆价格时，应对清理费用及其他费用予以充分考虑。

（4）拍卖期限

拍卖价格与拍卖期限有很大关系，一般来说时限长售价会高一点，时限短售价就会低一点，这是由快速变现原则决定的。

（5）公平市价

公平市价指汽车交易双方都满意的价格。但是，在清算价格时卖方满意的价格很难达到。

（6）参照物价格

在现时市场上出售相同或类似车辆的价格。现时市场参照的汽车价格高，则汽车售出的价格一般也会高；反之则会低。

任务实施

一、法院或车主要求快速变现

法院出具了具有法律效力的判决书及抵押合同文件，要求二手车鉴定评估机构对该车进行价值评估，以尽快变现，冲抵欠款。

二、车辆可交易性查验

通过检查，该车证照齐全，购置税齐全，保险、车船使用税到 2022 年 3 月 1 日到期；同时，依据《二手车鉴定评估技术规范》，经查验该车辆为可交易车辆，于是二手车鉴定评估机构与法院签订了二手车鉴定评估委托书。

三、事故车判别

依据《二手车鉴定评估技术规范》，经现场查勘，该车辆车体骨架结构无变形、无扭曲、无更换；车辆外观完好无损；没有发生过碰撞、烧焊；无火烧、无水泡、无事故痕迹。故判断该车为非事故车。

四、车辆技术状况鉴定

依据《二手车鉴定评估技术规范》，经对拟评估车辆静态检查得知：该车整体状况良好，漆面亮丽，没有明显修复做漆痕迹；但侧面有轻微划痕，顶部有 1 cm 左右的凹痕，各部件位置正常。发动机各连接部分正常，发动机舱线路正常，变速器油等正常。底盘系统无明显锈蚀痕迹，悬架系统良好，轮胎磨损正常，保养记录正常。

经对拟评估车辆动态检查得知：起动车辆，发动机噪声、抖动、排气正常，怠速偏高，热车后行驶过程中变速器反应时间迟钝，加速踏板比较沉，转向正常，加速正常，其他性能也正常。

五、拟评估车辆价格计算

因本次评估的目的是债务清算，选择清算价格法进行拟评估车辆的价格评估。

1. 确定车辆的重置成本

根据市场调查，此车型新车含税价格为 14.79 万元。

$$\text{重置成本}=14.79\text{ 万元}$$

2. 确定该车的成新率

由拟评估车辆资料可知，该车已使用 3 年 3 个月，共计 39 个月。根据《机动车强制报废标准规定》，该车使用年限为 15 年，共计 180 个月。所以

$$\text{成新率}=\left(1-\frac{\text{已使用年限(月)}}{\text{规定使用年限(月)}}\right)\times 100\%=\left(1-\frac{39}{180}\right)\times 100\%\approx 78\%$$

3. 确定车辆评估值

拟评估车辆整车技术状况良好，功能性损耗及经济性损耗很小，可忽略不计。故

$$拟评估车辆评估值=14.79\text{ 万元}\times 78\%\approx 11.54\text{ 万元}$$

4. 确定折扣率和清算价格

因法院根据案情要求尽快变现，询问最低价格，并要求可以尽快处置。根据市场调查，当折扣率取60%时，可在规定的清算日将该车卖出。则

$$该车清算价格=11.54\text{ 万元}\times 60\%\approx 6.92\text{ 万元}$$

六、发布信息

根据法院处置方式的意见，在一定范围内发布二手车处置信息。

七、完成评估报告

略。

思考与练习

1. 什么是清算价格法？

2. 简述清算价格法价格评估的基本步骤。

3. 清算价格法有什么特点？

模块六

二手车鉴定评估报告的撰写

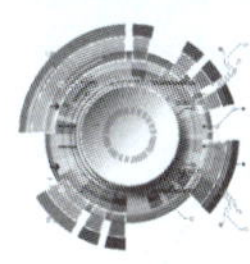

学习目标

- 熟悉二手车鉴定评估报告的基本内容及规范格式。
- 掌握二手车鉴定评估报告的撰写步骤。
- 能用规范的术语撰写二手车鉴定评估报告。

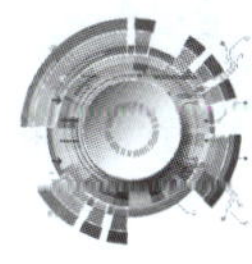

任务引入

2019 年 9 月 10 日，王先生到某二手车鉴定评估机构欲对家用自动舒适型高尔夫 2010 款 1.4T 轿车（见图 6-1-1）进行技术状况鉴定评估，并要求出具评估报告。双方经洽谈协商，王先生将该车的鉴定评估事宜委托给该二手车鉴定评估机构，该机构也接受了委托。

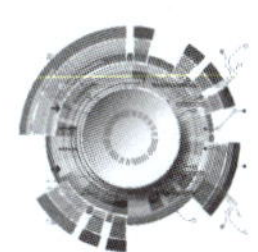

任务分析

二手车鉴定评估委托人与受托人达成委托关系后，受托人除对拟评估车辆进行技

图 6-1-1　自动舒适型高尔夫 2010 款 1.4 T 轿车

术状况鉴定外，还必须独立、准确地完成评估报告的撰写，如实反映鉴定评估工作情况，并为委托人出具二手车鉴定评估报告。

一、二手车鉴定评估报告的概念及作用

1. 二手车鉴定评估报告的概念

二手车鉴定评估报告是二手车鉴定评估机构根据《二手车流通管理办法》和《二手车鉴定评估技术规范》等有关规定和作业程序，在完成拟评估车辆技术状况鉴定评估工作后向委托方和二手车鉴定评估主管部门提交的说明二手车鉴定评估过程和结果的书面文书。

二手车鉴定评估报告是二手车鉴定评估机构完成某一鉴定评估工作后，向委托方提供说明鉴定评估的依据、范围、目的、基准时间、评估方法、过程和评估结论等基本情况的公正性、总结性、具有法律效力的评估报告，是二手车鉴定评估机构履行评估委托协议的总结。

2. 二手车鉴定评估报告的作用

二手车鉴定评估报告不仅反映二手车鉴定评估机构对被评估车辆作价的意见，而且确认了二手车鉴定评估机构对所鉴定估价的结果应负的法律责任。

（1）作为产权交易变动的作价依据。二手车鉴定评估报告的结论可以作为二手车交易的参考依据，或作为投资比例出资价格的证明材料。

（2）可作为法庭裁决时，确认财产价值的举证材料。发生纠纷案件的资产评估时，其评估结果可作为法庭做出裁决的证明材料。

（3）可作为二手车鉴定评估档案资料的重要信息来源。二手车鉴定评估报告不仅反映和体现二手车鉴定评估机构的工作情况和工作质量，明确委托方、受托方及有关方面的责任；同时，也是建立鉴定评估档案、归集评估档案资料的重要信息来源。档案保存一般不低于 5 年；鉴定评估目的涉及财产纠纷的，其档案至少应当保存 10 年；法律法规另有规定的，从其规定。

（4）可作为支付二手车鉴定评估费用的依据。当委托方（客户）收到评估资料及报告后没有提出异议，委托方应以此为前提和依据向受托方支付鉴定评估费用。

二、二手车鉴定评估报告的基本内容及规范格式

1. 二手车鉴定评估报告的基本内容

二手车鉴定评估报告一般根据委托方的要求和二手车鉴定评估业务的具体情况来确定基本内容，包括正文和附件两部分（见表 6–1–1）。其主要内容是阐述二手车鉴定评估的基本结论、二手车鉴定评估报告成立的前提条件、得出结论的方法和依据，并附必要的文件资料等。

2. 二手车鉴定评估报告的规范格式

根据《二手车鉴定评估技术规范》规定，二手车鉴定评估报告应按照规范文本出具，见表 6–1–1。

表 6–1–1　　二手车鉴定评估报告（示范文本）

××××鉴定评估机构评报字（20　　年）第××号

一、绪言

__________（鉴定评估机构）接受__________的委托，根据国家有关评估规定及《二手车流通管理办法》和《二手车鉴定评估技术规范》的规定，本着客观、独立、公正、科学的原则，按照公认的评估方法，对牌号为__________的车辆进行了鉴定。本机构鉴定评估人员按照必要的程序，对委托鉴定评估的车辆进行了实地查勘与市场调查，并对其在_____年_____月_____日所表现的市场价值做出了公允反映。现将该车辆鉴定评估结果报告如下。

二、委托方信息

委托方：____________________　委托方联系人：____________________

联系电话：____________________　车主姓名 / 名称：（填写机动车登记证书上的名称）

三、鉴定评估基准日

________年________月________日。

续表

四、鉴定评估车辆信息

厂牌型号：______________________ 牌照号码：______________________

发动机号码：______________________ 车辆 VIN 码：______________________

车身颜色：__________ 表征里程：__________ 初次登记日期：______________

年审检验合格至：______年_____月　　交强险截止日期：______年_____月

车船税截止日期：_____年_____月

是否查封、抵押车辆：□是　□否　　车辆购置税（费）证：□有　□无

机动车登记证书：　　□有　□无　　机动车行驶证：　　　□有　□无

未接受处理的交通违法记录：□有　□无

使用性质：□公务用车　□家庭用车　□营运用车　□出租车　□其他：__________

五、技术鉴定结果

技术状况缺陷描述：____

____

重要配置及参数信息：____

技术状况鉴定等级：____________________ 等级描述：____________________

六、价值评估

价值估算方法：□现行市价法　□重置成本法　□其他

价值估算结果：车辆鉴定评估价值为人民币__________元，金额大写：__________。

七、特别事项说明①

八、鉴定评估报告法律效力

本鉴定评估结果可以作为作价参考依据。本项鉴定评估结论有效期为 90 天，自鉴定评估基准日至_____年_____月_____日止。

九、声明

（1）本鉴定评估机构对该鉴定评估报告承担法律责任。

（2）本报告所提供的车辆评估价值为评估基准日的价值。

（3）该鉴定评估报告的使用权归委托方所有，其鉴定评估结论仅供委托方为本项目鉴定评估目的使用和送交二手车鉴定评估主管机关审查使用，不适用于其他目的，否则本鉴定评估机构不承担相应法律责任。因使用本报告不当而产生的任何后果与签署本报告的鉴定评估人员无关。

（4）本鉴定评估机构承诺，未经委托方许可，不将本报告的内容向他人提供或公开，否则本鉴定评估机构将承担相应法律责任。

附件一：二手车鉴定评估委托书

附件二：二手车技术状况鉴定作业表

附件三：车辆行驶证、机动车登记证书复印件

附件四：被鉴定评估二手车照片（要求外观清晰，车辆牌照能够辨认）

二手车鉴定评估师（签字、盖章）：　　　　**复核人②（签字、盖章）：**

　　　　　　　　　　　　　　　　　　（二手车鉴定评估机构盖章）

年　月　日　　　　　　　　　　　　**年　月　日**

① 特别事项是指在已确定鉴定评估结果的前提下，鉴定评估人员认为需要说明在鉴定过程中已发现可能影响鉴定评估结论，但非鉴定评估人员执业水平和能力所能鉴定评定估算的有关事项以及其他问题。

续表

② 复核人是指具有高级二手车鉴定评估师资格的人员。

备注：

1. 本报告和作业表一式三份，委托方二份，受托方一份。

2. 鉴定评估基准日即为《二手车鉴定评估委托书》签订的日期。

附件一：

二手车鉴定评估委托书（示范文本）

委托书编号：__________

委托方名称（姓名）：________________法人代码证（身份证）号：______________

鉴定评估机构名称：________________法人代码证：________________

委托方地址：____________________鉴定评估机构地址：______________

联系人：______________________电话：____________________

因 □交易 □典当 □拍卖 □置换 □抵押 □担保 □咨询 □司法裁决 □其他（须注明）需要，委托人与受托人达成委托关系，为号牌号码为____________，车辆类型为____________，车辆识别代号（VIN 码）/ 车架号码为____________的车辆进行技术状况鉴定并出具评估报告，____年____月____日前完成。

委托评估车辆基本信息

车辆情况	厂牌型号			使用用途	营运□ 非营运□
	总质量 / 座位 / 排量			燃料种类	
	初次登记日期	年 月 日		车身颜色	
	已使用年限	年 个月	累计行驶里程（万 km）		
	大修次数	发动机（次）		整车（次）	
	维修情况				
	事故情况				
价值反映	购置日期	年 月 日		原始价格（元）	
备注：					

委托方：（签字、盖章） **受托方：（签字、盖章）**

年 月 日 **年 月 日**

备注：

1. 委托方保证所提供的资料客观真实，并负法律责任。

2. 仅对车辆进行鉴定评估。

3. 评估依据为《机动车运行安全技术条件》（GB 7258—2017）、《二手车鉴定评估技术规范》（GB/T 30323—2013）等。

4. 评估结论仅对本次委托有效，不可用作其他用途。

5. 鉴定评估人员与有关当事人没有利害关系。

6. 委托方如对评估结论有异议，可于收到《二手车鉴定评估报告》之日起 10 日内向受托方提出，受托方应给予解释。

续表

附件二：

二手车技术状况鉴定作业表（示范文本）

<table>
<tr><td rowspan="9">车辆基本信息</td><td>厂牌型号</td><td colspan="4"></td><td>牌照号码</td><td colspan="2"></td></tr>
<tr><td>发动机号码</td><td colspan="4"></td><td>VIN 码</td><td colspan="2"></td></tr>
<tr><td>初次登记日期</td><td colspan="4">年 月 日</td><td>表征里程</td><td colspan="2">万 km</td></tr>
<tr><td>品牌名称</td><td colspan="2"></td><td colspan="2">□国产
□进口</td><td>车身颜色</td><td colspan="2"></td></tr>
<tr><td>年检证明</td><td colspan="4">□有（至___年___月）
□无</td><td>购置税证书</td><td colspan="2">□有 □无</td></tr>
<tr><td>车船税证明</td><td colspan="4">□有（至___年___月）
□无</td><td>交强险</td><td colspan="2">□有（至___年___月）
□无</td></tr>
<tr><td>使用性质</td><td colspan="7">□营运用车 □出租车 □公务用车 □家庭用车 □其他</td></tr>
<tr><td>其他法定凭证、证明</td><td colspan="7">□机动车号牌 □机动车行驶证 □机动车登记证书
□第三者强制保险单 □其他</td></tr>
<tr><td>车主名称 / 姓名</td><td colspan="4"></td><td colspan="2">企业法人证书代码 / 身份证号码</td><td></td></tr>
<tr><td rowspan="4">重要配置</td><td>燃料标号</td><td></td><td colspan="2">排量</td><td></td><td colspan="2">气缸数</td><td></td></tr>
<tr><td>发动机功率</td><td></td><td colspan="2">排放标准</td><td></td><td colspan="2">变速器形式</td><td></td></tr>
<tr><td>气囊</td><td></td><td colspan="2">驱动方式</td><td></td><td colspan="2">ABS</td><td>□有 □无</td></tr>
<tr><td>其他重要配置</td><td colspan="7"></td></tr>
<tr><td>是否为事故车</td><td>□是 □否</td><td colspan="4">损伤位置及损伤状况</td><td colspan="3"></td></tr>
<tr><td>鉴定结果</td><td>分值</td><td colspan="4"></td><td colspan="2">技术状况等级</td><td></td></tr>
<tr><td rowspan="7">车辆技术状况鉴定缺陷描述</td><td>鉴定科目</td><td colspan="4">鉴定结果（得分）</td><td colspan="3">缺陷描述</td></tr>
<tr><td>车身检查</td><td colspan="4"></td><td colspan="3"></td></tr>
<tr><td>发动机检查</td><td colspan="4"></td><td colspan="3"></td></tr>
<tr><td>车内检查</td><td colspan="4"></td><td colspan="3"></td></tr>
<tr><td>起动检查</td><td colspan="4"></td><td colspan="3"></td></tr>
<tr><td>路试检查</td><td colspan="4"></td><td colspan="3"></td></tr>
<tr><td>底盘检查</td><td colspan="4"></td><td colspan="3"></td></tr>
</table>

续表

声明： 本二手车技术状况鉴定作业表所体现的鉴定结果仅为鉴定日期当日被鉴定车辆的技术状况表现与描述，若在当日内被鉴定车辆的市场价值或因交通事故等原因导致车辆的价值发生变化，对车辆鉴定结果产生明显影响时，本技术状况鉴定作业表不作为参考依据。 二手车鉴定评估师： 鉴定单位：（盖章） 鉴定日期： 年 月 日 备注：本二手车技术状况鉴定作业表由二手车经销企业、拍卖企业、经纪企业使用，作为二手车交易合同的附件。车辆展卖期间，放置在驾驶室前风窗玻璃左下方，供消费者参阅。

（1）绪言

应写明该鉴定评估报告的委托方、受托方名称，以及受委托评估事项及鉴定评估工作整体情况。

（2）委托方信息

委托方名称应写明委托方、委托方联系人的名称、联系电话及地址；指出车主单位（或个人）的名称。

（3）鉴定评估基准日

按委托方要求的基准日，式样为：鉴定评估基准日：______年______月______日。

（4）鉴定评估车辆信息

须简要写明纳入评估范围车辆的厂牌型号、号牌号码、发动机号码、车辆识别代号（VIN 码）、车身颜色、表征里程、初次登记日期、年审检验合格有效日期、交强险截止日期、车船税截止日期、车辆购置税（费）证、机动车登记证书、机动车行驶证、是否为查封或抵押车辆、车辆使用性质及是否有未接受处理的交通违法记录等，对鉴定评估对象的基本信息和相关证、税进行初步审查。

（5）技术鉴定结果

通过对鉴定评估对象技术状况的鉴定，给出技术状况缺陷、重要配置及参数信息的描述，然后确定被鉴定评估车辆技术状况鉴定等级及其描述。

（6）价值评估

阐明二手车鉴定评估人员在评估过程中选择使用的价值评估方法，并完成对二手车鉴定评估委托书、二手车技术状况鉴定作业表等信息和作业内容的填写，给出价值估算结果，即最终的估价金额。估价金额有大小写，大小写数额应一致。

（7）特别事项说明

鉴定评估报告中陈述的特别事项是指在已确定鉴定评估结果的前提下，鉴定评估人员认为需要说明在鉴定评估过程中已发现可能影响鉴定评估结论，但非鉴定评估人员执业水平和能力所能鉴定评定估算的有关事项以及其他问题。在报告中的特别事项说明中明确了鉴定评估报告完成后，需二手车鉴定评估师、复核人签字、盖章，以及受托方二手车鉴定评估机构盖章，尤其强调了复核人应是具有高级二手车鉴定评估师资格的人员。

（8）鉴定评估报告法律效力

强调了鉴定评估结果的法律效力时长，即鉴定评估结论有效期为 90 天，自鉴定评估基准日至 × 年 × 月 × 日止；以及评估基准日后的事项对评估结论的影响、评估报告的适用范围等，尤其强调了在评估报告的有效期内若被评估车辆的市场价格发生变化或由于交通事故等原因导致车辆的价值发生变化，对车辆评估结果产生明显影响时，委托方需要重新委托评估机构进行评估。

（9）声明

明确了委托方和受托方鉴定评估机构的各自权益；强调了鉴定评估报告的使用权归委托方所有，其鉴定评估结论仅供委托方为本项目鉴定评估目的使用和送交二手车鉴定评估主管机关审查使用，不适用于其他目的。明确了鉴定评估报告所提供的车辆评估价值为评估基准日的价值，该估价是某一时点市场价值的公允反映。

（10）附件

附件包括二手车鉴定评估委托书、二手车技术状况鉴定作业表、机动车行驶证、机动车登记证书复印件和被鉴定评估二手车照片（要求外观清晰，车辆牌照能够辨认）。

三、二手车鉴定评估报告的撰写步骤

撰写二手车鉴定评估报告是完成二手车鉴定评估工作的最后一道工序，也是二手车鉴定评估工作中一个很重要的环节。二手车鉴定评估报告的撰写步骤如图 6–1–2 所示。

1. 业务洽谈

业务洽谈是二手车鉴定评估的第一项工作。业务洽谈工作的好坏直接影响二手车

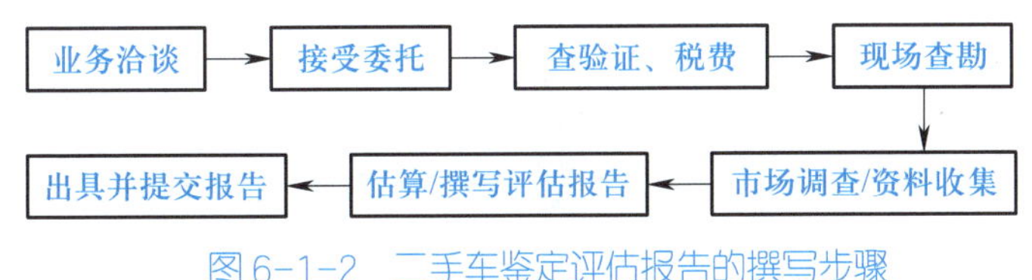

图 6-1-2　二手车鉴定评估报告的撰写步骤

鉴定评估机构的形象和信誉，也是能否正常开展业务的基础。因此，鉴定评估人员应该重视并做好业务洽谈工作。

业务洽谈方式有面谈和电话洽谈，与客户洽谈的主要内容有车主基本情况、车辆情况、委托评估的意向、时间要求等。通过业务洽谈，应该初步了解下述内容。

（1）车主单位（或个人）名称、隶属关系、所在地

车主即机动车所有人，是指车辆所有权的单位或个人。了解洽谈的客户是否是车主，是否具有车辆处置权。

（2）车主要求评估的目的

明确评估目的，根据评估目的选择计价标准和评估方法。一般来说，委托二手车交易市场进行评估的业务大多属于交易类业务。车主要求了解二手车评估价格的主要目的大都是作为买卖双方成交的参考底价。

（3）评估的对象及其基本情况

1）二手车的类别。二手车是汽车、拖拉机还是摩托车。

2）机动车名称、型号、生产厂家和出厂日期。

3）机动车辆管理机关初次注册登记的日期、行驶里程。

4）新车来历。二手车是在市场上购买的，还是走私罚没处理的或是捐赠免税车。

5）车籍。了解被评估车辆牌证的发放地是哪里。

6）车辆使用性质。二手车是公务用车、商用车，还是专业运输车或出租营运车。

7）手续是否齐全，是否年检。

在洽谈中，了解清楚上述基本情况后，就应做出是否接受委托的决定。如果不能接受委托，应该说明原因。若客户对交易有不清楚的地方，应该接受咨询，耐心地解答和指导。

2. 接受委托

鉴定评估人员必须明确了解委托方本次评估的委托目的和要求，包括明确评估基准日，并对车辆的大致情况进行了解。接受委托后，应签订二手车鉴定评估委托书。

二手车鉴定评估委托合同是受托方与委托方对各自权利责任和义务的约定，是一项经济合同性质的契约。涉及国有资产占有单位要求申请立项的二手车鉴定评估业务，应由委托方提供国有资产管理部门关于评估立项申请的批复文件，经核实后，方能接受委托，签署委托合同。

3. 核查交易车辆证件、税费等相关手续的合法性

验证被评估车辆各种手续的合法性，包括委托方是否具有对车辆的处置权，以及识别车辆的合法性。机动车的主要证件包括机动车来历凭证、机动车行驶证、机动车登记证书、机动车号牌等。要认真识别盗抢、走私、拼装车，并严禁此类车辆在二手车市场上进行交易。

4. 现场查勘

在现场查勘过程中，应仔细查勘车辆实际技术状况，包括车辆的配置、受损情况等，并填写二手车技术状况鉴定作业表。

5. 市场调查 / 资料收集

完成上述阶段工作后，进行市场调研和采样、收集评估对象的资料、选择参照物等，并拟定鉴定评估方案。评估方案的主要内容包括评估目的、评估对象和范围、评估基准日、协助评估人员的其他人员安排、拟采用的评估方法及其具体步骤等。确定评估方案后，下发二手车技术状况鉴定作业表，进行鉴定评估工作。

6. 估算并撰写鉴定评估报告

在完成二手车鉴定评估数据的分析和讨论、对部分数据进行调整后，拟出具二手车鉴定评估报告；同时，将鉴定评估的基本情况和评估报告初稿的初步结论与委托方交换意见，听取委托方的意见后，在坚持独立、客观、公正的基础上，认真分析委托方提出的意见和问题，对报告中存在的疏忽、遗漏和错误之处进行修正，修改完毕即可撰写正式的二手车鉴定评估报告。

7. 出具并提交鉴定评估报告

二手车鉴定评估机构撰写完正式的二手车鉴定评估报告后，经审核无误，先由负责该项目的二手车鉴定评估师签章，再送复核人审核签章，最后送鉴定评估机构负责人审定签章并加盖机构公章。

任务实施

一、业务洽谈

双方经过协商，二手车鉴定评估机构接受了王先生的委托，并耐心地解释和回答了王先生对车辆评估中的一些疑问。

二、接受委托

在委托方和受托方达成协议后，明确了评估基准日、希望完成评估的时间等，二手车鉴定评估机构接受了王先生的委托。

三、查验可交易车辆

二手车鉴定评估机构对王先生提供的相关证照手续合法性，以及待鉴定评估车辆的可交易性进行了查验。

四、签订委托书

二手车鉴定评估机构与王先生签订了二手车鉴定评估委托书（见表 6-1-2），并根据王先生本次鉴定评估的委托目的和要求，拟定了鉴定评估计划，安排了具体的鉴定评估人员。

表 6-1-2　二手车鉴定评估委托书

委托书编号：××××

委托方名称（姓名）：王×× 法人代码证（身份证）号：101×××××××××××××××

鉴定评估机构名称：北京××鉴定评估机构 法人代码证：×××××

委托方地址：北京市××区××街××楼 鉴定评估机构地址：北京市××区××街××号

续表

联系人：王 ×× 电话：137××××1234

因 □交易 □典当 □拍卖 ■置换 □抵押 □担保 □咨询 □司法裁决 □其他（须注明）需要，委托人与受托人达成委托关系，为号牌号码为京Y×××××，车辆类型为轿车，车辆识别代号（VIN码）/车架号码为LFV×××××××××××××××的车辆进行技术状况鉴定并出具评估报告，2019年9月25日前完成。

委托评估车辆基本信息

车辆情况	厂牌型号		一汽大众高尔夫 FV7144TFATG 轿车		使用用途	营运 □ 非营运 ■
	总质量/座位/排量		1 800 kg/5 座 /1.4 L		燃料种类	汽油
	初次登记日期		2010 年 1 月 18 日		车身颜色	黑色
	已使用年限		9 年 8 个月	累计行驶里程（万 km）		17.5
	大修次数		发动机（次）	×	整车（次）	×
	维修情况		较好			
	事故情况		无			
价值反映		购置日期	2010 年 1 月 18 日		原始价格（元）	139 800.00
备注：						

委托方：（签字、盖章）：王 ×× 2019 年 9 月 25 日

受托方：（签字、盖章）：北京 ×× 鉴定评估机构 2019 年 9 月 25 日

备注：

1. 委托方保证所提供的资料客观真实，并负法律责任。
2. 仅对车辆进行鉴定评估。
3. 评估依据为《机动车运行安全技术条件》（GB 7258—2017）、《二手车鉴定评估技术规范》（GB/T 30323—2013）等。
4. 评估结论仅对本次委托有效，不可用作其他用途。
5. 鉴定评估人员与有关当事人没有利害关系。
6. 委托方如对评估结论有异议，可于收到《二手车鉴定评估报告》之日起 10 日内向受托方提出，受托方应给予解释。

五、登记车辆基本信息

登记车辆使用性质信息及车辆基本情况信息等。

六、事故车判别

依据《二手车鉴定评估技术规范》要求，该车辆车体各部位、车辆外观完好无损，

没有发生过碰撞、火烧、水泡，无事故痕迹。

七、鉴定车辆技术状况

依据《二手车鉴定评估技术规范》要求，通过静态、动态检查，该车平时主要用于上下班，有过几次自驾游，驾驶仔细且日常维护保养良好，车辆外观有4处划伤喷漆痕迹，但对整车技术状况无影响；发动机运转良好；该车的传动系、制动系、转向系均无异常；整车的实际技术状况良好。

二手车鉴定评估人员根据检查结果计算车辆技术状况的分值（总分值为各个鉴定项目分值累计，即鉴定总分 = Σ项目分值，满分为100分），确定车辆对应的技术等级（见表6-1-3）；填写二手车鉴定评估作业表（见表6-1-4）和二手车技术状况鉴定作业表（见表6-1-5）。

表6-1-3　　车辆技术状况等级分值对应表

技术状况等级	分值区间
一级	鉴定总分≥ 90
二级	60 ≤鉴定总分＜ 90
三级	20 ≤鉴定总分＜ 60
四级	鉴定总分＜ 20
五级	事故车

表6-1-4　　二手车鉴定评估作业表

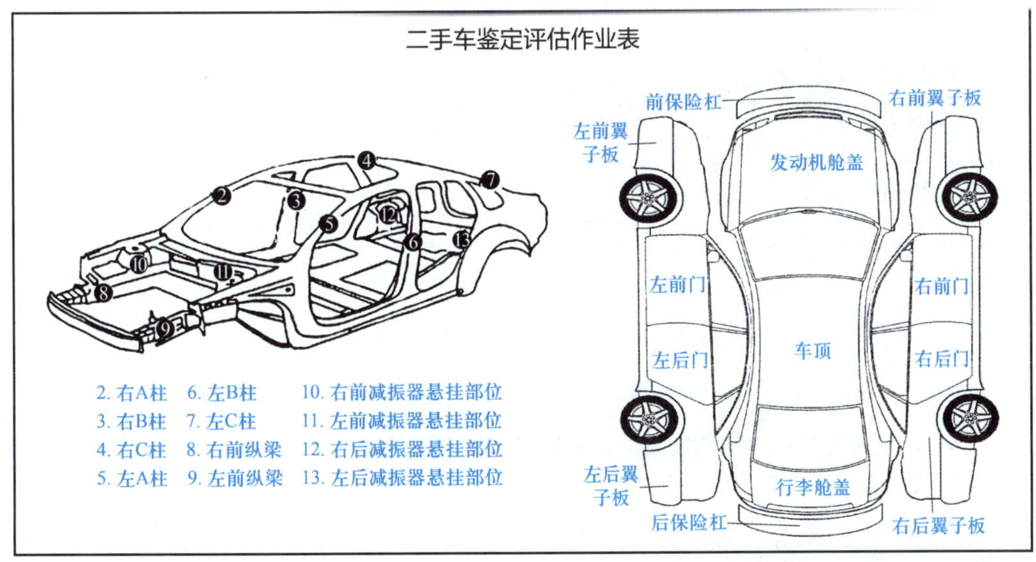

续表

<table>
<tr><td colspan="3">流水号：0132</td><td colspan="3">鉴定评估日：2019 年 9 月 25 日</td></tr>
<tr><td>厂牌型号</td><td colspan="2">一汽大众高尔夫 FV7144TFATG 轿车</td><td rowspan="2">行驶里程</td><td>仪表</td><td>17.5 万 km</td></tr>
<tr><td>牌照号码</td><td colspan="2">京 Y×××××</td><td>推定</td><td>17.5 万 km</td></tr>
<tr><td>VIN 码</td><td colspan="2">LFV××××××××××××××</td><td colspan="2">车身颜色</td><td>黑色</td></tr>
<tr><td>发动机号码</td><td colspan="2">00××××</td><td colspan="2">车主姓名 / 名称</td><td>王 ××</td></tr>
<tr><td rowspan="2">法人代码 / 身份证号码</td><td rowspan="2">101××××××× ××××××××</td><td>初次登记日期</td><td colspan="3">使用性质</td></tr>
<tr><td>2010 年 1 月 18 日</td><td colspan="3">家用</td></tr>
<tr><td>车检证明</td><td>■有（至2020年1月）□无</td><td>车船税证明</td><td colspan="3">■有（至 2020 年 1 月）□无</td></tr>
<tr><td>交强险</td><td>■有（至2020年1月）□无</td><td>购置税证书</td><td colspan="3">■有 □无</td></tr>
<tr><td>其他法定凭证</td><td colspan="5">■号牌 ■机动车行驶证 ■机动车登记证书 ■车辆保险单 □其他</td></tr>
<tr><td>是否为事故车</td><td>■否 □是</td><td>损伤位置及损伤状况</td><td colspan="3"></td></tr>
<tr><td>车辆主要技术缺陷描述</td><td colspan="5">右后翼子板 18HH2、左后车门 21HH2、右后车门 22HH2 三处有划痕喷漆，各划痕喷漆面积大于 100 mm×100 mm 并小于或等于 200 mm×300 mm；前保险杠 26HH2 有划痕喷漆，面积大于 100 mm×100 mm 并小于或等于 200 mm×300 mm；软管没有裂纹和腐蚀迹象，硬管的金属表面出现锈蚀斑点</td></tr>
<tr><td>总得分</td><td colspan="5">94.5 分</td></tr>
<tr><td>技术等级</td><td colspan="5">一级</td></tr>
<tr><td>估价方法</td><td colspan="5">重置成本法</td></tr>
<tr><td>参考价值</td><td colspan="5">47 000.00 元</td></tr>
<tr><td>评估师（签章）</td><td colspan="5">李 ×</td></tr>
<tr><td>评估师证号</td><td colspan="5">××××</td></tr>
<tr><td>审核人（签章）</td><td colspan="5">张 ××</td></tr>
</table>

二手车鉴定评估结论：采用重置成本法对评估车辆进行技术鉴定评估与估价，整车技术状态良好，维护保养较好。评估价格为 47 000 元。

评估单位名称（盖章）：北京市 ×× 二手车鉴定评估机构

续表

<table>
<tr><th colspan="6">车体骨架检查</th><th colspan="4">驾驶舱检查</th><th>扣分</th></tr>
<tr><td>1</td><td colspan="5">车体左右对称性</td><td>57</td><td>储物盒是否无裂痕，配件是否无缺失</td><td>是√</td><td>否</td><td></td></tr>
<tr><td>2</td><td>左 A 柱</td><td>8</td><td colspan="3">左前纵梁</td><td>58</td><td>天窗是否移动灵活、关闭正常</td><td>是√</td><td>否</td><td></td></tr>
<tr><td>3</td><td>左 B 柱</td><td>9</td><td colspan="3">右前纵梁</td><td>59</td><td>天窗密封条是否良好、无老化</td><td>是√</td><td>否</td><td></td></tr>
<tr><td>4</td><td>左 C 柱</td><td>10</td><td colspan="3">左前减振器悬挂部位</td><td>60</td><td>安全带结构是否完整，功能是否正常</td><td>是√</td><td>否</td><td></td></tr>
<tr><td>5</td><td>右 A 柱</td><td>11</td><td colspan="3">右前减振器悬挂部位</td><td>61</td><td>驻车制动系统是否灵活有效</td><td>是√</td><td>否</td><td></td></tr>
<tr><td>6</td><td>右 B 柱</td><td>12</td><td colspan="3">左后减振器悬挂部位</td><td>62</td><td>玻璃窗升降器、门窗工作是否正常</td><td>是√</td><td>否</td><td></td></tr>
<tr><td>7</td><td>右 C 柱</td><td>13</td><td colspan="3">右后减振器悬挂部位</td><td>63</td><td>左、右后视镜折叠装置工作是否正常</td><td>是√</td><td>否</td><td></td></tr>
<tr><td>代表字母</td><td>BX</td><td>NQ</td><td>GH</td><td>SH</td><td>ZZ</td><td>64</td><td>其他</td><td colspan="2">无</td><td></td></tr>
<tr><td>描述</td><td>变形</td><td>扭曲</td><td>更换</td><td>烧焊</td><td>褶皱</td><td colspan="2">合计扣分</td><td colspan="3">0</td></tr>
<tr><td>缺陷描述</td><td colspan="5">无</td><th colspan="4">起动检查</th><th>扣分</th></tr>
<tr><th colspan="2">事故判定</th><th colspan="4">☐事故车 ■正常车</th><td>65</td><td>车辆起动是否顺畅（时间少于 5 s，或一次起动）</td><td>是√</td><td>否</td><td></td></tr>
<tr><th>代码</th><th>车身检查</th><th>扣分</th><th colspan="3">缺陷描述</th><td>66</td><td>仪表板指示灯显示是否正常，无故障报警</td><td>是√</td><td>否</td><td></td></tr>
<tr><td>14</td><td>发动机舱盖</td><td></td><td colspan="3" rowspan="6">划痕 HH
变形 BX
锈蚀 XS
裂纹 LW
凹陷 AX
修复痕迹 XF</td><td>67</td><td>各类灯光和调节功能是否正常</td><td>是√</td><td>否</td><td></td></tr>
<tr><td>15</td><td>左前翼子板</td><td></td><td>68</td><td>泊车辅助系统工作是否正常</td><td>是√</td><td>否</td><td></td></tr>
<tr><td>16</td><td>左后翼子板</td><td></td><td rowspan="2">69</td><td rowspan="2">防抱死制动系统（ABS）工作是否正常</td><td rowspan="2">是√</td><td rowspan="2">否</td><td rowspan="2"></td></tr>
<tr><td>17</td><td>右前翼子板</td><td></td></tr>
<tr><td>18</td><td>右后翼子板</td><td>1</td><td rowspan="2">70</td><td rowspan="2">空调系统风量、方向调节、分区控制、制冷工作是否正常</td><td rowspan="2">是√</td><td rowspan="2">否</td><td rowspan="2"></td></tr>
<tr><td>19</td><td>左前车门</td><td></td></tr>
</table>

续表

续表

车体骨架检查			
20	右前车门		**缺陷程度**
21	左后车门	1	1. 面积小于或等于 100 mm×100 mm 2. 面积大于 100 mm×100 mm 小于或等于 200 mm×300 mm 3. 面积大于 200 mm×300 mm 4. 轮胎花纹深度小于 1.6 mm
22	右后车门	1	
23	行李舱盖		
24	行李舱内侧		
25	车顶		
26	前保险杠	1	
27	后保险杠		
28	左前轮		**缺陷描述**
29	左后轮		左后车门 21HH2 有划痕喷漆，右后车门 22HH2 有划痕喷漆，右后翼子板 18HH2 有划痕喷漆，各划痕喷漆面积大于 100 mm×100 mm 小于或等于 200 mm×300 mm，各扣 1 分；前保险杠 26HH2 有划痕，面积大于 100 mm×100 mm 小于或等于 200 mm×300 mm，扣 1 分
30	右前轮		
31	右后轮		
32	前照灯		
33	后尾灯		
34	前风窗玻璃		
35	后风窗玻璃		
36	四门风窗玻璃		
37	左后视镜		
38	右后视镜		

起动检查				扣分
71	发动机在冷、热车状态下怠速运转是否稳定	是√	否	
72	怠速运转时发动机是否无异响，空挡状态下逐渐增加发动机转速，发动机声音过渡是否无异响	是√	否	
73	车辆排气是否无异常	是√	否	
74	其他	无		
合计扣分		0 分		
路试检查				**扣分**
75	发动机运转、加速是否正常	是√	否	
76	车辆起动前踩下制动踏板，保持 5~10 s，踏板无向下移动的现象	是√	否	
77	踩住制动踏板起动发动机，踏板是否向下移动	是√	否	
78	行车制动系统最大制动效能在踏板全行程的 4/5 以内达到	是√	否	
79	行驶是否无跑偏	是√	否	
80	制动系统工作是否正常有效、制动不跑偏	是√	否	

续表

续表

车体骨架检查					
39	轮胎				
其他项目					
合计扣分	4 分				
发动机舱检查		**程度**			**扣分**
40	机油有无冷却液混入	无√	轻微	严重	
41	气缸盖外是否有机油渗漏	无√	轻微	严重	
42	前翼子板内缘、水箱框架、横拉梁有无凹凸或修复痕迹	无√	轻微	严重	
43	散热器格栅有无破损	无√	轻微	严重	
44	蓄电池电极桩柱有无腐蚀	无√	轻微	严重	
45	蓄电池电解液有无渗漏、缺少	无√	轻微	严重	
46	发动机传动带有无老化	无√	轻微	严重	
47	油管、水管有无老化、裂痕	无	轻微√	严重	1.5

路试检查				**扣分**
81	变速器工作是否正常、无异响	是√	否	
82	行驶过程中车辆底盘部位是否无异响	是√	否	
83	行驶过程中车辆转向系统是否无异响	是√	否	
84	其他	无		
合计扣分		0 分		
底盘检查				**扣分**
85	发动机油底壳是否无渗漏	是√	否	
86	变速器箱体是否无渗漏	是√	否	
87	转向节臂球销是否无松动	是√	否	
88	三角臂球销是否无松动	是√	否	
89	传动轴十字轴是否无松旷	是√	否	
90	减振器是否无渗漏	是√	否	
91	减振器弹簧是否无损坏	是√	否	
92	其他	无		
合计扣分		0 分		

续表

续表

发动机舱检查					
48	线束有无老化、破损	无√	轻微	严重	
49	其他	无			
合计扣分：1.5分					
驾驶舱检查					扣分
50	车内是否无水泡痕迹	是√	否		
51	车内后视镜、座椅是否完整、无破损、功能正常	是√	否		
52	车内是否整洁、无异味	是√	否		
53	转向盘自由行程转角是否小于20°	是√	否		
54	车顶及周边内饰是否无破损、松动及裂缝和污迹	是√	否		
55	仪表板是否无划痕，配件是否无缺失	是√	否		
56	排挡手柄及护罩是否完好、无破损	是√	否		

车辆功能性零部件列表					
93	车身外部件	发动机舱盖锁止	105	随车附件	备胎
94		发动机舱盖液压支撑杆	106		千斤顶
95		后门/行李舱液压支撑杆	107		轮胎扳手及随车工具
96		各车门锁止	108		三角警示牌
97		前后刮水器	109		灭火器
98		立柱密封条	110	其他	全套钥匙
99		排气管及消音器	111		遥控器及功能
100		车轮轮毂	112		喇叭高低音色
101	驾驶舱内部件	车内后视镜	113		玻璃加热功能
102		座椅调节与加热			
103		仪表板出风管道			
104		中央集控			

表 6-1-5　　　　二手车技术状况鉴定作业表

<table>
<tr><th colspan="7">二手车技术状况鉴定作业表</th></tr>
<tr><td rowspan="9">车辆基本信息</td><td>厂牌型号</td><td colspan="3">一汽大众高尔夫
FV7144TFATG 轿车</td><td>牌照号码</td><td>京 Y×××××</td></tr>
<tr><td>发动机号码</td><td colspan="3">00××××</td><td>VIN 码</td><td>LFV××××××××××××××</td></tr>
<tr><td>初次登记日期</td><td colspan="3">2010 年 1 月 18 日</td><td>表征里程</td><td>17.5 万 km</td></tr>
<tr><td>品牌名称</td><td>一汽大众</td><td colspan="2">■国产　□进口</td><td>车身颜色</td><td>黑色</td></tr>
<tr><td>年检证明</td><td colspan="3">■有（至 2020 年 1 月）
□无</td><td>购置税证书</td><td>■有　□无</td></tr>
<tr><td>车船税证明</td><td colspan="3">■有（至 2020 年 1 月）
□无</td><td>交强险</td><td>■有（至 2020 年 1 月）　□无</td></tr>
<tr><td>使用性质</td><td colspan="5">□营运用车　□出租车　□公务用车　■家庭用车　□其他</td></tr>
<tr><td>其他法定凭证、证明</td><td colspan="5">■机动车号牌　■机动车行驶证　■机动车登记证书
■第三者强制保险单　□其他</td></tr>
<tr><td>车主名称 / 姓名</td><td colspan="3">王 ××</td><td>企业法人证书代码 / 身份证号码</td><td>101×××××××××××××××</td></tr>
<tr><td rowspan="4">重要配置</td><td>燃料标号</td><td>92#</td><td>排量</td><td>1.4 L</td><td>气缸数</td><td>4 缸</td></tr>
<tr><td>发动机功率</td><td>96 kW</td><td>排放标准</td><td>国四</td><td>变速器形式</td><td>自动 7 速 DSG</td></tr>
<tr><td>气囊</td><td>驾驶 / 副驾驶座</td><td>驱动方式</td><td>前驱</td><td>ABS</td><td>■有　□无</td></tr>
<tr><td>其他重要配置</td><td colspan="5"></td></tr>
<tr><td>是否为事故车</td><td>□是
■否</td><td>损伤位置及损伤状况</td><td colspan="4"></td></tr>
<tr><td>鉴定结果</td><td>分值</td><td>94.5</td><td colspan="3">技术状况等级</td><td>一级</td></tr>
</table>

续表

续表

	鉴定科目	鉴定结果（得分）	缺陷描述
车辆技术状况鉴定缺陷描述	车身检查	16	外观及车身结构无重大撞击，但该车车身有三处划痕做漆，即左后车门 21HH2 有划痕喷漆，右后车门 22HH2 有划痕喷漆，右后翼子板 18HH2 有划痕喷漆，各划痕喷漆面积为大于 100 mm × 100 mm 小于或等于 200 mm × 300 mm，各扣 1 分；前保险杠 26HH2 有划痕，面积为大于 100 mm × 100 mm 小于或等于 200 mm × 300 mm，扣 1 分
	发动机检查	18.5	软管没有裂纹和腐蚀迹象，硬管的金属表面出现锈蚀斑点，其他检查项目正常
	车内检查	10	无
	起动检查	20	无
	路试检查	15	无
	底盘检查	15	无

声明：

本二手车技术状况鉴定作业表所体现的鉴定结果仅为鉴定日期当日被鉴定车辆的技术状况表现与描述，若在当日内被鉴定车辆的市场价值或因交通事故等原因导致车辆的价值发生变化，对车辆鉴定结果产生明显影响时，本技术状况鉴定作业表不作为参考依据。

二手车鉴定评估师：李 ×　　　　鉴定单位：（盖章）北京市 ×× 二手车鉴定评估机构

鉴定日期：2019 年 9 月 25 日

备注：本二手车技术状况鉴定作业表由二手车经销企业、拍卖企业、经纪企业使用，作为二手车交易合同的附件。车辆展卖期间，放置在驾驶室前风窗玻璃左下方，供消费者参阅。

八、评估计算

根据委托方评估目的，采用重置成本法进行价格评估，详见表 6–1–6。

九、撰写评估报告

根据《二手车鉴定评估技术规范》要求，按照规范文本撰写二手车鉴定评估报告；同时，将鉴定评估的基本情况和评估报告初稿的初步结论与委托方王先生交换了意见，在听取王先生的意见后，在坚持独立、客观、公正的基础上，二手车鉴定评估机构认真分析了委托方王先生提出的意见和问题，并对报告中存在的疏忽、遗漏和错误之处进行了修正，撰写完成了正式的二手车鉴定评估报告（见表 6–1–6）。

十、出具和提交鉴定评估报告

二手车鉴定评估报告正式文本撰写完成后，经过审核无误，由负责该项目的二手车鉴定评估师签章，复核人审核签章，鉴定评估机构加盖机构公章。二手车鉴定评估机构按委托书要求及时向王先生出具二手车鉴定评估报告。

十一、归档工作底稿

本任务顺利完成，二手车鉴定评估人员将二手车鉴定评估报告及其附件与工作底稿独立汇编成册，存档备查。

表 6-1-6　　二手车鉴定评估报告

北京 ×× 二手车鉴定评估机构评报字（2019 年）第 ×××× 号

一、绪言

北京市 ×× 二手车鉴定评估机构（鉴定评估机构）接受王 ×× 的委托，根据国家有关评估及《二手车流通管理办法》和《二手车鉴定评估技术规范》的规定，本着客观、独立、公正、科学的原则，按照公认的评估方法，对牌号为京 Y××××× 的车辆进行了鉴定。本机构鉴定评估人员按照必要的程序，对委托鉴定评估的车辆进行了实地查勘与市场调查，并对其在 2019 年 9 月 25 日所表现的市场价值做出了公允反映。现将该车辆鉴定评估结果报告如下：

二、委托方信息

委托方：王 ××　委托方联系人：王 ××

联系电话：137××××1234　车主姓名 / 名称：王 ××

三、鉴定评估基准日

2019 年 9 月 25 日。

四、鉴定评估车辆信息

厂牌型号：一汽大众高尔夫 FV7144TFATG 轿车　牌照号码：京 Y×××××

发动机号码：00××××　车辆 VIN 码：LFV×××××××××××××××

车身颜色：黑色　表征里程：17.5 万 km　初次登记日期：2010 年 1 月 18 日

年审检验合格至：2020 年 1 月　交强险截止日期：2020 年 1 月

车船税截止日期：2020 年 1 月

是否查封、抵押车辆：□是 ■否　车辆购置税（费）证：■有 □无

机动车登记证书：■有 □无　机动车行驶证：■有 □无

未接受处理的交通违法记录：□有 ■无

使用性质：□公务用车 ■家庭用车 □营运用车 □出租车 □其他：______

五、技术鉴定结果

技术状况缺陷描述：右后翼子板 18HH2、左后车门 21HH2、右后车门 22HH2 三处有划痕喷漆，各划痕喷漆面积大于 100 mm×100 mm 小于或等于 200 mm×300 mm；前保险杠 26HH2 有划痕喷漆，面积大于 100 mm×100 mm 小于或等于 200 mm×300 mm；软管没有裂纹和腐蚀迹象，硬管的金属表面出现锈蚀斑点。

重要配置及参数信息：直列 4 缸多点喷射电控发动机、废气涡轮增压、自动 7 速 DSG，电子

续表

助力转向、中控门锁、前后电动车窗，ABS 防抱死 / 制动力分配（EBD/CBC 等）、制动辅助（EBA/BAS/BA 等）、车身稳定控制（ESP/DSC/VSC 等）、牵引力控制（ASR/TCS/TRC 等）、自动驻车 / 上坡辅助、发动机电子防盗、定速巡航、空调、205/55 R16 子午线轮胎等。

技术状况鉴定等级：一级 等级描述：经鉴定，鉴定总分 = Σ项目分值 =94.5 分≥ 90 分，属于一级车。

六、价值评估

价值估算方法：□现行市价法 ■重置成本法 □其他

鉴定总分 = Σ项目分值 =100−5.5=94.5 分

被评估车辆已使用年限为：9 年 8 个月 =116 个月

$$年限成新率 = \left(1-\frac{已使用年限（月）}{规定使用年限（月）}\right)\times 100\%$$

$$=\left(1-\frac{116}{180}\right)\times 100\%$$

$$\approx 35.6\%$$

2010 款 1.4T 高尔夫已停售，在 2019 年 9 月评估基准日时，市场同款车型 2019 款 280TSI DSG 舒适型，国 V 新车销售价格为 15.32 万元，重置成本价 =15.32+15.32/1.17×10% ≈ 16.63 万元。

$$技术鉴定成新率 = \frac{车辆技术状况鉴定总分值}{100}\times 100\%$$

$$=\frac{94.5}{100}\times 100\%$$

$$=94.5\%$$

根据待评估车辆技术状况鉴定缺陷描述，选取该车技术鉴定成新率系数（权重系数）60%；选取该车年限成新率系数（权重系数）40%。则

该车综合成新率 = 年限成新率 × 年限成新率系数 + 技术鉴定成新率 × 技术鉴定成新率系数 = 35.6%×40%+94.5%×60% ≈ 70.9%

该车评估价格 = 更新重置成本 × 综合成新率 =16.63×70.9% ≈ 11.79 万元

但根据市场调查，2010 款 1.4T 高尔夫已停售，该款车在鉴定评估基准日 2019 年 9 月时行情评估价格为 4.0 万～ 4.5 万元，当折扣率取 40% 时，可将该车卖出。则该车评估价格 =11.79 万元 ×40% ≈ 4.7 万元。

价值估算结果：车辆鉴定评估价值为人民币 47 000.00 元，金额大写：肆万柒仟元整

七、特别事项说明[①]

八、鉴定评估报告法律效力

本鉴定评估结果可以作为作价参考依据。本项鉴定评估结论有效期为 90 天，自鉴定评估基准日至 2019 年 12 月 24 日止。

九、声明

（1）本鉴定评估机构对该鉴定评估报告承担法律责任。

（2）本报告所提供的车辆评估价值为评估基准日的价值。

（3）该鉴定评估报告的使用权归委托方所有，其鉴定评估结论仅供委托方为本项目鉴定评估目的

续表

使用和送交二手车鉴定评估主管机关审查使用，不适用于其他目的，否则本鉴定评估机构不承担相应法律责任。因使用本报告不当而产生的任何后果与签署本报告书的鉴定评估人员无关。 （4）本鉴定评估机构承诺，未经委托方许可，不将本报告的内容向他人提供或公开，否则本鉴定评估机构将承担相应法律责任。 附件一：二手车鉴定评估委托书 附件二：二手车技术状况鉴定作业表 附件三：机动车行驶证、机动车登记证书复印件（略） 附件四：被鉴定评估二手车照片（要求外观清晰，车辆牌照能够辨认）（略） **二手车鉴定评估师（签字、盖章）：李 ×**　　**复核人②（签字、盖章）：张 ×** **2019 年 9 月 25 日**　　**（二手车鉴定评估机构盖章）** **2019 年 9 月 25 日** ①　特别事项是指在已确定鉴定评估结果的前提下，鉴定评估人员认为需要说明在鉴定过程中已发现可能影响鉴定评估结论，但非鉴定评估人员执业水平和能力所能鉴定评定估算的有关事项以及其他问题。 ②　复核人是指具有高级二手车鉴定评估师资格的人员。 备注： 1. 本报告书和作业表一式三份，委托方二份，受托方一份。 2. 鉴定评估基准日即为《二手车鉴定评估委托书》签订的日期。

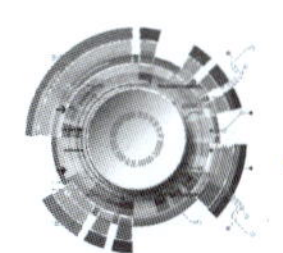

思考与练习

1. 简述二手车鉴定评估报告的概念。

2. 简述撰写二手车鉴定评估报告的基本步骤。

3. 简述二手车鉴定评估报告的主要内容。

模块七

二手车交易

任务1　二手车收购价格的确定

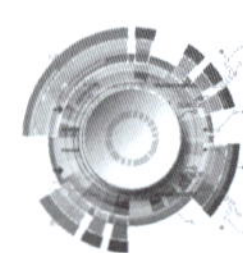

学习目标

- 了解二手车收购流程。
- 掌握二手车收购价格的确定方法。
- 能进行二手车收购价格的估算。

任务引入

刘先生欲转让一辆广州本田雅阁 2.0L LX 轿车（见图 7–1–1），经与二手交易中心洽谈，由交易中心收购该车辆。该车的初次登记日期为 2017 年 9 月，转让日期为 2019 年 9 月。

图 7-1-1　广州本田雅阁 2.0L LX 轿车

任务分析

二手车交易中心对刘先生的车辆进行初步评估，给出了一个收购价格，经双方协商确定了最终收购价格。刘先生与二手车交易中心达成了交易协议。

二手车交易关键在于对交易车辆收购价格的合理确定，让买卖双方均满意，从而达到交易的目的。

相关知识

一、二手车收购流程

二手车收购是二手车交易市场的经营业务之一，是二手车经营主体为方便客户进入二手车交易市场直接购置的前提下，按照客户的要求，代为购置的一种经营行为。二手车的收购目的是对社会上的二手车进行统一收购，以免造成二手车的浪费。二手车收购流程如图 7-1-2 所示。

在二手车收购工作中，电话咨询要概括地说明车辆的基本情况（即品牌、车型、首次上牌日期、使用年限、排气量、配置及事故情况等），以使二手车收购公司工作人员能够进行初步的评估，并根据目前市场价格给出临时收购价格，在双方初步满意的情况下预约时间和地点上门看车，进行现场评估与洽谈，最终确定交易价格，签订交易合同，出具所需的相关个人及车辆资料和证件，办理过户，交付货款，完成交易。

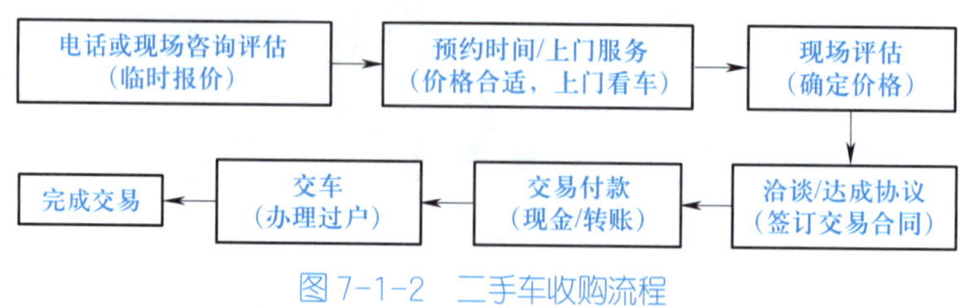

图 7-1-2 二手车收购流程

二、二手车收购价格的确定

1. 二手车的收购来源

二手车收购有其特定的目的，收购评估的主体是买卖当事人，是购买者当事人与卖方进行的车辆价格估算与洽谈，根据市场供求价格规律可以讨价还价、自由定价，以经营为目的。目前，二手车的收购来源主要有以下几个方面：

（1）私人家庭用车

家庭用车待更新换代，需要进行交易，以便购买新车。这种车的优点是行驶里程少，保养记录全，属于二手车中的上品。一般来说，其在二手车市场上的价格不会太低。

（2）国家机关、企事业单位更换处置的车

国家机关、企事业单位的车改使一定量的二手车需要更换处置。这类车一般行驶里程较长，小毛病多一些，维修和保养费用也会略高一些，但最大的优点是价格会很便宜。

（3）汽车租赁公司的车

大型城市的汽车租赁公司，平均每 2 ~ 3 年就会对公司的出租车进行一次更新。这些开了 2 ~ 3 年左右的出租车比较新，性能良好，但汽车行驶里程较长，车辆的维修和保养费用很高。

2. 二手车收购价格的确定方法

二手车的收购要充分考虑车辆的完全价值，即车辆实体的产品价值和车辆牌证、税费等各项手续的价值。如果收购车辆的证件和税费凭证不全，不但会造成经济损失，而且可能造成转籍过户中意想不到的麻烦，带来许多难以解决的后续问题；同时，在二手车收购中，要防止收购偷盗车、伪劣拼装车，以及伪造手续凭证、伪造车辆档案的车辆。

二手车收购价格的确定是指被收购车辆手续齐全的前提下对车辆实体价格的确定。如果所缺失的手续能够以货币形式支出补办，则收购价格应扣除补办手续的货币支出、时间和精力的成本支出。其收购价格的确定方法是在二手车鉴定评估的基础上充分考虑市场的供求关系，对评估价格做快速变现的特殊处理过程。在实践工作中，二手车收购价格的确定方法主要有重置成本法、现行市价法、清算价格法和快速折旧法等。

（1）运用重置成本法确定二手车收购价格

运用重置成本法确定二手车收购价格是指先以重置成本法对欲收购的二手车进行鉴定评估，估算出现时的客观价格，再根据快速变现原则，估定一个折扣率并以此估算的二手车收购价格。其收购价格的计算公式为

$$\text{收购价格} = \text{重置成本法确定的评估价格} \times \text{折扣率} \qquad (7\text{–}1\text{–}1)$$

其计算流程如图 7–1–3 所示。

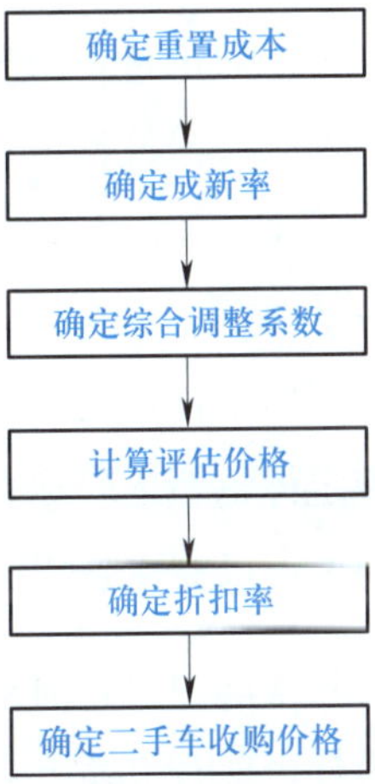

确定重置成本 → 确定成新率 → 确定综合调整系数 → 计算评估价格 → 确定折扣率 → 确定二手车收购价格

图 7–1–3 运用重置成本法确定二手车收购价格的计算流程

1）确定重置成本 B

重置成本是指被评估车辆在评估基准日时的全新车辆价格（包括上牌的各种税费），即

$$\text{重置成本 } B = \text{新车购价} + \text{上牌税费} \qquad (7\text{–}1\text{–}2)$$

一般来说，重置成本是通过市场询价而取得的，市场询价是从新车生产厂家、经销商、各种媒体上取得的，它是收购价格评估的第一步，价格资料、技术资料的准确与否直接关系到评估结论是否正确。

2）确定成新率 C

一般采用等速折旧法来估算二手车的成新率，即

$$C = \left(1 - \frac{Y}{G}\right) \times 100\% \qquad (7\text{–}1\text{–}3)$$

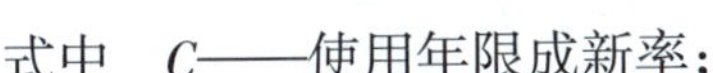

式中 C——使用年限成新率；

G——规定使用年限，即机动车的使用寿命；

Y——已使用年限，是指机动车从登记日期开始到评估基准日所经历的时间。

机动车的折旧是指机动车随着时间的推移或在使用过程中，由于损耗而转移到产品中去的那部分价值。因此，公式（7-1-3）使用的前提是车辆运行在磨损理论的正常磨损阶段和处于疲劳寿命期限内的正常运转状态下。

3）确定综合调整系数 K

根据对二手车技术状况的鉴定，确定其各个调整系数，再考虑其对应的权重，确定综合调整系数。

4）计算评估价格 P

$$评估价格\ P=重置成本\ B\times 成新率\ C\times 综合调整系数\ K \tag{7-1-4}$$

5）确定折扣率

折扣率是指车辆能够当即出售的清算价格与现行市价之比值。根据快速变现的原则确定二手车的折扣率。

值得注意的是，运用重置成本法对二手车进行估价，由于车辆的各种贬值，如功能性贬值和经济性贬值难以准确计算，因此，易造成二手车评估价格普遍较高，尤其是对用了1~3年的车辆、品牌知名度不是很高的车辆或品牌知名度虽较高但市场占有率较少的车辆，以及特种车辆（运钞车、油罐车、吊车等）和一部分大货车、大客车等，其评估值往往高于市场成交价很多，不符合市场经济规律，会在一定程度上将二手车鉴定评估带入歧途，不利于行业的发展。为解决这个计算中的技术问题，引入了折扣率（市场变现系数）或市场波动系数的概念。

折扣率的引入是对重置成本法评估结论的修正完善，考虑经济性贬值，将其修正到较为符合现时市场价格的结论。在实际工作中，应综合考虑其品牌因素、供求关系、地区差异、车辆档次、车型状况（主要是配件供应情况）、车辆油耗量及排放品质等综合因素来确定折扣率。折扣率的估算取决于二手车经营者对市场销售情况的充分调查和了解及对市场价格的把握能力，凭经验而估算，这是一个十分复杂的综合分析过程。

6）确定二手车收购价格

$$二手车收购价格=重置成本法确定的评估价格\times 折扣率$$

（2）运用现行市价法确定二手车收购价格

运用现行市价法确定二手车收购价格是指先以现行市价法对欲收购的二手车进行

鉴定评估，估算出现时的客观价格，再根据快速变现原则，估定一个折扣率并以此估算的二手车收购价格。在二手车收购中，若能方便地找到与被收购车辆相同或类似的参照车辆，即可采用现行市价法来确定二手车的收购价格。其计算流程如图 7–1–4 所示。

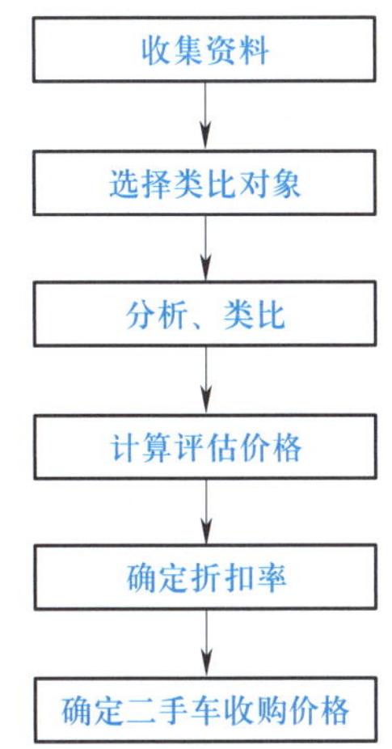

图 7–1–4　运用现行市价法确定二手车收购价格的计算流程

1）收集资料

包括车辆的类别名称、车辆型号和性能、生产厂家及出厂年月，了解车辆目前的使用情况、实际技术状况以及尚可使用的年限等。

2）选择二手车交易市场上可进行类比的对象

根据评估特定目的，选定二手车交易市场上可进行类比的参照车辆，所选定的类比车辆必须具有可比性。一般选择与被评估对象相同或相似的 3 个或以上交易案例。例如，在市场上能找到与被评估车辆完全相同车辆的现行市价，并依据其价格直接作为被评估车辆评估价格；或在公开市场上找不到与之完全相同的车辆，但在公开市场上能找到与之相类似的车辆，以此为参照物，并依此价格再做相应的差异调整，从而确定被评估车辆价格。

3）分析、类比

综合上述可比性因素，对待评估的车辆与选定的参照车辆进行分析、类比。

4）计算评估价格

分析调整差异，做出结论。

5）确定折扣率

根据快速变现的原则确定二手车的折扣率。

6）确定二手车收购价格

$$二手车收购价格 = 现行市价法确定的评估价格 \times 折扣率 \tag{7–1–5}$$

（3）运用清算价格法确定二手车收购价格

清算价格的特点是企业（或个人）由于破产或其他原因（如急于转向投资、急还贷款等），要求在一定期限内将车辆快速转卖变现。运用清算价格法确定二手车收购价格是指以清算价格为标准，在二手车市场上寻找一个相适应的参照物，然后根据快速变现原则估定一个折扣率，以确定欲收购二手车的价格。

运用清算价格法确定二手车收购价格在工作原理上与现行市价法相同，所不同的是运用清算价格法确定二手车收购价格是基于企业或个人迫于停业或破产，对所拥有的车辆进行清理，所以其收购价格会大大低于运用现行市价法收购车辆的价格。

（4）运用快速折旧法确定二手车收购价格

运用快速折旧法确定二手车收购价格是指先计算二手车已使用年数的累计折旧额，然后将重置成本全价减去累计折旧额，再减去车辆需要维修换件的总费用，即得到二手车收购价格。

其计算流程如图 7–1–5 所示。

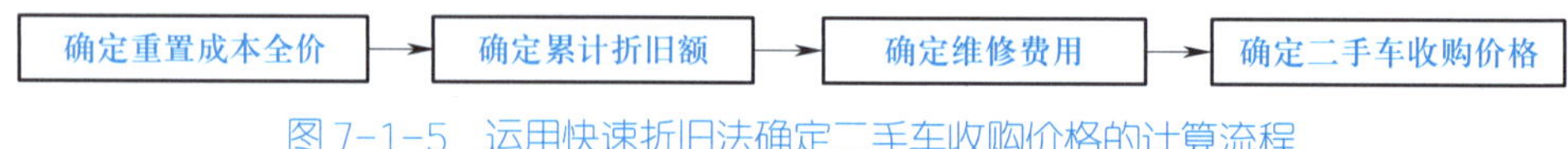

图 7–1–5　运用快速折旧法确定二手车收购价格的计算流程

1）确定重置成本全价

一律采用国内现行市场价格作为被收购车辆的重置成本全价。

2）确定累计折旧额

采用年份数求和法或双倍余额递减法计算二手车的年折旧额。累计折旧额的计算方法是：先计算出年折旧额，然后再将已使用年限内各年的折旧额汇总累加，即得到累计折旧额。一般来说，快速折旧法求年折旧额的方法有年份数求和法和余额递减折旧法两种。

① 年份数求和法

计算公式为

$$D_t=(K_0-S_V)\times\frac{N+1-t}{\frac{N(N+1)}{2}} \tag{7–1–6}$$

式中　D_t——机动车年折旧额；

K_0——机动车原值；

S_V——机动车残值，一般忽略不计；

N——机动车规定的折旧年限；

t——机动车在使用期限内某一确定年度；

$\dfrac{N+1-t}{\dfrac{N(N+1)}{2}}$——递减系数（或年折旧率）。

② 余额递减折旧法

计算公式为

$$D_t=K_0 \cdot a\,(1-a)^{t-1} \qquad (7\text{-}1\text{-}7)$$

式中 a——折旧率，$a=b\times\dfrac{1}{N}$。

当 b=1 时，其折旧率$a=\dfrac{1}{N}$为直线法的折旧率；

当 b=2 时，其折旧率$a=2\times\dfrac{1}{N}$为双倍余额递减法的折旧率。

t——机动车在使用期限内某一确定年度。

N——机动车规定的折旧年限。

一般来说，b 的取值在 1 ~ 2 范围内，b 取上限，其折旧速度变快；反之，折旧速度变慢。

注意：在快速折旧计算中，一般 K_0 值取机动车的重置成本全价，而不取机动车原值。

3）确定维修费用

维修费用是指在车辆现时状态下，某功能完全丧失，需要维修和换件的费用总和。

4）确定二手车收购价格

$$\text{二手车收购价格} = \text{重置成本全价} - \text{累计折旧额} - \text{维修费用} \qquad (7\text{-}1\text{-}8)$$

三、二手车收购估价与二手车鉴定估价的区别

二手车的收购是二手车交易市场的经营业务之一，二手车收购估价与二手车鉴定估价的实质都是对二手车做现时价格评估，但两者相比较有明显的区别，主要表现在以下几个方面。

1. 两者估价的主体不同

二手车收购估价的主体是买卖当事人，它是以购买者的身份与卖方进行的价格估算与洽谈，根据供求价格规律可以讨价还价，自由定价。而二手车鉴定估价的主体是指二手车鉴定估价由谁来承担，它是由公正性、服务性的买卖中间人，即二手车鉴定评估机构来承担估价任务的，在遵循国家颁布的有关评估法规基础上，通过对评估车辆的技术鉴定，选择适当的鉴定估价方法来正确反映其客观价格，为将要发生的经济行为提供公平的价格尺度，该鉴定估价不可以随意变动。

2. 两者估价的目的不同

二手车收购估价是购买者当事人估算车辆价格，以把握事实真相，心中有数地与卖主讨价还价，它是以经营为目的的；二手车鉴定估价是受委托人委托，为被评估对象将要发生的交易、转让、抵押贷款、法律诉讼咨询、拍卖、国有资产评估、鉴定识别非法车辆等经济行为提供公平的价格尺度，它是以服务为目的的。

3. 两者估价的思想和方法不同

二手车鉴定估价要求严格遵守国家颁布的有关评估法规，按照特定的目的选择与之相匹配的评估标准和方法，具有约束性；二手车收购估价接受国家有关评估法规的指导，根据估价目的，参照评估的标准和方法进行，具有灵活性。

4. 两者估价的价值概念不同

二手车鉴定估价与二手车收购估价的价值概念都具有交易价值和市场价值。二手车收购估价受快速变现原则的作用，其价格大大低于现时市场价格；而二手车鉴定估价从实质上来说，是市场经济的产物，是适应生产资料市场流转的需要，由二手车鉴定评估人员所掌握的市场资料，并在对市场进行预测的基础上，对二手车的现时价格做出预测估算。

任务实施

通过刘先生提供车辆的资料可知，刘先生的广州本田雅阁 2.0L LX 轿车，初次登记日期为 2017 年 9 月，转让日期为 2019 年 9 月，已使用年限为 2 年，且已知该车现行市场新车包牌价格为 19.58 万元，主要用于家用，残值可以忽略不计。所以，可以利用重置成本法来估算二手车收购价格。

一、确定重置成本

已知刘先生欲交易车型的新车包牌价格为 19.58 万元，即

$$重置成本\ B=195\ 800\ 元$$

二、确定成新率 C

$$C=(1-\frac{Y}{G})\times 100\%$$

根据题意，该车已使用 2 年，Y=24 个月。根据《机动车强制报废标准规定》可知，取消了家用轿车使用年限的限制，但由《二手车鉴定评估技术规范》中的“评估车辆价值”规定，对非营运乘用车使用年限按 15 年计算，即 G=180 个月。

$$成新率\ C=(1-\frac{Y}{G})\times 100\%=\left(1-\frac{24}{180}\right)\times 100\%\approx 86.7\%$$

三、确定综合调整系数

经检查，被评估车辆左后侧有轻微碰撞修复痕迹，前后保险杠有喷漆痕迹，底盘有多处轻微划伤，排气管中后段生锈，空调需补充制冷剂，动力情况良好，其他情况基本正常。即：

该车技术状况较好，但有碰撞，调整系数取 0.85，权重为 30%；

该车维护保养正常，调整系数取 0.75，权重为 25%；

该车属于国产名牌，制造质量调整系数取 0.9，权重为 20%；

该车工作性质为私用，调整系数取 1.0，权重为 15%；

该车工作条件较好，调整系数取 0.9，权重为 10%；

所以，综合调整系数 $K=0.85\times 30\%+0.75\times 25\%+0.9\times 20\%+1.0\times 15\%+0.9\times 10\%\approx 86.3\%$。

四、计算评估价格

$$\begin{aligned}评估价格\ P&=重置成本\ B\times 成新率\ C\times 综合调整系数\ K\\&=195\ 800\ 元\times 86.7\%\times 86.3\%\\&\approx 146\ 502\ 元\end{aligned}$$

五、确定折扣率

根据市场调查，当折扣率取 80% 时，可在转让日将该车卖出。

六、确定二手车收购价格

二手车收购价格 = 重置成本确定的评估价格 × 折扣率

=146 502 元 ×80%

≈ 11.72 万元

因此，该二手车的收购价格可确定为 11.50 万 ~ 11.80 万元。

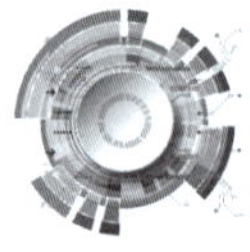

思考与练习

1. 简述二手车收购流程。
2. 二手车收购价格的确定方法有哪些？
3. 简述二手车收购估价与二手车鉴定估价之间的区别。

任务 2　二手车销售价格的确定

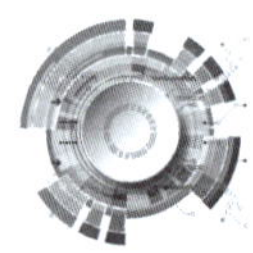

学习目标

- 掌握二手车销售价格的确定方法和计算流程。
- 能进行二手车销售价格的估算。

任务引入

由模块七任务 1 的“任务引入”可知，经刘先生与二手交易中心洽谈协商，双方达成成交意向，广州本田雅阁 2.0L LX 轿车由二手车交易中心收购。现二手车交易中心准备对该车进行销售。

任务分析

对收购来的二手车进行销售，首先要根据市场需求确定合理的二手车销售价格，使二手车经销企业取得预期投资目标和收益。

相关知识

一、二手车的销售流程

二手车的销售是二手车经营主体为方便客户的二手车进入二手车交易市场直接销售，按照客户的要求，代为销售二手车的一种经营行为。一般来说，二手车的销售流程如图 7–2–1 所示。

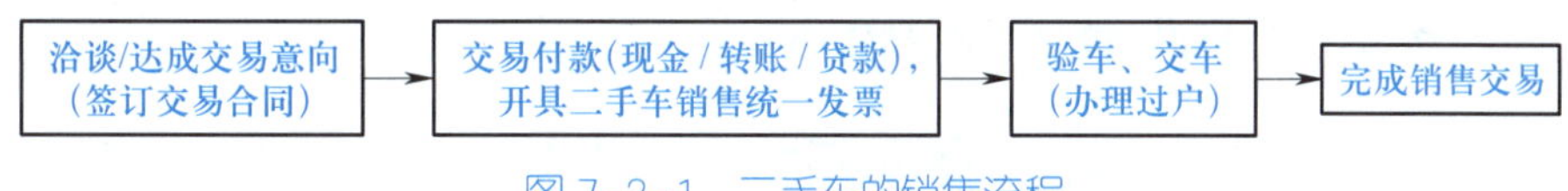

图 7–2–1　二手车的销售流程

因二手车的合法性手续、车辆可交易性及车辆技术状况鉴定评估等工作，二手车经销企业已在收购车辆时完成，因此，只要购车者和二手车经销企业双方通过洽谈，谈妥了相关条件（如二手车销售价格），达成成交意向，双方即可签订二手车交易合同。购车者付款后，二手车经销企业按规定给购车者开具二手车销售统一发票。然后，购车者就可以提车，办理车辆相关证件、税费凭证等手续的变更了（交易过户），即完成了二手车销售交易。

二、二手车销售定价的确定

在二手车收购与销售经营活动中，二手车的销售价格是决定收入和利润的唯一因素。因此，企业必须根据成本、需求、竞争及国家方针、政策、法规，并运用一定的定价方法、技巧来对其产品制定切实可行的价格政策。为使二手车销售定价工作有效、顺利地进行，保证定价工作的规范化，通常二手车销售定价按下述五个步骤进行（见图 7–2–2）。

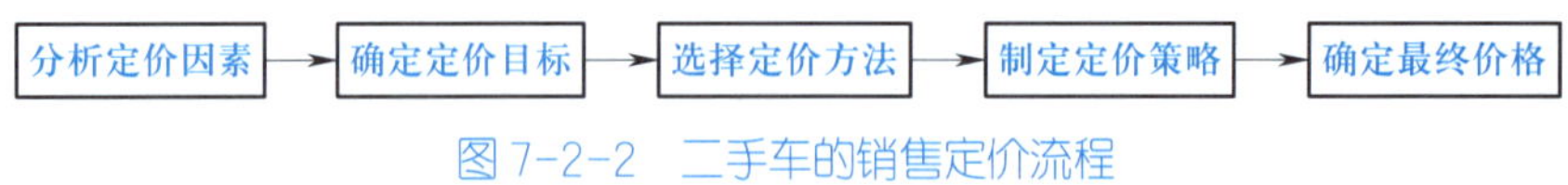

图 7-2-2　二手车的销售定价流程

1. 分析影响二手车销售定价的因素

影响二手车销售定价的因素很多。在进行二手车销售定价时，应考虑的主要因素有成本因素、供求关系、竞争状况、政府的政策和法规等。

二手车经销企业在二手车销售定价时，成本是首先必须考虑的基本因素。二手车的销售价格如果不能补偿成本，企业的经营活动就难以维持。二手车销售定价时应考虑收购车辆的总成本费用，总成本费用是由固定成本费用和变动成本费用之和构成的。

在市场经济体系下，供求关系也是影响确定二手车销售价格的基本因素之一。二手车的销售定价，一方面必须补偿所耗的成本费用并保证一定利润的获得；另一方面必须适应市场对该产品的供求变化，能够为购买者所接受。否则，二手车的销售价格便会陷于一厢情愿的境地而使二手车难于出手。

二手车的销售同其他商品一样遵守供求价格规律。在二手车销售价格受供求影响而有规律性变动的过程中，不同品牌车型的变动幅度是不一样的。因此，在二手车销售定价时，需要考虑需求价格弹性；同时，还要考虑本地区同行业竞争对手的价格状况，根据市场地位和定价目标确定价格水准。

2. 确定二手车销售定价目标

二手车销售定价目标是指企业通过制定价格水平，凭借价格产生的效用来达到预期目的和要求。二手车经销企业在定价前，必须根据企业内部和外部环境，制定既不违背国家的方针政策，又能协调企业其他经营目标的价格，并根据树立的市场观念、市场微观和宏观环境，确立销售定价目标。

一般来说，二手车流通企业定价目标较多，常见的有追求利润最大化的定价目标、以获取适度利润的定价目标、以取得预期投资收益的定价目标、以保持或扩大市场占有率的定价目标等。

3. 选择二手车销售定价方法

二手车销售定价方法是企业为实现其定价目标所采用的具体方法。它是在特定的二手车销售定价目标指导下，根据成本、供求关系、法律法规等基本因素，运用价格决策理论，对二手车销售价格进行计算的具体方法。根据企业的定价目标，价格的计算方法有成本加成定价法、需求导向定价法和竞争导向定价法三种。

（1）成本加成定价法

成本加成定价法是成本导向定价法大类中的一种方法，它是按照单位成本加上一定百分比的加成来确定产品的销售价格。其公式为

$$二手车销售价格 = 单位完全成本 \times（1+ 成本加成率） \quad （7\text{-}2\text{-}1）$$

采用成本加成定价法的关键在于确定成本加成率。

在二手车交易过程中，由于二手车的需求弹性较大，常把价格定得低一些，成本加成率也应定得低一些，以实现薄利多销。

在确定成本加成率时，常用进货成本来衡量，即

$$成本加成率 = 毛利（加成）/ 进货成本 \quad （7\text{-}2\text{-}2）$$

单位完全成本是指一辆二手车的总成本费用，包括该车辆应摊销的固定成本和变动成本之和。

$$一辆二手车的总成本费用 = 收购价格 \times 固定成本费用摊销率 + 变动成本费用 \quad （7\text{-}2\text{-}3）$$

固定成本费用是指在既定的经营目标内，不随收购车辆的变化而变化的成本费用。

固定成本费用摊销率是指单位收购价值所包含的固定成本费用，即固定成本费用与收购车辆总价格之比。

变动成本费用包括车辆实体价格、运输费、公路养路费、保险费、日常保养费、维修费、资金占用的利息等。

（2）需求导向定价法

这种定价方法又称顾客导向定价法、市场导向定价法，它不是根据产品成本状况来定价，而是根据市场需求状况和消费者对产品的感觉差异来确定价格。其特点是产品的销售价格随需求的变动而变化。

（3）竞争导向定价法

这种定价方法是企业根据自身的竞争力，参考成本和供求情况，将价格定得高于、等于或低于竞争者价格，以实现企业定价目标和总体经营战略目标，谋求企业生存和发展的一种方法。

在上述三种二手车销售定价方法中，成本加成定价法被广泛应用于二手车销售定价。主要原因如下：

1）成本的不确定性一般比需求少，将价格盯住单位成本，可以大大简化企业定价程序，而不必根据需求情况的瞬息万变而做调整。

2）只要行业中所有企业都采取这种定价方法，则价格在成本与加成相似的情况下也大致相似，价格竞争会因此减至最低限度。

3）许多人感到成本加成法对买方和卖方来讲都比较公平，当买方需求强烈时，卖方不利用这一有利条件谋取额外利益仍能获得公平的投资报酬。

4. 制定二手车销售定价策略

二手车销售定价策略考虑市场环境的各种因素，对基本价格进行权衡、调整和修改，使之更加适合市场条件。常用的二手车销售定价策略有心理定价策略、阶段性定价策略、剩余使用寿命周期定价策略和折扣定价策略等。

5. 确定二手车销售最终价格

确定二手车销售最终价格要以二手车销售定价目标为指导，在确定二手车销售基本价格的基础上，还需要考虑国家的价格政策、用户的要求、产品的性价比、品牌价值及服务水平，应用各种灵活的定价方法对基本价格进行调整，同时将价格策略与其他营销策略相结合，如针对不同消费心理的心理定价和让利促销的各种折扣定价等，从而确定具体的二手车销售最终价格。

任务实施

广州本田雅阁 2.0L LX 轿车在二手车交易市场中属于保值率较高的车型，价格一直比较稳定。所以，二手车交易中心将该车收购价定在 11.50 万 ~ 11.80 万元，在确定销售价格时，二手车交易中心初步采用“成本加成定价法＋需求导向定价法”，并综合考虑市场的供求关系，最后确定该二手车的销售价格为 12.50 万 ~ 14.50 万元，以确保二手车交易中心获取适当的利润。

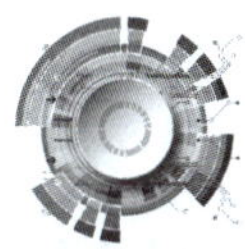

思考与练习

1. 简述二手车的销售流程。

2. 二手车销售定价方法有哪些？

任务 3　二手车的交易

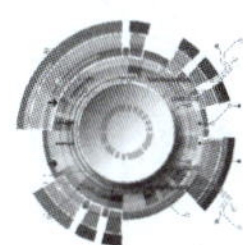

学习目标

- 了解二手车交易和二手车交易市场的含义。
- 熟悉二手车交易流程及经营行为等内容。
- 能协助客户完成二手车交易手续过户。

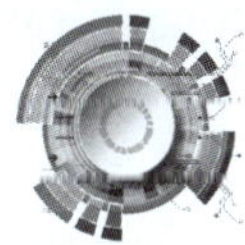

任务引入

2018 年 10 月 18 日，李先生来到北京市二手车交易市场某二手车经销公司洽谈购买一辆北京现代二手出租车，准备用于出租车营运活动。

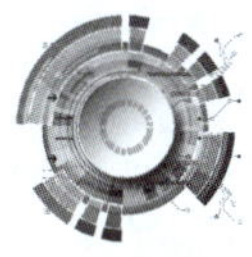

任务分析

在上述任务中，李先生与某二手车经销公司之间的买卖关系属于二手车交易。在二手车交易过程中，买卖双方的交易行为必须符合《二手车流通管理办法》的相关规定，并且按照一定的交易流程进行。

相关知识

一、二手车交易市场概述

1. 二手车交易的含义

二手车交易是指二手车所有人通过经销企业、拍卖企业、经纪机构和二手车鉴定评估机构将二手车卖给买方的二手车经营行为。

二手车交易包含二手车经销、拍卖、经纪、鉴定评估等经营活动环节。在二手车交易市场中，进行交易的二手车是指从办理了注册登记手续到达到国家强制报废年限之前进行交易并转移所有权的汽车（包括三轮汽车、低速载货汽车）、挂车和摩托车。

2. 二手车交易市场的含义

依据《二手车流通管理办法》规定，二手车交易市场是指依法设立、为买卖双方提供二手车集中交易和相关服务的场所。

由于国家对车辆实行“户籍”管理，二手车交易属于特殊商品交易，二手车交易必须在批准的二手车交易市场内进行，不能私下交易、买卖。工商行政管理部门凭二手车交易市场的交易凭证予以验证二手车；车管部门据此办理二手车过户手续。

3. 二手车交易市场的功能

二手车交易市场是以企业经营活动为依托，辅以必要的政府协调功能的经营服务性机构。它具有以下功能：

（1）二手车鉴定评估、收购、销售、寄售、代购、代销、租赁、拍卖、经纪、检测、维修、配件供应、美容、装饰、信息咨询服务等经营功能。

（2）为客户提供办理过户、转籍登记、上牌、保险、纳税等手续的服务功能。

（3）辅以商务主管部门、工商行政管理部门、税务部门在各自的职责范围内对二手车交易市场的审查执法，车辆流通监督管理等功能。

因此，二手车交易市场具有中介服务和商品经营的双重属性。

4. 二手车交易经营主体和行为

二手车交易经营主体是指经工商行政管理部门依法登记，从事二手车经销、拍卖、经纪、鉴定评估的企业。它的经营行为包括二手车置换、二手车经销、二手车拍卖、二手车租赁、二手车经纪、二手车直接交易及二手车鉴定评估等。

（1）二手车置换

二手车置换是指消费者将二手车卖给汽车品牌经销商，再交纳一定数额的新旧车价格差价来购买新车的业务。二手车置换大致可分为同品牌新旧车的置换、同制造厂商新旧车置换以及不限品牌的新旧车置换。

（2）二手车经销

二手车经销是指二手车经销企业收购、销售二手车的经营活动。汽车品牌经销商的二手车置换业务就属于二手车经销行为。根据《二手车流通管理办法》规定，二手车经销企业销售二手车时应当向买方提供质量保证及售后服务承诺，并在经营场所予以明示。

（3）二手车拍卖

二手车拍卖是指二手车拍卖企业以公开竞价的形式将二手车转让给最高应价者的经营活动。对于公务车辆、执法机关罚没的车辆、抵押车辆、企业清算车辆、海关获得的抵税和放弃车辆等，都需要对车辆进行鉴定评估，以在预期之日为拍卖提供拍卖底价。

（4）二手车租赁

二手车租赁是指二手车经营主体将二手车向客户提供租赁，以获取租金为目的的一种经营活动。

（5）二手车经纪

二手车经纪是指二手车经纪机构以收取佣金为目的，为促成他人交易二手车而从事居间、行纪或者代理等经营活动。二手车经纪公司不允许进行买车和售车等经营活动。

（6）二手车直接交易

二手车直接交易是指二手车所有人不通过经销企业、拍卖企业和经纪机构而将车辆直接出售给买方的交易行为。

（7）二手车鉴定评估

二手车鉴定评估是指二手车鉴定评估机构对二手车技术状况及其价值进行鉴定评估的经营活动。

5. 二手车交易行为规范

（1）二手车交易市场经营者和二手车经营主体应当依法经营和纳税，遵守商业道德，接受依法实施的监督检查，并应建立完整的二手车交易购销、买卖、拍卖、经纪以及鉴定评估档案。

（2）二手车直接交易应当在二手车交易市场进行。

（3）二手车卖方应当拥有车辆的所有权或者处置权。

（4）出售、拍卖无所有权或者处置权车辆的，应承担相应的法律责任。

（5）二手车卖方应当向买方提供车辆的使用、修理、事故、检验以及是否办理抵押登记、交纳税费、报废期等真实情况和信息。买方购买的车辆如因卖方隐瞒和欺诈不能办理转移登记，卖方应当无条件接受退车，并退还购车款等费用。

（6）进行二手车交易应当签订合同。合同示范文本由国务院工商行政管理部门制定。若二手车所有人委托他人办理车辆出售的，应当与受托人签订委托书；若委托二手车经纪机构购买二手车的，委托人应向二手车经纪机构提供合法身份证明，双方签订委托合同，如果委托人要求代为办理车辆鉴定评估的，鉴定评估所发生的费用由委托人承担。

（7）二手车交易完成后，卖方应当及时向买方交付车辆、号牌及车辆法定证明、凭证。

（8）二手车经销企业销售、拍卖企业拍卖二手车时，应当按规定向买方开具税务机关监制的统一发票。进行二手车直接交易和通过二手车经纪机构进行二手车交易的，应当由二手车交易市场经营者按规定向买方开具税务机关监制的二手车销售统一发票。二手车交易完成后，现车辆所有人应凭发票，按法律法规有关规定办理转移登记手续。

（9）禁止经销、买卖、拍卖和经纪违法车辆。对交易违法车辆的，二手车交易市场经营者和二手车经营主体应当承担连带赔偿责任和其他相应的法律责任。

二、二手车交易流程

目前，为方便二手车交易双方能在二手车交易市场里一次办完交易手续，二手车交易市场采取的是在市场内集中交易办理二手车相关证照的方法，由二手车交易市场的驻场民警、工商、税务等工作人员联合办公，现场办理。整个交易过程由市公安局车辆管理所派驻民警驻场监管和指导，重点环节由警官进行审核把关，具体操作性事务由市场工作人员协助完成，既保证了驻场民警对整个操作过程的有效监管，又提高了市场工作人员的责任心、积极性，从而使二手车交易的证照办理工作有条不紊。

二手车交易流程是根据二手车的交易特性，为杜绝盗窃、抢劫、诈骗等违法犯罪手段获得的车辆，走私、非法拼（组）装的车辆和报废车辆的面市，切实维护消费者的合法权益，科学合理地设计“一条龙”的作业方式，从而使二手车交易在规范有序的流程内进行。以北京市二手车交易过程为例，二手车交易流程如图 7-3-1 所示。

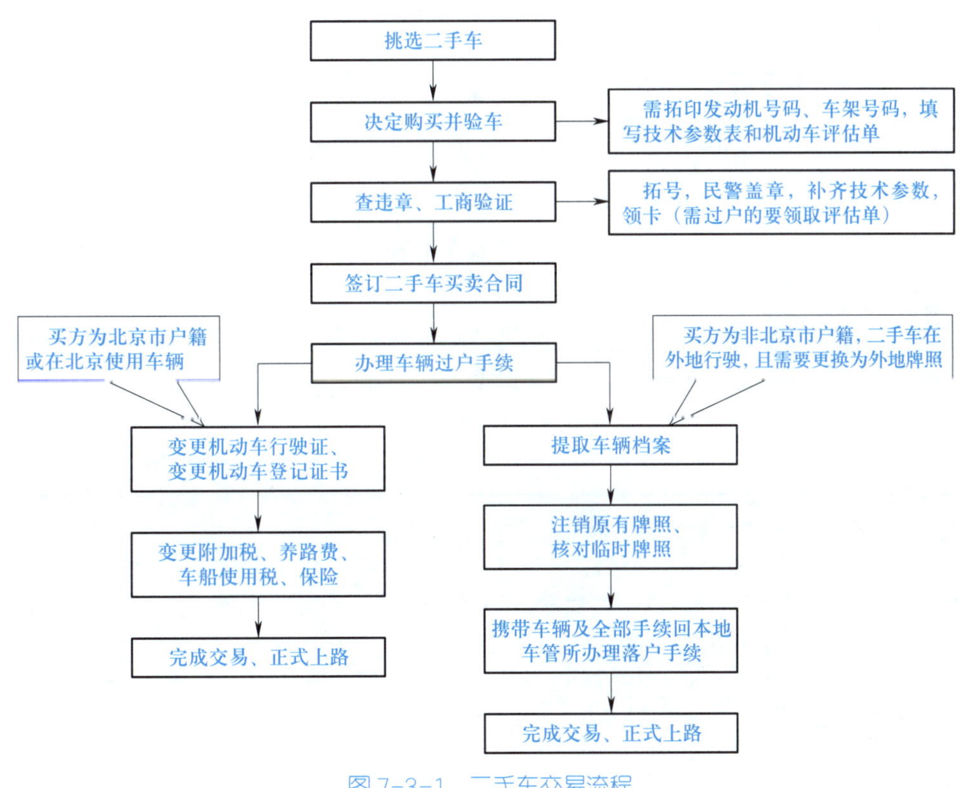

图 7-3-1 二手车交易流程

1. 查验车辆

拓印发动机号码、车架号码，检查车辆识别代号（VIN 码）是否与拓印号码一致，是否有凿痕及篡改情况；检查发动机型号、出厂编号、底盘型号、车身颜色与车身装置是否与机动车行驶证上的信息一致，是否标明厂牌、型号、发动机功率和出厂日期等。同时，按交易类别对车辆查违章、工商验证。

检查车辆的技术状况。按照被评估车辆现时市场销售状况等，提出基本参考评估价格，并填写二手车鉴定评估报告，由二手车鉴定评估机构人员签章后生效，作为二手车交易的参考和依法纳税的依据之一。

2. 检验交易证件

由二手车交易市场派驻各交易公司、企业等的专业业务受理工作人员对各二手车经营（经纪）公司或客户送达的车辆牌证及交易车辆相关法定证明、凭证材料进行初审，审核其真实性、有效性，以及单据填写的准确性。审核合格后，打印操作流水号和代办单，经工商行政管理部门验证、盖章，将有关材料整理装袋，准备送到相应的办证地点。

3. 签订二手车买卖合同

在进行二手车交易时，交易双方一定要签订二手车买卖合同。二手车买卖合同既是二手车交易的凭证，也是解决纠纷的重要依据。合同示范文本由国务院工商行政管理部门制定。以北京市二手车买卖合同范本（见表 7-3-1）为例，说明本合同中的相应条款及内容。

表 7-3-1　　二手车买卖合同范本

北京市二手车买卖合同

合同编号：__________

提示：本合同适用于在我市行政区域内进行的二手车买卖交易。签订合同前，当事人请仔细阅读合同各项条款，并根据自身情况如实填写。

依据《中华人民共和国合同法》及相关规定，买卖双方在平等、自愿、公平、诚实信用的基础上，就二手车买卖的有关事宜协商达成协议如下：

第一条　卖方依法出卖具备以下条件的二手车（注：批量交易车辆请填写合同附件）

车主名称：__________；号牌号码：__________；厂牌型号：__________；养路费缴付有效期至__________；初次登记日期：__________；行驶公里数：__________。

车辆使用性质：□客运　□货运　□出租　□租赁　□非营运　□其他。

车辆状况：______________________________。

第二条　车辆成交价格及交验车

车辆成交价格为（不含税费）__________元；大写：__________元；车辆过户、转籍过程中

续表

发生的税、费负担方式为□买方负责 □卖方负责 □__________。

买方应于__________年__________月__________日在__________（地点）同卖方当面验收车辆及审验相关文件，并自验收、审验无误起__________日内向卖方支付车价款。

卖方应在收到车价款后向买方交付车辆及相关文件，并在__________日内协助买方办理完车辆过户、转籍手续（注：双方约定分期付款的，可就付款时间及车辆交付等问题在第六条中约定）。

相关文件包括：机动车行驶证、机动车登记证书、车辆购置税证明、税讫证明、车辆年检证明、养路费缴付凭证、__________。

第三条 双方权利义务

1. 卖方应保证对出卖车辆享有所有权或处置权，且该车符合相关规定能够依法办理过户、转籍手续。

2. 卖方应保证向买方提供的相关文件真实有效及其对车辆状况的陈述完整、真实，不存在隐瞒或虚假成分。

3. 买方应按约定时间、地点与卖方当面验收车辆及审验相关文件，并按约定支付车价款。

4. 卖方收取车价款后，应开具合法、有效的收款凭证。

5. 车辆交付后办理过户、转籍过程中，因车辆使用发生的问题由__________负责。

第四条 违约责任

1. 第三人对车辆主张权利并有确实证据的，卖方应承担由此给买方造成的一切损失。

2. 买方未按约定支付车价款的，应每日按未交车价款__________%的标准支付违约金。

3. 卖方未按约定交付车辆及相关文件的，应每日按车价款__________%的标准支付违约金。

4. 因卖方原因致使车辆在规定期限内不能办理过户、转籍手续的，买方有权要求卖方返还车价款并承担一切损失；因买方原因致使车辆在规定期限内不能办理过户、转籍手续的，卖方有权要求买方返还车辆并承担一切损失。

第五条 合同争议的解决办法

本合同项下发生的争议，由双方当事人协商或申请调解解决；协商或调解不成的，依法向__________人民法院起诉，或按另行达成的仲裁条款或仲裁协议提起仲裁。

第六条 其他约定事项：______________________________________

本合同一式三份，买方一份，卖方一份，备案部门一份。本合同在双方签字盖章后生效。合同生效后，双方对合同内容的变更或补充应采取书面形式，作为本合同的附件。附件与本合同具有同等的法律效力。

买方（章）：	卖方（章）：
住所：	住所：
电话：	电话：
证照号码：	证照号码：
委托代理人：	委托代理人：
电话：	电话：
签订时间：	签订地点：

北京市工商行政管理局制定

4. 办理交易手续过户

签订完二手车买卖合同后，必须办理过户登记或转籍手续变更等交易手续过户。

一般来说，二手车交易手续过户基本分为三个阶段（见图 7–3–2）。只有三个阶段的工作依次完成，一辆车才算真正过户，车辆产权才实现真正转移。

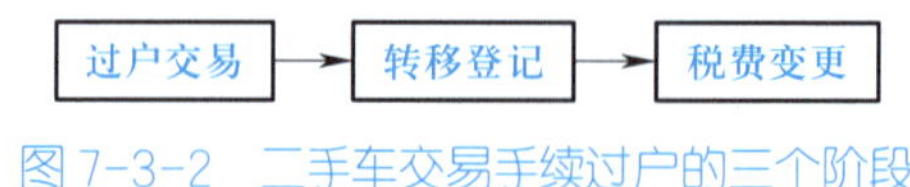

图 7-3-2　二手车交易手续过户的三个阶段

（1）二手车过户登记

二手车过户是指在一个行政辖区公安机关交通管理部门注册登记的车辆所有权，在该行政辖区内的单位及个人之间的转让。过户转移登记一般要在买方身份证记载地址辖区的车辆管理所进行。

根据《机动车登记规定》，已注册登记机动车所有权发生转移的，且原机动车所有人和现机动车所有人的住所在同一车辆管理所管辖区域内的，现机动车所有人应当于机动车所有权转移之日起三十日内，填写《机动车登记申请表》，持有相关手续、证件资料，向机动车管辖地车辆管理所申请过户登记，并交验车辆。

有下列情形之一的，不予办理过户登记：

1）未获得机动车登记证书的。

2）机动车或机动车档案被人民法院、人民检察院、行政执法部门依法查封、扣押的。

3）机动车所有人提交的证明、凭证无效的。

4）机动车来历凭证涂改的或来历凭证记载的机动车所有人与身份证明不符的。

5）机动车所有人提交的证明、凭证与机动车不符的。

6）机动车达到国家规定的强制报废标准的。

7）机动车属于被盗抢的。

8）机动车未解除海关监管的。

9）机动车在抵押期间的。

10）机动车涉及未处理道路交通违法行为的。

11）机动车超过年检有效期的。

12）其他不符合法律、法令、法规、政策规定的。

值得注意的是，全国各地公安局车辆管理所要求所有办理过户的二手车都必须“零违法过户”，才允许进行汽车“户口”的变更、转入或转出。

（2）二手车转移（转籍）登记

二手车转移（转籍）登记是指一个行政辖区的单位或个人的车辆所有权，向另一个行政辖区的单位或个人转让的登记。转籍登记一般需要在原车辆所在地的车辆档案存放车管所进行，但有的交易市场是可以代理办理转出提档的。

根据《机动车登记规定》，已注册登记机动车的所有人的住所迁出原车辆管理所管辖区域内的，或者机动车所有权发生转移且现机动车所有人的住所不在原车辆管理所管辖区域内的，现机动车所有人应当于住所迁出或者机动车所有权转移之日起三十日内，填写《机动车登记申请表》，持二手车转籍所需手续及证件，向机动车管辖地车辆管理所申请转出登记，并交验车辆。

二手车转出原车管所辖区须办理转籍登记。二手车在转入某地车辆管理所时，须将外地登记注册的车辆办理转出手续后，持外地车辆管理所封装的车辆档案在转入地车辆管理所申请领取新号牌和行驶证。

有下列情形之一的，不予办理转入登记：

1）机动车所有人擅自改动、更换机动车或者机动车档案的。

2）机动车与该车的机动车档案记载的事项不一致的。

3）机动车未解除海关监管的。

4）机动车办理了抵押登记的。

5）机动车或者机动车档案被人民法院、人民检察院、行政执法部门依法查封、扣押的。

6）机动车达到国家规定的报废标准或者属于利用报废车辆的零部件拼（组）装的。

7）机动车检验不符合强制性国家标准规定的。

8）机动车属于被盗抢的。

9）其他规定不予过户的车辆。

（3）二手车相关证件、税费凭证的变更

在二手车办理过户手续期间，以及取得过户发票（二手车销售统一发票）后，新车主还要及时办理机动车登记证书、机动车行驶证、车辆购置附加税、车船使用税、保险等车务手续的变更。过户发票的有效期限一般为 1 个月。

机动车登记证书和机动车行驶证在办理二手车过户手续时在交通部门的车辆管理所进行变更；车辆购置税的变更需要持新行驶证、过户发票、购置附加费证（已建档），到原附加费征收所办理变更；保险手续的变更则需要到保险公司办理。如果未及时变更相关证件、税费手续，机动车行驶证、机动车登记证书等证件的车主姓名及车辆法定产权依然是原车主的。

值得提醒的是，在我国各家保险公司的机动车保险条款中均明确规定：在保险期限内，被保险车辆转让、转卖、赠送他人、变更用途或增加危险程度，被保险人应当书面通知保险公司并申请办理批改，否则保险公司有权拒绝赔偿。所以，如果车辆过户时，没有及时办理保险变更手续，意味着新车主与保险公司之间没有建立起保险合同的关系，被保险人还是原车主，一旦发生交通事故，新车主是得不到经济赔偿的。

任务实施

一、挑选二手车

二手车经销公司工作人员在了解李先生的购买意向后，推荐了几辆符合李先生要求的北京现代二手出租车。在工作人员的协助下，李先生挑选了一辆满意的车辆。

二、签订二手车买卖合同

双方通过进一步协商洽谈，谈妥了交易价格，达成购买意向，签订了二手车买卖合同。

三、办理车辆手续过户

李先生在二手车经销公司工作人员的协助和引导下，在二手车交易市场交易大厅“一站式服务”窗口，顺利地将车辆各种交易手续进行“过户交易”→“转移登记”→

“税费变更”。

四、提供过户手续办理所需材料

为办理过户手续，李先生及二手车经销公司提供了以下证件：

1. 现有机动车所有人身份证原件［企事业单位需提供法人代码证书原件（在年审有效期内）、代办人身份证等］及复印件。

2. 机动车登记证书。

3. 机动车来历凭证（原始购车发票）。

4. 机动车行驶证。

5. 申请办理过户登记的机动车标准照片。

6. 机动车注册 / 转入登记表（副表）。

7. 机动车过户、转入、转出登记申请表。

五、出具车辆的鉴定评估报告

某二手车经销公司为李先生提供了其所购买北京现代二手出租车的鉴定评估报告。

六、完成交易

李先生在购买二手车过程中，经过挑选车辆、达成购买意向，签订二手车买卖合同，验车、车辆过户手续办理，以及相应证件（机动车行驶证、机动车登记证书等）、税费变更等程序，购买到了自己满意的车辆。据此，整个二手车交易过程顺利完成。李先生非常满意，并对二手车交易公司工作人员的工作表示感谢，开着车上路了。

思考与练习

1. 什么是二手车交易市场？

2. 简述二手车交易手续过户过程。

3. 二手车交易经营行为包含哪些内容？

任务 4　二手车置换服务

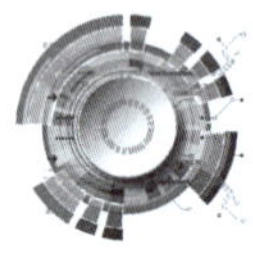

学习目标

- 能按照二手车置换流程为客户提供服务。
- 能协助客户进行二手车置换手续的办理工作。

任务引入

济南市的赵先生近日想通过以旧换新的形式，将开了三年的富康轿车换成一辆上海通用凯越汽车，但一想到自己找渠道“发布消息、联系买主、办理过户……”这些琐事又让赵先生有些发怵。

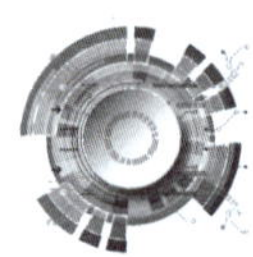

任务分析

赵先生想将自己的富康轿车进行“以旧换新”，购买一辆上海通用品牌的凯越汽车，其购买过程属于二手车置换服务过程。

消费者可选择在汽车品牌专卖店进行二手车置换业务，这样可免去处理二手车、购买新车的烦琐过程和手续问题，且可以有效缩短处理二手车、购买新车办理手续的时间，如果处理恰当，二手车与新车当场即可更替，不会影响客户对车辆的使用。

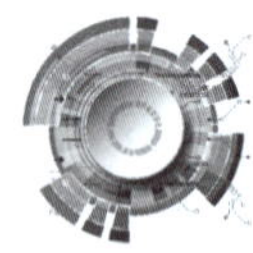

相关知识

一、二手车置换服务概述

1. 二手车置换的含义

通常，二手车置换即机动车以旧换新，是指有车用户根据自身的需要，购买新车时用旧车的价值直接冲抵新车的部分车款，换购新车的方便措施。

从狭义上来说，二手车置换是以旧换新，汽车品牌经销商通过二手车的收购与新车的对等销售获得利益；从广义上来说，二手车置换是指在以旧换新业务的基础上，同时兼容二手车整新、跟踪服务、二手车再销售乃至折抵分期付款等项目的一系列业务组合。

2. 二手车置换的形式

目前，具有中国特点的二手车置换形式主要有以下几种：

（1）以旧换新，即二手车置换同一汽车厂商的新车，确定旧车价格，经双方认可后，置换二手车的钱款直接冲抵新车的价格。

（2）同品牌内的二手车置换新车。

（3）购买同一汽车厂商或同一经销商的新车，置换的二手车不限品牌。

3. 二手车置换服务

随着汽车 4S 店销售模式的蓬勃发展，我国从政策上放开了对汽车 4S 店、汽车经销商（汽车制造厂商）经营二手车的限制，符合相关条件的汽车品牌经销商等经营主体均可依法申请从事二手车经营。汽车 4S 店通过置换购买新车，为客户提供“全程一站式”二手车置换服务，从二手车的专业评估、报价、过户，到新车的验车、上牌，不用车主自己去办理各种烦琐手续，所有手续都由经销商代办。这不仅为车主节约了出售二手车需要花费的时间、精力和费用，而且由于汽车专营店品牌化经营的特点，顾客在汽车专营店处置二手车过程中不必担心会上当受骗，整个置换过程更安全、便捷，大大方便了消费者，同时促进了汽车市场中产品和资金流通的速度。

汽车制造厂商相继展开了品牌二手车置换业务，如一汽大众、上海通用、广州本田、东风日产、一汽丰田等都与经销商合作开办了二手车置换、认证等业务；不仅如此，各家又为自己的二手车置换业务创建了服务品牌，如一汽大众的“官方认证二手车”、上海通用的“诚新二手车”品牌大卖场、一汽丰田的“二手车销售认证店”SMILE 认证二手车等，并建立了收购、出售、认证、过户、续保、售后等一系列服务体系，不仅发挥了品牌效应，增强了消费者对品牌的忠诚度，还通过同品牌二手车置换到跨品牌置换，丰富二手车品种，增加了消费者的选择范围，越来越多的消费者开始接受并尝试这种“以旧换新”的购车方式带来的优势和便捷。

随着二手车交易市场活跃度的提升，我国二手车市场正在由集市的形式向专营店的正规化转变。

二、二手车置换流程

1. 二手车置换业务流程

二手车置换业务流程如图 7-4-1 所示。

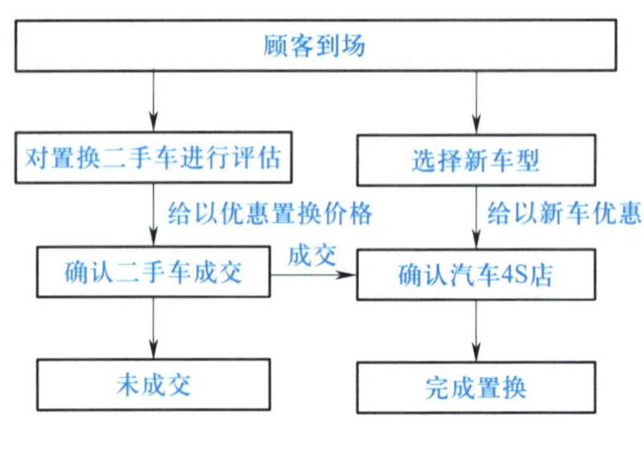

图 7-4-1　二手车置换业务流程

（1）顾客通过电话或直接到汽车品牌销售（专卖）店进行咨询，了解新车情况以及二手车置换业务的优惠政策，同时也可登录网站进行置换意向登记。

（2）对二手车收购评估定价。

一般使用 9 个月以上，或者接近 1 年的车辆，二手车经销企业会按照使用 1 年的标准计算收购行情价。也就是说，购买时间越短，越快进入二手车交易领域的汽车，其车主的损失相对越大。

（3）选订新车，并确定新车购买价格。

在汽车销售顾问的介绍和帮助下，选择一款可心的新车，并确定其购买价格。

$$购买新车需交钱款 = 新车销售价格 - 二手车评估价格 \qquad (7\text{-}4\text{-}1)$$

如果二手车贷款尚未还清，可由汽车经销商或汽车品牌专卖店垫付还清贷款，款项计入新车需交钱款之中。

顾客如需贷款购买新车，则置换二手车的钱款可作为新车的首付款，汽车销售店或汽车品牌专卖店的销售顾问协助顾客办理购车贷款手续，建立提供因汽车消费信贷所产生的资信管理服务，并建立个人资信数据库。

（4）签订二手车购销协议及置换协议。

（5）办理二手车过户手续，顾客提供必要的协助和所需材料。

双方签订二手车购销协议及置换协议后，汽车品牌销售店或汽车品牌专卖店代办二手车过户手续，顾客提供必要的协助和过户所需材料。

（6）补足新车差价，办理提车手续。

置换二手车的钱款直接冲抵新车的车款，顾客补足新车差价后办理提车手续，或由汽车销售顾问协助在指定的汽车经销商处提取所订车辆，为顾客提供“一条龙”服务。

（7）为顾客提供全程后续服务。

2. 办理置换业务所要提交的材料

（1）私车置换

1）原车主与置换后新车主的身份证或户口簿。

2）原机动车行驶证。

3）原机动车登记证书。

4）新车上牌发票，或新购机动车登记证书。

5）旧机动车交易发票（“延长质量担保证明手册”于发证日期起一个月内提供）。

6）直系亲属之间置换，需提供证明材料（户口簿等）。

（2）公车置换

1）单位组织机构代码证、营业执照。

2）原机动车行驶证。

3）原机动车登记证书。

4）新车上牌发票，或新购机动车登记证书。

5）旧机动车交易发票（“延长质量担保证明手册”于发证日期起一个月内提供）。

6）如公司已更名，须提供官方的更名文件或其他能够满足条件的证明文件。

任务实施

本任务引入的案例中，赵先生在朋友的介绍下，来到济南市一家上海通用别克专营店，通过“诚新二手车”一站式二手车置换新车服务，补了6万元差价之后，当场开走了一辆崭新的凯越。

一、到店进行二手车置换事宜咨询

赵先生在朋友的介绍下，直接到济南市一家上海通用别克专营店进行车辆“以旧换新”咨询。

二、对置换车辆鉴定评估，确定收购定价

上海通用汽车品牌专营店的专业二手车鉴定评估师通过对赵先生已使用三年的富康轿车进行外观检查，日常保养维护状况、品牌知名度、车辆工作状况、工作条件及车辆路试检查，给出了富康汽车的评估价格，然后双方通过进一步的协商，最终确定了双方均可接受的收购价格。

三、选购新车，确定新车购买价格

在汽车销售顾问的介绍和帮助下，赵先生选择了一款可心的凯越新车，并确定了购买价格。赵先生没有尚未还清的车贷，也不需要贷款购置新车，故将置换二手车的钱款直接冲抵新车的车款后，需补足的新车差价为6万元。

四、签订二手车购销协议及置换协议

略。

五、办理二手车过户手续

双方签订二手车购销协议及置换协议后，赵先生提供了过户所需的各种相关证件、税费等材料，上海通用汽车品牌专营店替赵先生代办二手车过户手续，为赵先生提供“全程一站式”服务。

六、补足新车差价，办理提车手续

赵先生补足新车差价6万元后，顺利办理了提车手续，提走了“以旧换新”购买的凯越汽车。

七、提供全程售后服务保障

上海通用汽车品牌专营店为赵先生提供了“全程一站式”二手车置换服务，使赵先生在很短的时间内便顺利完成了“以旧换新”的换车意愿，并为赵先生提供了全程的售后服务和质保保障，以保证赵先生的新车在后续使用中的维护与保养，解除了赵先生的后顾之忧。

八、喜提新车，完成置换

完成上述程序后，赵先生当场开走了一辆崭新的凯越汽车。

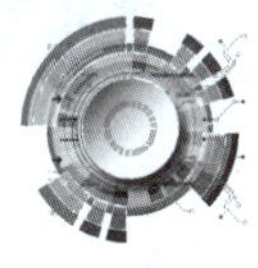

思考与练习

1. 什么是二手车置换？二手车置换服务包含哪些内容？

2. 简述二手车置换业务流程。

3. 办理二手车置换业务时需提交哪些证件材料？

附录1　二手车流通管理办法

第一章　总　　则

第一条　为加强二手车流通管理，规范二手车经营行为，保障二手车交易双方的合法权益，促进二手车流通健康发展，依据国家有关法律、行政法规，制定本办法。

第二条　在中华人民共和国境内从事二手车经营活动或者与二手车相关的活动，适用本办法。本办法所称二手车，是指从办理完注册登记手续到达到国家强制报废标准之前进行交易并转移所有权的汽车（包括三轮汽车、低速载货汽车，即原农用运输车，下同）、挂车和摩托车。

第三条　二手车交易市场是指依法设立、为买卖双方提供二手车集中交易和相关服务的场所。

第四条　二手车经营主体是指经工商行政管理部门依法登记，从事二手车经销、拍卖、经纪、鉴定评估的企业。

第五条　二手车经营行为是指二手车经销、拍卖、经纪、鉴定评估等。

（一）二手车经销是指二手车经销企业收购、销售二手车的经营活动。

（二）二手车拍卖是指二手车拍卖企业以公开竞价的形式将二手车转让给最高应价者的经营活动。

（三）二手车经纪是指二手车经纪机构以收取佣金为目的，为促成他人交易二手车而从事居间、行纪或者代理等经营活动。

（四）二手车鉴定评估是指二手车鉴定评估机构对二手车技术状况及其价值进行鉴定评估的经营活动。

第六条　二手车直接交易是指二手车所有人不通过经销企业、拍卖企业和经纪机构将车辆直接出售给买方的交易行为。二手车直接交易应当在二手车交易市场进行。

第七条　国务院商务主管部门、工商行政管理部门、税务部门在各自的职责范围内负责二手车流通有关监督管理工作。省、自治区、直辖市和计划单列市商务主管部门（以下简称省级商务主管部门）、工商行政管理部门、税务部门在各自的职责范围内负责辖区内二手车流通有关监督管理工作。

第二章　设立条件和程序

第八条　二手车交易市场经营者、二手车经销企业和经纪机构应当具备企业法人条件，并依法到工商行政管理部门办理登记。

第九条　设立二手车拍卖企业（含外商投资二手车拍卖企业）应当符合《中华人民共和国拍卖法》和《拍卖管理办法》有关规定，并按《拍卖管理办法》规定的程序办理。

第十条　外资并购二手车交易市场和经营主体及已设立的外商投资企业增加二手车经营范围的，应当按第十一条、第十二条规定的程序办理。

第三章　行 为 规 范

第十一条　二手车交易市场经营者和二手车经营主体应当依法经营和纳税，遵守商业道德，接受依法实施的监督检查。

第十二条　二手车卖方应当拥有车辆的所有权或者处置权。二手车交易市场经营者和二手车经营主体应当确认卖方的身份证明，车辆的号牌、《机动车登记证书》《机动车行驶证》，有效的机动车安全技术检验合格标志、车辆保险单、交纳税费凭证等。国家机关、国有企事业单位在出售、委托拍卖车辆时，应持有本单位或者上级单位出具的资产处理证明。

第十三条　出售、拍卖无所有权或者处置权车辆的，应承担相应的法律责任。

第十四条　二手车卖方应当向买方提供车辆的使用、修理、事故、检验以及是否办理抵押登记、交纳税费、报废期等真实情况和信息。买方购买的车辆如因卖方隐瞒和欺诈不能办理转移登记，卖方应当无条件接受退车，并退还购车款等费用。

第十五条　二手车经销企业销售二手车时应当向买方提供质量保证及售后服务承诺，并在经营场所予以明示。

第十六条　进行二手车交易应当签订合同。合同示范文本由国务院工商行政管理部门制定。

第十七条　二手车所有人委托他人办理车辆出售的，应当与受托人签订委托书。

第十八条　委托二手车经纪机构购买二手车时，双方应当按以下要求进行：

（一）委托人向二手车经纪机构提供合法身份证明。

（二）二手车经纪机构依据委托人要求选择车辆，并及时向其通报市场信息。

（三）二手车经纪机构接受委托购买时，双方签订合同。

（四）二手车经纪机构根据委托人要求代为办理车辆鉴定评估，鉴定评估所发生的费用由委托人承担。

第十九条　二手车交易完成后，卖方应当及时向买方交付车辆、号牌及车辆法定证明、凭证。车辆法定证明、凭证主要包括：

（一）《机动车登记证书》。

（二）《机动车行驶证》。

（三）有效的机动车安全技术检验合格标志。

（四）车辆购置税完税证明。

（五）养路费缴付凭证。

（六）车船使用税缴付凭证。

（七）车辆保险单。

第二十条　下列车辆禁止经销、买卖、拍卖和经纪：

（一）已报废或者达到国家强制报废标准的车辆。

（二）在抵押期间或者未经海关批准交易的海关监管车辆。

（三）在人民法院、人民检察院、行政执法部门依法查封、扣押期间的车辆。

（四）通过盗窃、抢劫、诈骗等违法犯罪手段获得的车辆。

（五）发动机号码、车辆识别代号或者车架号码与登记号码不相符，或者有凿改迹象的车辆。

（六）走私、非法拼（组）装的车辆。

（七）不具有第二十二条所列证明、凭证的车辆。

（八）在本行政辖区以外的公安机关交通管理部门注册登记的车辆。

（九）国家法律、行政法规禁止经营的车辆。

二手车交易市场经营者和二手车经营主体发现车辆具有（四）（五）（六）情形之一的，应当及时报告公安机关、工商行政管理部门等执法机关。

对交易违法车辆的，二手车交易市场经营者和二手车经营主体应当承担连带赔偿责任和其他相应的法律责任。

第二十一条　二手车经销企业销售、拍卖企业拍卖二手车时，应当按规定向买方开具税务机关监制的统一发票。

进行二手车直接交易和通过二手车经纪机构进行二手车交易的，应当由二手车交易市场经营者按规定向买方开具税务机关监制的统一发票。

第二十二条　二手车交易完成后，现车辆所有人应当凭税务机关监制的统一发票，按法律、法规有关规定办理转移登记手续。

第二十三条　二手车交易市场经营者应当为二手车经营主体提供固定场所和设施，并为客户提供办理二手车鉴定评估、转移登记、保险、纳税等手续的条件。二手车经销企业、经纪机构应当根据客户要求，代办二手车鉴定评估、转移登记、保险、纳税等手续。

第二十四条　二手车鉴定评估应当本着买卖双方自愿的原则，不得强制进行；属国有资产的二手车应当按国家有关规定进行鉴定评估。

第二十五条　二手车鉴定评估机构应当遵循客观、真实、公正和公开原则，依据国家法律法规开展二手车鉴定评估业务，出具车辆鉴定评估报告；并对鉴定评估报告中车辆技术状况，包括是否属事故车辆等评估内容负法律责任。

第二十六条　二手车鉴定评估机构和人员可以按国家有关规定从事涉案、事故车辆鉴定等评估业务。

第二十七条　二手车交易市场经营者和二手车经营主体应当建立完整的二手车交易购销、买卖、拍卖、经纪以及鉴定评估档案。

第二十八条　设立二手车交易市场、二手车经销企业开设店铺，应当符合所在地城市发展及城市商业发展有关规定。

第四章　监督与管理

第二十九条　二手车流通监督管理遵循破除垄断，鼓励竞争，促进发展和公平、公正、公开的原则。

第三十条　建立二手车交易市场经营者和二手车经营主体备案制度。凡经工商行政管理部门依法登记，取得营业执照的二手车交易市场经营者和二手车经营主体，应当自取得营业执照之日起 2 个月内向省级商务主管部门备案。省级商务主管部门应当将二手车交易市场经营者和二手车经营主体有关备案情况定期报送国务院商务主管部门。

第三十一条　建立和完善二手车流通信息报送、公布制度。二手车交易市场经营者和二手车经营主体应当定期将二手车交易量、交易额等信息通过所在地商务主管部门报送省级商务主管部门。省级商务主管部门将上述信息汇总后报送国务院商务主管部门。国务院商务主管部门定期向社会公布全国二手车流通信息。

第三十二条　商务主管部门、工商行政管理部门应当在各自的职责范围内采取有效措施，加强对二手车交易市场经营者和经营主体的监督管理，依法查处违法违规行为，维护市场秩序，保护消费者的合法权益。

第三十三条　国务院工商行政管理部门会同商务主管部门建立二手车交易市场经营者和二手车经营主体信用档案，定期公布违规企业名单。

第五章　附　　则

第三十四条　本办法自 2005 年 10 月 1 日起施行，原《商务部办公厅关于规范旧机动车鉴定评估管理工作的通知》（商建字〔2004〕第 70 号）、《关于加强旧机动车市场管理工作的通知》（国经贸贸易〔2001〕1281 号）、《旧机动车交易管理办法》（内贸机字〔1998〕第 33 号）及据此发布的各类文件同时废止。

附录 2　中华人民共和国车辆购置税法

第一条　在中华人民共和国境内购置汽车、有轨电车、汽车挂车、排气量超过一百五十毫升的摩托车（以下统称应税车辆）的单位和个人，为车辆购置税的纳税人，应当依照本法规定缴纳车辆购置税。

第二条　本法所称购置，是指以购买、进口、自产、受赠、获奖或者其他方式取得并自用应税车辆的行为。

第三条　车辆购置税实行一次性征收。购置已征车辆购置税的车辆，不再征收车辆购置税。

第四条　车辆购置税的税率为百分之十。

第五条　车辆购置税的应纳税额按照应税车辆的计税价格乘以税率计算。

第六条　应税车辆的计税价格，按照下列规定确定：

（一）纳税人购买自用应税车辆的计税价格，为纳税人实际支付给销售者的全部价款，不包括增值税税款。

（二）纳税人进口自用应税车辆的计税价格，为关税完税价格加上关税和消费税。

（三）纳税人自产自用应税车辆的计税价格，按照纳税人生产的同类应税车辆的销售价格确定，不包括增值税税款。

（四）纳税人以受赠、获奖或者其他方式取得自用应税车辆的计税价格，按照购置应税车辆时相关凭证载明的价格确定，不包括增值税税款。

第七条　纳税人申报的应税车辆计税价格明显偏低，又无正当理由的，由税务机关依照《中华人民共和国税收征收管理法》的规定核定其应纳税额。

第八条　纳税人以外汇结算应税车辆价款的，按照申报纳税之日的人民币汇率中间价折合成人民币计算缴纳税款。

第九条　下列车辆免征车辆购置税：

（一）依照法律规定应当予以免税的外国驻华使馆、领事馆和国际组织驻华机构及其有关人员自用的车辆。

（二）中国人民解放军和中国人民武装警察部队列入装备订货计划的车辆。

（三）悬挂应急救援专用号牌的国家综合性消防救援车辆。

（四）设有固定装置的非运输专用作业车辆。

（五）城市公交企业购置的公共汽电车辆。

根据国民经济和社会发展的需要，国务院可以规定减征或者其他免征车辆购置税的情形，报全国人民代表大会常务委员会备案。

第十条　车辆购置税由税务机关负责征收。

第十一条　纳税人购置应税车辆，应当向车辆登记地的主管税务机关申报缴纳车辆购置税；购置不需要办理车辆登记的应税车辆的，应当向纳税人所在地的主管税务机关申报缴纳车辆购置税。

第十二条　车辆购置税的纳税义务发生时间为纳税人购置应税车辆的当日。纳税人应当自纳税义务发生之日起六十日内申报缴纳车辆购置税。

第十三条　纳税人应当在向公安机关交通管理部门办理车辆注册登记前，缴纳车辆购置税。

公安机关交通管理部门办理车辆注册登记，应当根据税务机关提供的应税车辆完税或者免税电子信息对纳税人申请登记的车辆信息进行核对，核对无误后依法办理车辆注册登记。

第十四条　免税、减税车辆因转让、改变用途等原因不再属于免税、减税范围的，纳税人应当在办理车辆转移登记或者变更登记前缴纳车辆购置税。计税价格以免税、减税车辆初次办理纳税申报时确定的计税价格为基准，每满一年扣减百分之十。

第十五条　纳税人将已征车辆购置税的车辆退回车辆生产企业或者销售企业的，可以向主管税务机关申请退还车辆购置税。退税额以已缴税款为基准，自缴纳税款之日至申请退税之日，每满一年扣减百分之十。

第十六条　税务机关和公安、商务、海关、工业和信息化等部门应当建立应税车辆信息共享和工作配合机制，及时交换应税车辆和纳税信息资料。

第十七条　车辆购置税的征收管理，依照本法和《中华人民共和国税收征收管理法》的规定执行。

第十八条　纳税人、税务机关及其工作人员违反本法规定的，依照《中华人民共和国税收征收管理法》和有关法律法规的规定追究法律责任。

第十九条　本法自2019年7月1日起施行。2000年10月22日国务院公布的《中华人民共和国车辆购置税暂行条例》同时废止。